# DU DESIGN AUX RÉSULTATS

## Analyse et mise en place des systèmes de Suivi-Évaluation, Redevabilité et Apprentissage (SÉRA)

Abdourahamane dit Baffa KEÏTA

# DU DESIGN AUX RÉSULTATS

## Analyse et mise en place des systèmes de Suivi-Évaluation, Redevabilité et Apprentissage (SÉRA)

L'Harmattan
Mali

**Harmattan Mali**
ACI 2000 Bamako - Immeuble Jean-Marie CISSE - Bureau 10
Tél.: +223 76 43 00 66 /+223 66 89 33 72
www.harmattanmali.com

**L'Harmattan 2024**
5-7, rue de l'École-Polytechnique ; 75005 Paris
http://www.librairieharmattan.com

**Couverture et mise en page :** Coco Joyce

ISBN : 978-2-336-50959-4
EAN : 9782336509594

## PENSEZ DE MANIERE ÉVALUATIVE

1. « Si vous ne savez pas où vous allez, n'importe quelle route vous y mènera » -***Paraphrasé d'Alice au pays des merveilles de Lewis Carroll***

2. "Si vous n'avez pas d'objectifs, vous ne les atteindrez pas" - ***Sun Tzu***.

3. « Si vous ne savez pas où vous êtes, vous aurez du mal à déterminer où vous devez aller. » - ***Institut urbain Harry Hatry, 1999***

4. "Mieux vaut avoir une réponse approximative à la bonne question qu'une réponse exacte à la mauvaise question." - ***Paraphrasé du statisticien John W. Tukey***

5. « Mieux vaut avoir à peu près raison que tout à fait tort. » - ***Paraphrasé de Bertrand Russell***

6. « Si vous êtes certain, vous avez certainement tort car rien ne mérite la certitude » -***Paraphrasé de Bertrand Russell***

7. « Tout ce qui compte ne peut pas être compté, et tout ce qui peut être compté ne compte pas » - ***Panneau accroché dans le bureau d'Albert Einstein.***

8. « Ne comptez pas les données. Faites en sorte que les données comptent en leur donnant du sens pour une meilleure prise de décision » - ***Keita. A. Baffa***

9. « Rendre le simple compliqué est monnaie courante. Rendre le compliqué simple, incroyablement simple, c'est ça la créativité » - ***Charles Mingus***

10. « Le pire ennemi de la créativité est le doute de soi » - ***Sylvia Plath***

11. « Mieux vaut avoir de l'imagination que de la connaissance, car la connaissance a des limites et l'imagination n'en a pas » - ***Einstein Albert***

## DÉDICACE

*À la mémoire de mon père, Madani Keïta (El Madaniyou), pour la rigueur et l'exigence dans l'éducation de ses enfants, qui ont fait de moi la personne que je suis aujourd'hui.*

# REMERCIEMENTS

Je tiens à exprimer ma profonde gratitude à mes collègues et aux experts en suivi et évaluation des projets/programmes qui ont activement participé aux différentes étapes des entretiens et partagé leurs précieux avis sur la performance d'un système de Suivi, Évaluation, Apprentissage et Redevabilité (SÉRA). Vos perspectives variées et vos expériences ont été fondamentales dans la conception de cet ouvrage.

Les études de cas présentées dans ce livre s'inspirent directement des projets sur lesquels j'ai eu le privilège de travailler au sein de différentes organisations internationales. Qu'elles trouvent ici l'expression de ma profonde gratitude. Je tiens à adresser des remerciements particuliers à toutes les personnes dont les contributions et les conseils avisés ont été déterminants pour l'élaboration de cet ouvrage.

## SOMMAIRE

## LISTE DES ABRÉVIATIONS

| | |
|---|---|
| AAP | Apprentissage et action participative |
| ADP | Apprentissage basé sur les données de S&E du projet |
| AEPA | Approvisionnement en eau potable et assainissement |
| AGETIER | Agence d'exécution des travaux d'infrastructures et d'équipements ruraux |
| APCA | Assemblée Permanente des Chambres d'Agriculture |
| APL | Projet évolutif (APL), |
| ATR | Assistant Technique Régional |
| BM | Banque mondiale |
| BSSE | Bureau Statistique S&E |
| CAFOD | Catholic international development charity |
| CASE | Cellule d'appui au S&E |
| CCR | Carte de communication et de rapport |
| CFD | Carte de flux des données |
| CL | Care logique |
| CoC - PNAR | Comité de coordination PNAR |
| CTD | Collectivités territoriales décentralisées |
| CRS | Catholic Relief Services |
| DAA | Discussions d'apprentissage pour l'action |
| DNACPN | Direction Nationale de l'Assainissement et du Contrôle des Pollutions et Nuisance |
| DNAER | Direction Nationale de l'Aménagement et de l'Equipement Rural |
| DNH | Direction Nationale de l'Hydraulique |
| DNGR | Direction Nationale du Génie Rural |
| DNTP | Direction Nationale des Travaux Publics |
| EA | Evénements d'apprentissage |
| ERP | Evaluation rurale participative |
| FAO | Food and Agriculture Organization |
| FIDA | Fonds international de développement agricole |
| HAP | Humanitarian Accountability Program |
| ICP | Indicateur clé de performance |
| ICT4D | Information, communication et technologie pour le développement |
| IDA | Association Internationale de développement |
| LEAP | Law Enforcement Accountability Project |

| | |
|---|---|
| MA | Ministère de l'agriculture |
| MDBs | Banques multilatérales de développement |
| NC | Note de critère |
| NCI | Note de l'ensemble des critères de l'indicateur |
| NIF | Note de l'ensemble des indicateurs |
| OCDE | Organisation pour la coopération et le développement économique |
| ONGs | Organisation non gouvernementales |
| PE | Pensée évaluative |
| PDEB | Programme de Développement de l'Education de Base |
| PI | Petite Irrigation |
| PIV | Petite Irrigation Villageoise |
| PMP | Plan de mesure de la performance |
| PNAR | Programme national d'agriculture rural |
| RAA | Revues après action |
| R&A | Redevabilité et apprentissage |
| S&E | Suivi-évaluation |
| SGP | Structure de gestion du projet |
| Sept Ps (7Ps) | Concept des Sept Ps (7Ps) » – Politiques, Procédures, Performance, Produits, Plateformes, Publication et Partenariats |
| SÉRA | Suivi-évaluation, redevabilité et apprentissage |
| SMART | Spécifique, mesurable, atteignable, réaliste et temporel |
| TdC | Théorie du changement |
| TSIR | Tableau de suivi des indicateurs de performance |
| USAID | Agence des nations unies pour l'aide au développement |

## RÉSUMÉ

Ce livre a pour objectif de présenter, de manière détaillée et progressive, la méthodologie d'analyse de la performance d'un système de suivi, évaluation, redevabilité et apprentissage (SÉRA), ainsi que sa mise en place au sein d'une organisation de développement et ses diverses interventions, notamment ses projets et programmes.

Le choix de ce sujet découle, d'une part, des insuffisances observées dans les systèmes de suivi-évaluation traditionnels, et d'autre part, du fait que les résultats attendus des interventions réalisées jusqu'à présent ne sont souvent pas évalués de manière satisfaisante, en raison de l'absence de systèmes de suivi-évaluation véritablement performants.

En réalité, de nombreux systèmes SÉRA au sein des organisations et programmes/projets souffrent de lacunes tant dans leur conception que dans leur gestion. Pendant des décennies, le système SÉRA n'a pas exercé pleinement le rôle qui lui est attribué, à savoir celui de mesurer de manière efficace les progrès et les résultats des projets et programmes, contribuant ainsi à favoriser un processus d'apprentissage et d'amélioration continue.

Ce livre ne prétend pas offrir une solution miracle aux nombreux dysfonctionnements des systèmes SÉRA dans les organisations et leurs programmes/projets. Il vise plutôt à apporter une contribution innovante, significative, bien que modeste, à l'amélioration des processus de conception et de fonctionnement du système SÉRA. Nous y proposons une démarche concrète de diagnostic et d'analyse de ces systèmes, ainsi qu'une approche structurée, intégrée et innovante pour leur mise en place au niveau des organisations grâce à un nouveau cadre appelé le **concept des sept Ps (7Ps - Politiques, Procédures, Performance, Produits, Plateformes, Publication et Partenariat)** et au sein des projets/programmes à travers **quatre composantes clés (Composante 01 – Suivi-évaluation, Composante 02 – Redevabilité, Composante 03 – Apprentissage, et Composante 04 – Fonctionnement)**, qui pourrait aider à garantir un succès accru dans l'exécution des projets/programmes.

***Mots-clés :*** Projets/programmes, Suivi-évaluation – Performance – Redevabilité – Apprentissage.

# INTRODUCTION

Au cours des dernières décennies, la motivation croissante des organismes de développement, ainsi que celle des praticiens et experts dans le domaine du développement, vise à optimiser le rendement des projets/programmes dans le but ultime d'améliorer la vie des bénéficiaires. Dans ce contexte, il devient crucial d'accorder une attention prioritaire à la mesure du rendement. Cette nécessité est d'autant plus prégnante dans les pays en développement, où la mesure des résultats et des effets des projets/programmes revêt une importance capitale en raison de la rareté des ressources. Chaque unité monétaire investie doit être judicieusement évaluée afin de maximiser son impact sur la réduction de la pauvreté.

Cependant, tant dans les pays en développement qu'ailleurs, la proportion de projets et programmes dotés d'un système adéquat de suivi, évaluation, redevabilité et apprentissage (SÉRA) demeure très limitée. Un examen approfondi effectué après la mise en œuvre de ces projets révèle que, malgré les centaines de milliards de dollars injectés par les partenaires au développement, les résultats obtenus sont souvent bien en deçà des objectifs fixés.

En effet, au cours des trois dernières décennies consacrées à la mise en œuvre de projets et de programmes, peu de progrès significatifs ont été constatés en ce qui concerne l'amélioration du niveau de vie des populations (Keita, 2021). Les nombreux objectifs de développement que les grands projets étaient censés atteindre n'ont pas été réalisés. Au-delà des facteurs exogènes contribuant à ces échecs, il est important de souligner les difficultés internes qui entravent le succès. Ces difficultés sont principalement liées à la conception, à la planification, à l'exécution et, surtout, à l'inefficacité des systèmes de suivi-évaluation.

La conception du projet/programme est une étape fondamentale du cycle de vie du projet/programme, car elle permet de maîtriser la complexité du projet/programme tout en définissant une logique d'intervention cohérente et une chaîne de résultats pertinente, en rapport avec les besoins de toutes les parties prenantes. De même, elle doit intégrer dès le début une stratégie de retrait pour garantir la durabilité du projet.

Après cette phase de conception, le second défi consiste à mettre en œuvre le projet/programme de manière efficiente et efficace. C'est ici que le système de suivi-évaluation joue un rôle crucial. Un système de suivi-évaluation bien conçu permet de mesurer la performance du projet en termes d'atteinte des résultats, des effets et impacts générés. Les échanges avec des collègues et experts des organisations internationales mettent en lumière plusieurs constats significatifs :

- 20% des experts estiment que la qualité du livrable est le principal critère d'évaluation du succès d'un projet.
- 15% considèrent le respect du budget comme le facteur déterminant de réussite.
- 17% pensent que le respect des délais est le critère clé.
- 65% des experts font état de retards dans leurs projets dus à un manque de suivi approprié.
- 75% des responsables reconnaissent avoir vécu des échecs de projet en raison d'une planification déficiente et d'un système de suivi-évaluation inefficace.
- 69% des projets disposant d'un bon système de suivi-évaluation atteignent leurs objectifs, contre moins de 50% de ceux qui en sont dépourvus.

Ces constats soulignent que le succès des projets/programmes est fortement corrélé à la qualité des systèmes de suivi-évaluation, qui, pendant longtemps, a été négligée. Cela entraîne notamment un manque d'informations fiables sur la mise en œuvre des projets, une discordance entre le niveau des décaissements et les résultats obtenus, ainsi qu'un manque de capitalisation des expériences acquises.

Le suivi et l'évaluation s'effectuent à travers un système d'information qui fournit des données précises et synthétiques pour vérifier si l'exécution du projet se déroule conformément aux prévisions, permettre des ajustements nécessaires et évaluer les effets des activités réalisées. Cela inclut : (i) un suivi rigoureux des activités avec une collecte de données pour l'évaluation ; (ii) la garantie de transparence et de traçabilité de l'intervention ; (iii) l'évaluation de la pertinence, de l'efficacité, de l'efficience, de la durabilité ainsi que des effets et impacts des activités sur les bénéficiaires ; et (iv) la capitalisation des leçons apprises afin de mieux concevoir, planifier et exécuter les futurs projets et programmes, optimisant ainsi les ressources et atteignant les résultats attendus.

En somme, la finalité du suivi-évaluation est de fournir aux décideurs des informations pertinentes pour évaluer la progression et les effets des projets/programmes, leur permettant ainsi de prendre des décisions éclairées en temps opportun.

Aujourd'hui, face à une exigence croissante d'amélioration des projets et programmes, ainsi qu'à l'importance accordée à la mesure des résultats et des effets de changement par les partenaires, les bénéficiaires et les bailleurs de fonds, le suivi-évaluation émerge comme un ensemble d'outils essentiels pour mesurer la performance de ces initiatives.

Dans cette perspective, il est crucial d'explorer en profondeur l'analyse de la performance d'un système de suivi-évaluation, ainsi que sa mise en place et son fonctionnement. C'est dans cet esprit que ce livre, intitulé **« Du Design aux Résultats : Analyse et Mise en Place des Systèmes SÉRA »**, vise à servir de synthèse pour l'élaboration d'un manuel pratique regroupant les principaux outils et approches d'analyse de la performance et de conception d'un système SÉRA, contribuant ainsi à une dynamique d'amélioration continue.

Le **premier et le second chapitre** introduisent les concepts clés du suivi, de l'évaluation, de la redevabilité et de l'apprentissage, tout en clarifiant les différents types d'évaluation et leur portée, ainsi que les approches d'apprentissage qui en découlent. Ils abordent aussi l'importance de mettre en place un système SÉRA au sein des organisations et dans le cadre des projets et programmes de développement.

Le **troisième chapitre** se concentre sur la démarche d'analyse de la performance des systèmes SÉRA. Il décrit de manière détaillée les étapes nécessaires à cette analyse et présente les critères, indicateurs et questions indispensables pour évaluer la performance du système SÉRA.

Deux études de cas sont présentées aux **chapitre quatre et six**, une première, portant sur l'analyse de la performance du Programme National d'Agriculture Rurale (PNAR). Et une seconde sur la préparation d'un plan d'évaluation ex-post du Projet de Développement de l'Education de Base (PDEB). Ces chapitres examinent en profondeur la démarche d'analyse de l'efficacité du système de suivi-évaluation, redevabilité et apprentissage (SÉRA) et les étapes pratique d'élaboration d'un plan d'évaluation.

Le **cinquième chapitre** propose ensuite une démarche pratique pour la mise en œuvre de ce système. Ce chapitre explique, étape par étape, comment concevoir et déployer le système SÉRA d'abord au sein d'une organisation de développement, puis dans le cadre de ses interventions, qu'il s'agisse de programmes ou de projets. L'objectif est d'améliorer la prise de décision organisationnelle, la gestion des risques, ainsi que l'efficacité et l'optimisation des ressources.

Enfin, la **conclusion** met en lumière la contribution significative de ce livre aux connaissances existantes sur les systèmes SÉRA. Ce chapitre aborde les nouvelles perspectives et approches innovantes introduites dans l'ouvrage, en examinant comment elles peuvent être appliquées dans divers contextes, offrant ainsi des solutions adaptées aux enjeux spécifiques rencontrés par les organisations et les projets de développement pour la mise en œuvre de ces systèmes, afin d'optimiser leur efficacité et garantir qu'ils répondent pleinement aux besoins des parties prenantes. De plus, on y propose des pistes de recherche futures, soulignant les domaines nécessitant une investigation approfondie pour enrichir davantage la théorie et la pratique des systèmes SÉRA.

# CHAPITRE UN --- SUIVI ÉVALUATION REDEVABILITE ET APPRENTISSAGE

## 1.0 INTRODUCTION

Ces dernières années, les débats autour du suivi-évaluation ainsi que les questions de redevabilité et d'apprentissage dans les projets de développement ont pris de l'ampleur. Malheureusement, la controverse liée à la définition de ces concepts, et même la diversité des définitions selon les organisations, a conduit à une grande divergence au sein de la communauté de pratique du développement, et du suivi-évaluation en particulier. Avant d'approfondir l'analyse de la performance des systèmes de suivi-évaluation et leur mise en œuvre, nous passerons en revue certains concepts clés pour apporter plus de clarté.

## 1.1 Concepts Clés

### 1.1.1. Suivi et Évaluation

Le concept de suivi, d'évaluation, de contrôle, de supervision, de surveillance etc. des politiques de développement visent à définir des mécanismes pour s'assurer que l'utilisation des ressources rares affectées est conforme à la planification initiale. L'importance des fonctions, que nous globalisons dans un premier temps sous le vocable de suivi-évaluation est reconnue par l'ensemble des acteurs du projet. Malgré son introduction seulement ces trois dernières décennies dans la littérature sur les projets, l'on dispose d'une littérature abondante (FAO, FIDA, BM, l'OCDE, ONGs etc.) sur le sujet.

Le suivi et l'évaluation sont des outils qui permettent d'identifier et de mesurer les résultats des projets, programmes ou politiques.

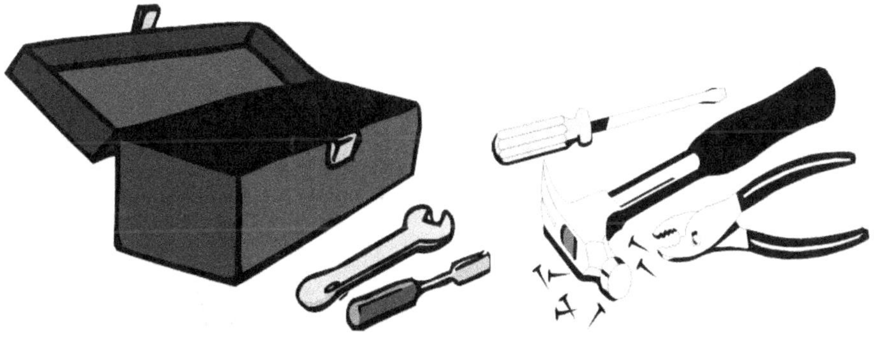

Le suivi et l'évaluation (S&E) font partie intégrante du cycle de gestion des projets. D'une part, le suivi et l'évaluation sont deux instruments efficaces pour enrichir la qualité des interventions grâce à leur rôle dans la prise de décision et dans l'apprentissage. D'autre part, la qualité de la conception des projets (par exemple la clarté des objectifs ou l'établissement d'indicateurs) peut influer sur la qualité du suivi et de l'évaluation. Mais même dans ce dernier cas, si l'on si prend tôt, le suivi-évaluation peut agir au début ou en cours de mise en œuvre pour améliorer la qualité de la conception et rattraper les erreurs de conception dans une certaine mesure. Les lignes suivantes nous édifieront sur les différences et similarités des deux notions.

#### 1.1.1.1. Le Suivi

Pour mieux comprendre le suivi, prenons l'exemple d'un conducteur qui utilise sa voiture régulièrement en se rendant à son travail. Et chaque matin en rentrant dans sa voiture, la première des choses qu'il voit c'est son tableau de bord, qui lui fournit toutes les informations sur l'état de la voiture. A savoir, le niveau d'huile, le niveau de carburant, les petites anomalies des bougies etc. En faisant allusion à cet exemple, le projet est comme la voiture ici, le chauffeur étant le chef de projet et le tableau de bord, le système de suivi. Et donc le suivi, c'est le tableau de bord qui fournit des informations régulières sur le fonctionnement du projet. Donc un processus continu de collecte et d'analyse d'informations pour apprécier comment un projet (un programme ou une politique) est mis en œuvre, en comparant avec les performances attendues.

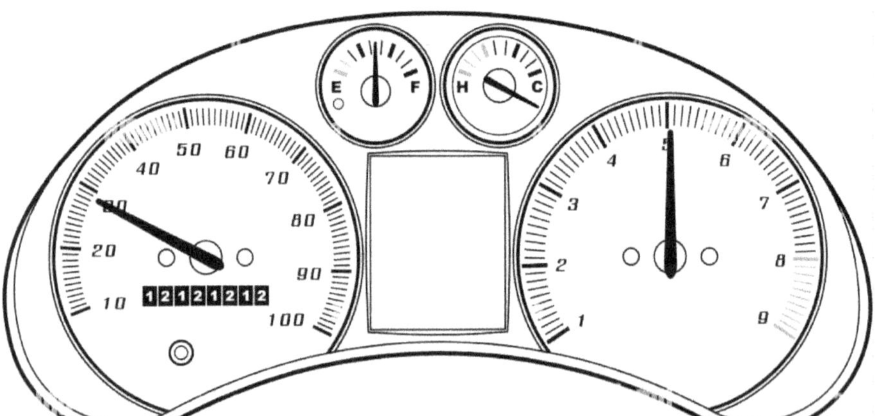


Selon Gertler et al (2011), le suivi est un processus continu qui permet de suivre ce qui se passe au sein d'un programme et d'utiliser les données recueillies pour informer la mise en œuvre du programme et la gestion et les décisions quotidiennes. En utilisant principalement des données administratives, le suivi permet d'évaluer la performance d'un programme par rapport aux résultats attendus, de faire des comparaisons entre les programmes et d'analyser les tendances dans le temps (Gertler et al., 2011). Habituellement, le suivi suit les intrants, les activités et les extrants, bien qu'il puisse parfois inclure les résultats, tels que les progrès vers les objectifs de développement nationaux (Gertler et al., 2011). Selon la BM, "...le suivi est un processus continu de collecte et d'analyse d'informations pour évaluer comment un projet (un programme ou une politique) est mise en œuvre par rapport à la performance attendue" (Keita, 2006).

En synthétisant ces définitions, on peut conclure que le suivi consiste à collecter et à analyser systématiquement l'information pour suivre les progrès réalisés par rapport aux plans établis, et vérifier leur conformité avec les normes établies. Il permet d'identifier les tendances et les schémas qui se dessinent, d'adapter les stratégies et de guider la prise de décisions relatives et de guides la prise de décisions relatives à la gestion du projet/programme - une opportunité permanente d'apprentissage. Des informations de suivi de qualité supérieure aident à prendre des décisions en temps opportun, garantissent la responsabilité et constituent la base de l'évaluation et de l'apprentissage. Selon les organisations et les projets, il existe plusieurs domaines de suivi dont :

- **Suivi de gestion :** le suivi de gestion doit permettre à chaque niveau de la hiérarchie, la réorganisation des moyens disponibles afin de garantir le bon déroulement des activités et d'éviter les gaspillages. Il comprend : - des échéanciers de réalisation (calendrier, PERT, GANTT, fiches de budget) - un système de comptabilité clair (de préférence comptabilité analytique par opération) - des tableaux ou fiches d'information permettant de suivre : l'obtention et l'utilisation des moyens en personnel et matériel du projet - la réalisation des activités (nombre d'animaux traités, nombre de séances de vulgarisation effectuées, longueur des tuyaux de drainage posés, nombre d'hectares emblavés, etc..). La partie du suivi de focalisant davantage sur les activités concerne plus le **suivi du processus**. Ce suivi évalue l'utilisation des apports et des ressources, l'avancement des activités et la réalisation des produits. Il sert à analyser « comment » les activités sont exécutées- leur efficacité en termes de respect des délais et d'utilisation des ressources.

- **Suivi des performances (résultats) :** Le suivi des performances doit permettre de réorienter les activités mises en œuvre en fonction des objectifs visés. Il s'agit de voir si les activités mises en œuvre conduisent aux résultats espérés et aux objectifs spécifiques et sont pertinentes par rapport eux. Pour ce faire, on détermine des facteurs d'objectif et de pertinence. Il comprend généralement des tableaux d'indicateurs mesurant dans le temps, la réalisation des résultats espérés (rendements obtenus, accroissement de la production agricole, nombre d'emplois crées, pertes de stockage, amélioration des horaires ou conditions de travail des agriculteurs, nombre de nouveaux agriculteurs ayant adopté une meilleure technologie, etc..). Il est souhaitable aussi de suivre le degré de réalisation des objectifs spécifiques du projet : - soit par des indicateurs simples quand cela est possible (augmentation globale de production, augmentation des ventes d'animaux), - soit par une batterie d'indicateurs quand l'approche directe est plus difficile par exemple, on peut avoir une idée de l'amélioration de conditions de vie des agriculteurs en suivant l'état de santé, le taux de scolarisation et le nombre de mariages nouveaux dans les villages, etc...)
- **Suivi des effets :** le suivi des effets doit permettre de réorienter les activités mises en œuvre en fonction des conséquences importantes, autres que les objectifs visés, que le projet pourrait déclencher : - conséquences sur l'environnement (érosion, salinité, etc..) - conséquences sociales (niveau nutritionnel, mouvements démographiques, etc..) - conséquences économiques et politiques (redistribution des revenus, changement des structures de pouvoir, etc…). La construction d'un graphe (ou d'un tableau) d'effets au moment de la préparation du projet donne déjà une bonne base des indicateurs à suivre, mais le suivi des effets doit se compléter au cours du déroulement du projet, en fonction de la détermination progressive d'effets non prévus.
- **Suivi des facteurs externes :** le suivi des facteurs externes (ou de conjoncture) est un appui à la gestion des moyens. Il permet

de réajuster le projet en fonction de l'évaluation des contraintes externes ; Il comprend généralement des tableaux d'information permettant de suivre : - les fluctuations conjoncturelles (prix, marchés, climat, etc..) - les facteurs économiques externes (crédit, recherche, système d'approvisionnement, etc.)

- **Le suivi de la conformité** : vérifie la conformité du projet avec les règlements définis par les donateurs et les résultats attendus, les modalités des subventions et du contrat, les lois et règlements publics locaux et les valeurs morales.
- **Le suivi des bénéficiaires** : est axé sur la perception qu'ont les bénéficiaires du projet/programme. Il permet de mesurer la satisfaction et de recenser les réclamations des bénéficiaires, notamment en ce qui concerne leur participation, la façon dont ils sont traités, l'accès aux ressources et les changements apportés.
- **Le suivi organisationnel** : est axé sur la viabilité, le développement institutionnel et le renforcement des capacités dans le cadre du projet/programme et au niveau des partenaires. Il est souvent mené conjointement avec les mécanismes de suivi de l'organisation d'exécution.

#### 1.1.1.2. Évaluation

Voyons toujours le scenario de la voiture, le tableau de bord avertit le conducteur qu'il y a un manque d'huile. Le conducteur remplace donc le manquant d'huile en y rajoutant une grande quantité d'huile. Deux jours après, le même voyant lumineux s'allume, ce qui montre que le problème persiste. Alors, le conducteur doit emmener la voiture pour des investigations plus approfondies. Ce genre d'investigation plus approfondie intervient périodiquement et va plus loin que ce que l'on suit régulièrement concernant l'état de la voiture à travers le tableau de bord. Cette investigation approfondie représente l'évaluation si on prenait la voiture comme un projet. Alors que le suivi est continu, l'évaluation est périodique et au besoin et va plus loin que le suivi.

Ainsi, l'évaluation est une mesure, aussi systématique et objective que possible, des résultats d'un projet, d'un programme ou d'une politique, en vue de déterminer sa pertinence, et sa cohérence, l'efficience de sa mise en œuvre, son efficacité et son impact ainsi que la pérennité des effets obtenus.

Les évaluations sont des appréciations périodiques et objectives d'un projet, d'un programme ou d'une politique planifiée, en cours ou achevé (Gertler et al., 2011). L'évaluation vise à déterminer dans quelle mesure les changements souhaités se sont produits et si le projet est responsable de ces changements. Les évaluations sont utilisées pour répondre à des questions spécifiques liées à la conception, à la mise en œuvre et aux résultats (Gertler et al., 2011). Contrairement au suivi continu, elles sont réalisées à des moments discrets et recherchent souvent une perspective extérieure auprès d'experts techniques (Gertler et al., 2011). Leur conception, leur méthode et leur coût varient considérablement, en fonction des types de questions auxquelles l'évaluation tente de répondre (Gertler et al., 2011).

Selon la Banque mondiale (2005),

> L'évaluation est une mesure, aussi systématique et objective que possible, des résultats d'un projet, d'un programme ou d'une politique, afin de déterminer sa pertinence et sa cohérence, l'efficience de sa mise en œuvre, son efficacité et son impact et la durabilité des effets obtenus. L'évaluation n'intervient donc qu'après un certain délai et demande des investigations supplémentaires. (P. 10)

L'évaluation est la collecte et l'analyse systématiques d'informations sur les caractéristiques et les résultats des programmes et des projets comme base de jugement, pour améliorer l'efficacité, et/ou pour éclairer les décisions sur la programmation actuelle et future (USAID, 2011). En outre, Wholey, Hatry, & Newcomer (2010) affirment que :

> L'évaluation de programme est l'application de méthodes systématiques pour répondre à des questions sur le fonctionnement et les résultats d'un programme. Elle peut inclure le suivi continu d'un programme ainsi que des études ponctuelles des processus ou de l'impact du programme. Les approches utilisées sont fondées sur les méthodologies de recherche en sciences sociales et les normes professionnelles (p.05).

De manière générale, les évaluations peuvent répondre à trois types de questions, comme l'indiquent Ilies et al (2010) et Gertler et al (2011). La première est constituée de questions descriptives grâce auxquelles "l'évaluation peut déterminer ce qui se passe et décrire les processus, les conditions, les relations organisationnelles et les points de vue des parties prenantes" (Gertler et al., 2011).

La seconde est constituée de questions normatives qui permettent à l'évaluation de comparer " ce qui se passe à ce qui devrait se passer ; elle évalue les activités et la réalisation ou non des objectifs. Les questions normatives peuvent s'appliquer aux intrants, aux activités et aux extrants " (Gertler et al., 2011). La troisième est constituée de questions de cause à effet qui examinent les résultats et tentent d'évaluer quelle différence le projet fait en termes d'effets ou de résultats.

En se référant à ces définitions, on peut affirmer que l'évaluation est une appréciation périodique et systématique de la pertinence, de l'efficience, de l'efficacité et de l'impact d'un projet sur une population définie. Elle s'appuie sur les données collectées lors du suivi, ainsi que sur des enquêtes ou des études supplémentaires pour évaluer les réalisations du projet par rapport aux objectifs. L'évaluation implique généralement des comparaisons. Le plus souvent, elles sont basées sur les conditions avant et après le projet. Plus rarement, une évaluation simple ou une évaluation des performances compare les populations qui ont reçu des services à celles qui n'en ont pas bénéficié.

### 1.1.1.3. Portée et Objectif de l'Évaluation

L'objectif principal de l'évaluation est d'améliorer la qualité de la conception, de la mise en œuvre et de l'apprentissage du projet/programme. Selon les critères d'évaluation de l'aide au développement de l'OCDE-CAD, une évaluation porte sur les principes suivants : (a) la pertinence de toutes les interventions, (b) l'efficacité des stratégies et des activités de mise en œuvre, (c) l'efficacité du projet, (d) l'impact du projet, et (e) la durabilité probable des actions initiées.

L'efficacité est une mesure de la mesure dans laquelle les activités du projet atteignent leurs objectifs. L'efficience mesure les résultats qualitatifs et quantitatifs par rapport aux intrants. Elle évalue dans quelle mesure le projet utilise des ressources coûteuses afin d'atteindre les résultats souhaités. L'impact est une évaluation des effets dus à l'intervention du projet, et non à d'autres facteurs. La pertinence est définie par la mesure dans laquelle les activités du projet sont adaptées aux priorités des bénéficiaires du groupe cible et du donateur. La durabilité est la mesure dans laquelle le projet a planifié la poursuite des activités du projet, développé l'appropriation locale du projet, et développé des partenariats durables. Selon Patton (1997), l'évaluation a trois objectifs principaux : l'amélioration, le jugement et la connaissance, comme le montre le Tableau 01

| **Tableau 1 : Objectifs de l'évaluation** | |
|---|---|
| Amélioration | ▪ Identifier les forces et les faiblesses du projet, afin d'en accroître la pertinence, l'efficacité et l'efficience.<br>▪ Les évaluations axées sur l'amélioration sont souvent appelées évaluations formatives. |
| Jugement | ▪ Mesurer l'impact et la durabilité du projet.<br>▪ Analyser les coûts et les avantages de la stratégie du projet. Rendez compte aux parties prenantes du projet.<br>▪ Les évaluations axées sur le jugement sont souvent appelées<br>▪ Évaluations sommatives. |
| Connaissances | ▪ Fournir des généralisations sur l'efficacité d'une stratégie de projet ou sur ce qui fonctionne.<br>▪ S'appuyer sur la théorie en identifiant les meilleures pratiques ou les leçons apprises.<br>▪ Influencer l'élaboration des politiques. |
| Source : Adapté de (Patton M. Q., 1997) | |

#### 1.1.1.4. Type d'Évaluation

Tout au long du cycle du projet/programme qui est dynamique et dépendant d'une organisation à l'autre, les évaluations peuvent être classées de plusieurs façons. Par exemple, en fonction des différentes étapes du cycle du projet (le moment de l'évaluation), il peut y avoir plusieurs types d'évaluation. Il peut également y avoir d'autres façons de classer les évaluations, selon les personnes qui mènent l'évaluation et selon les techniques ou méthodes d'évaluation.

Selon le moment dans le cycle de vie des projets, elles peuvent généralement inclure un ou plusieurs des cinq types d'évaluation suivants : (a) évaluation périodique/continue, (b) évaluation de base (incluant parfois une évaluation périodique) ; (c) évaluation à mi-parcours ; (d) évaluation finale ; et (e) évaluation ex-post.

- **Évaluation périodique / continue**

Les évaluations périodiques/continues peuvent être réalisées à tout moment de la mise en œuvre du projet, selon les besoins. Elles permettent de mesurer en continu les conséquences des activités mises en œuvre pendant le projet ou pendant les activités annuelles régulières.

- **Évaluation de base (évaluation ex-ante)**

L'évaluation de base fait parfois partie de l'évaluation périodique menée au début du projet. Les objectifs de l'étude de base sont les suivants : (a) établir les valeurs de base pour les indicateurs clés du niveau d'impact et de résultat par rapport au but, aux objectifs et aux sous-résultats du projet ; (b) collecter des données comparables à celles qui seront collectées au cours de la ligne médiane ; (c) mener une évaluation finale pour déterminer le niveau d'impact ; (d) identifier les indicateurs de résultat entre la ligne de base, la ligne médiane et l'évaluation finale ; et (e) affiner les cibles des indicateurs de performance, générer des données à utiliser pour l'analyse comparative et enfin, valider les stratégies du projet, les hypothèses et les recommandations sur la conception, le ciblage et l'évaluation du programme. Selon Khandker et al (2010) :

> La conception ex ante détermine les avantages ou les pièges possibles d'une intervention par le biais de modèles de simulation

> ou économiques. Cette approche tente de prédire les résultats des changements de politique prévus, compte tenu des hypothèses sur le comportement individuel et les marchés. Les approches ex ante construisent souvent des modèles structurels pour déterminer comment les différentes politiques et les marchés sont liés au comportement des bénéficiaires afin de mieux comprendre les mécanismes par lesquels les programmes ont un impact. L'analyse ex ante peut aider à affiner les programmes avant leur mise en œuvre, ainsi qu'à prévoir les effets potentiels des programmes dans différents environnements économiques. (P. 4)

- **Évaluation à mi-parcours ou évaluation formative**

L'évaluation à mi-parcours évalue la prestation de services telle que décrite dans le plan de mise en œuvre détaillée et le récit technique. Elle mesure également les progrès réalisés par rapport aux buts et objectifs fixés, y compris l'efficacité, l'efficience et la rapidité des interventions du programme pour atteindre les cibles par rapport aux valeurs de référence. L'évaluation à mi-parcours examine le cadre des résultats avec tous les documents du projet et les hypothèses critiques, et considère l'environnement de mise en œuvre, y compris les facteurs favorables et les contraintes. Ceci est fait dans le but d'apporter les modifications nécessaires ou les corrections à mi-parcours pour soutenir le projet afin qu'il atteigne ses buts et objectifs déclarés et qu'il soit durable.

Selon le CRS (2007) :

> Une évaluation à mi-parcours est également principalement orientée vers l'amélioration et la formation. Elle peut être appelée évaluation de la mise en œuvre du processus ou évaluation formative par d'autres organisations. Les évaluations à mi-parcours sont réalisées à peu près à mi-chemin du projet, par exemple, au cours de la troisième année d'un projet de cinq ans. En général, elle identifie où et comment la mise en œuvre peut être améliorée pendant la période restante du projet (p. 224)

- **Évaluation finale**

L'évaluation finale vise à déterminer si le projet a atteint les résultats escomptés en réalisant une évaluation d'impact en utilisant généralement la même méthode que l'étude de base. Cette évaluation est réalisée en tenant compte de la théorie du changement, de la mise en œuvre et de la gestion, ainsi que les enseignements tirés et de la durabilité du projet. L'évaluation finale s'appuie sur l'étude de base et l'étude à mi-parcours pour améliorer l'apprentissage et la compréhension des résultats du projet en évaluant les réalisations du projet par rapport aux résultats attendus décrits dans le cadre de résultats. Elle comprend également l'évaluation de la pertinence, de l'efficacité, de l'efficience, de l'impact et de la durabilité des activités. Les autres étapes du processus consistent à mesurer les résultats et à évaluer l'attribution (dans la mesure du possible sur la base de données contrefactuelles), à identifier les leçons apprises, à tirer des conclusions et à fournir des recommandations pour les interventions futures. CRS (2007) l'exprime de la manière suivante :

> Une évaluation finale est largement orientée vers le jugement et est menée vers la fin d'un projet. Elle vise à déterminer le mérite, la valeur ou l'intérêt général d'un projet. En raison de cette orientation vers le jugement, les évaluations finales font appel à un évaluateur externe et nécessitent une planification et un investissement plus importants. Une évaluation finale peut également être orientée vers la connaissance car elle fournit des leçons apprises pour la conception de projets futurs. (P. 226).

- **Évaluation ex-post (impact)**

L'évaluation d'impact ex-post est basée sur des données réelles recueillies soit une fois après l'intervention du programme, soit deux fois - avant et après la mise en œuvre du programme (Khandker, Koolwal, & Samad, 2010). L'évaluation ex post mesure les impacts réels du programme sur les bénéficiaires (Khandker, Koolwal, & Samad, 2010). Selon CRS (2007) :

> Une évaluation ex-post est orientée vers la connaissance et est parfois appelée évaluation d'impact durable. Ces évaluations étudient l'impact d'un projet à une période déterminée après l'achèvement du projet. Les évaluations ex post visent généralement à déterminer quelles interventions du projet ont été poursuivies par les participants au projet de leur propre chef. Les résultats peuvent être utilisés pour des efforts de plaidoyer en montrant aux donateurs l'efficacité de l'investissement dans un secteur particulier. Une évaluation ex post d'une série de projets

et de leur efficacité peut contribuer à la conception de programmes futurs. (P. 227)

Selon les personnes qui mènent l'évaluation :

- **L'évaluation interne ou autoévaluation** est réalisée par les responsables de la mise en œuvre d'un projet/programme. Elle est plus axée sur les enseignements à tirer que sur la redevabilité.
- **L'évaluation externe ou indépendante** est effectuée par des évaluateurs qui ne font pas partie de l'équipe de mise en œuvre et apportent ainsi un certain degré d'objectivité et, bien souvent, un savoir-faire technique elle est axée sur la redevabilité.
- **L'évaluation participative** est menée avec les bénéficiaires et d'autres acteurs clés, et peut favoriser leur autonomisation en renforçant leurs capacités, leur implication et leur soutien.
- **L'évaluation conjointe** est le fruit d'une collaboration entre plusieurs partenaires d'exécution. Elle permet de bâtir un consensus à différents niveaux, de gagner en crédibilité et d'assurer un soutien concerté.

Selon les techniques ou méthodes d'évaluation :

- **Une évaluation en temps réel** est une évaluation menée pendant la mise en œuvre du projet/programme pour fournir des informations immédiates sur les moyens d'améliorer la mise en œuvre en cours. Elle est plus axée sur les enseignements à tirer en temps réel que sur l'impact ou la redevabilité.
- **Une méta-évaluation** est utilisée pour évaluer le système d'évaluation. Elle est principalement utilisée pour : dresser l'inventaire des évaluations pour orienter le choix des activités d'évaluation ; faire une synthèse des résultats de l'évaluation.
- **Une évaluation de processus** est une méthode essentielle utilisée pour analyser, évaluer et améliorer l'efficacité et l'efficience des opérations ainsi que des activités stratégiques d'une organisation ou de ses projets et programmes. Cette approche se concentre sur l'atteinte des objectifs et des résultats, tout en examinant les forces et les faiblesses des stratégies de mise en œuvre. Elle intègre également des critères de qualité et

de conformité, garantissant ainsi que les pratiques respectent strictement les régulations internes et externes

- **Une évaluation thématique** est axée sur un thème spécifique, tel que l'environnement, et porte généralement sur différents projets/programmes ou l'ensemble de l'organisation.
- **Une évaluation par secteur/par groupe sectoriel** porte sur un ensemble d'activités, de projets ou de programmes connexes, généralement menés dans des lieux différents et mis en œuvre par plusieurs organisations.
- **Une évaluation basée sur les méthodes d'évaluation de la performance** se concentrent sur des questions descriptives et normatives telles que les résultats d'un projet ou d'un programme particulier, la manière dont il est mis en œuvre, la manière dont il est perçu et apprécié, si les résultats attendus se produisent, et d'autres questions pertinentes pour la conception du programme, la gestion et la prise de décision opérationnelle (USAID, 2011). L'évaluation de la performance repose généralement sur deux types d'évaluation : l'évaluation par observation après la mise en œuvre et l'évaluation par comparaison avant/après. La principale stratégie de collecte de données est l'enquête. Ce type de recherche fournit une description quantitative ou numérique des tendances, des attitudes ou des opinions d'une population en étudiant un échantillon de cette population. Il comprend des études transversales et longitudinales utilisant des questionnaires ou des entretiens structurés pour la collecte de données, avec l'intention de généraliser d'un échantillon à une population (Creswell, 2013 ; Babbie, 1990).
- **Une évaluation basée sur les méthodes d'évaluation d'impact** mesure généralement les changements moyens apportés par un projet ou un programme sur le bien-être des bénéficiaires et des parties prenantes ciblés. L'évaluation d'impact évalue les changements dans le bien- être des individus qui peuvent être attribués à un projet, un programme ou une politique particulière (Gertler et al., 2011). Selon l'USAID (2011), les évaluations d'impact mesurent le changement dans un résultat de développement qui est attribuable à une intervention définie ; les évaluations d'impact sont basées sur

des modèles de cause et d'effet et nécessitent un contrefactuel crédible et rigoureusement défini pour contrôler les facteurs autres que l'intervention qui pourraient expliquer le changement observé. (P. 3). Khandker et al. (2010) ont indiqué que, l'évaluation d'impact est un effort pour comprendre si les changements de bien-être sont effectivement dus à l'intervention du projet ou du programme. Plus précisément, l'évaluation d'impact tente de déterminer s'il est possible d'identifier l'effet du programme et dans quelle mesure l'effet mesuré peut être attribué au programme et non à d'autres causes. (P. 18)

### 1.1.2. Redevabilité et Apprentissage

#### 1.1.2.1. Redevabilité

La métaphore de la voiture reste pertinente, le suivi est assimilé au tableau de bord, offrant une vue d'ensemble des performances en temps réel, tandis que l'évaluation s'apparente à un contrôle technique approfondi, permettant d'assurer le bon fonctionnement de tous les systèmes. La **redevabilité**, quant à elle, est comparable aux rétroviseurs. Ces derniers permettent de visualiser ce qui se passe autour et derrière, garantissant ainsi que toutes les actions menées sont transparentes et responsables. La **redevabilité** garantit que les parties prenantes sont informées et que les ressources sont utilisées de manière appropriée.

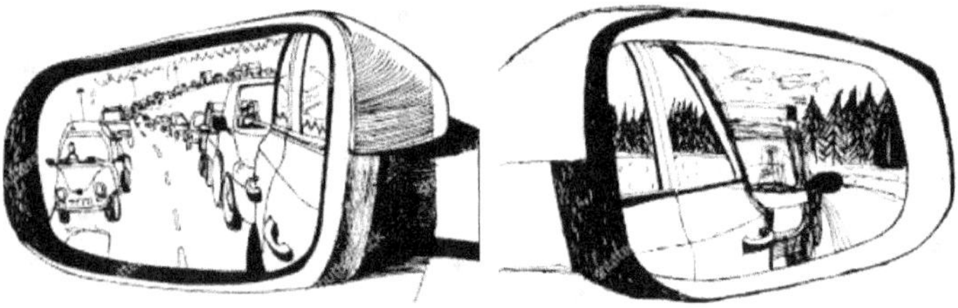

Traditionnellement, la **redevabilité** décrit comment ceux qui autorisent des tiers à agir en leur nom vérifient que cette autorité est exercée conformément à ce qui a été convenu. Actuellement, l'obligation de rendre des comptes comprend également le droit de chacun d'exiger des explications et d'accepter la redevabilité des décisions ou des actions qui le concernent. Selon la norme HAP, la redevabilité est le moyen par lequel le pouvoir est exercé de manière responsable. C'est un processus qui exige de prendre en compte les opinions des différentes parties prenantes et de leur rendre des comptes, en particulier à ceux qui sont affectés par l'exercice de l'autorité ou du pouvoir d'autrui. CARE définit la Redevabilité comme un moyen pour nous permettre d'assumer nos responsabilités envers les parties prenantes engagées à nos côtés mais également comme les recours qu'ont celle-ci pour nous rendre redevables de nos décisions, actions et impacts. Nous nous engageons à être redevables devant l'ensemble de nos parties prenantes et en tout premier lieu, nous sommes redevables envers les femmes, les hommes, les garçons et les filles affectés par une catastrophe (CARE, 2010). Selon CRS, "la redevabilité est la façon dont nous, en tant qu'organisation, répondons aux besoins de toutes les personnes impliquées dans le travail que nous faisons et comment nous équilibrons ces besoins. La redevabilité envers les bénéficiaires donne donc à ceux qui reçoivent notre aide la possibilité d'exprimer leur opinion, d'influencer la façon dont les projets sont conçus et mis en œuvre, et de déterminer les résultats qu'ils veulent voir » Mais la redevabilité ne s'arrête pas là ; elle concerne également la relation de l'exécutant avec les partenaires et les autres parties prenantes, comme les gouvernements locaux. Il s'agit d'un processus qui exige que le responsable de la mise en œuvre fournisse l'espace et les moyens nécessaires pour impliquer toutes les parties prenantes dans le travail de construction de la communauté. De même, pour le CAFOD, « la redevabilité consiste à assumer la responsabilité d'être à l'écoute des besoins, des préoccupations et des points de vue de nos sympathisants et bailleurs de fonds ainsi que de nos partenaires et des communautés qu'ils soutiennent. Cela signifie que nous nous engageons à agir en fonction de ce qu'ils nous disent et à être responsables de nos décisions ». Enfin pour Save the Children, faire preuve d'une véritable redevabilité… c'est donner, non seulement une voix (aux bénéficiaires), mais aussi l'occasion d'influer les décisions qui affectent notre choix de travailler avec eux et notre manière de le faire. C'est aussi donner le pouvoir de nous obliger à rendre des comptes d'une manière qui influence les politiques, les priorités et les actions de notre organisation, au niveau local, national et mondial.

En résumé, la redevabilité ne signifie pas seulement donner une voix aux bénéficiaires, mais aussi une opportunité d'influencer les décisions qui affectent la façon dont les organisations et les projets choisissent de travailler avec eux et comment le faire. Cela signifie également donner aux organisations les moyens de rendre des comptes de manière à influencer les politiques, les priorités et les actions, au niveau local, national et mondial. De nos jours, la redevabilité englobe aussi le droit de toute personne à demander des comptes sur la prise de décisions ou les actions la concernant.

### 1.1.2.2. Type de Redevabilité

D'une organisation à une autre on distingue différent type de redevabilité dont la redevabilité envers l'organisation qui met en œuvre le projet elle-même, la redevabilité aux bénéficiaires, la redevabilité aux bailleurs, la redevabilité aux partenaires d'exécution et enfin la redevabilité aux autres parties prenantes.

- ***Redevabilité à l'organisation de mise en œuvre (Nous-même/Interne) :*** c'est la manière dont l'organisation qui mène le projet/programme répond aux besoins internes (i.e. le personnel de l'organisation) et de rendre compte de la mise en œuvre de nos interventions à l'interne, afin qu'il soit mieux informé.
- ***Redevabilité aux bénéficiaires*** : les bénéficiaires constituent les femmes, les enfants, les jeunes et les hommes pour qui nous mettons en œuvre les projets. Leur être redevable revient à leur écouter, leur donner la voix afin de prendre compte de leurs besoins dans la mise en œuvre de nos projets et de toutes les décisions concernant le projet. Mais, c'est aussi, de leur rendre compte afin de tenir compte de leur feedback, préoccupations, et points de vue pour mieux les refléter dans nos activités et améliorer la mise en œuvre de nos interventions. La redevabilité envers les bénéficiaires se met en œuvre de façons pratique à travers des mécanismes de feedback que l'équipe de projet développe et assure sa mise en œuvre en collaboration avec les bénéficiaires et les autres parties prenante. Quelques mécanismes de feedback les plus utilisés peuvent être : *la ligne verte, les bureaux d'appui/office d'aide, les réunions consultatives y compris les interviews, les boîtes à suggestions, les activités de suivi etc...* Le tableau dessous nous donne quelques définitions des différents types de mécanismes avec leurs avantages et inconvénients selon les organisations internationales de développement.

| Tableau 2 : Mécanismes de Feedback | | |
|---|---|---|
| **Type de mécanisme et Définition** | **Avantages** | **Inconvénients** |
| ***Ligne verte :*** une ligne téléphonique ouverte est mise à la disposition des membres de la communauté afin de collecter les feedbacks (plaintes, observations, suggestions) à travers un appel direct au personnel du projet. | ▪ Peut collecter le feedback de manière anonyme et confidentielle.<br>▪ Facile à utiliser quand on a accès à un téléphone.<br>▪ Accessible aux non-bénéficiaires.<br>▪ Accessible à des personnes ayant des problèmes de mobilité (zone a accès difficile, personnes âgées ou avec handicap).<br>▪ Utile dans les populations où le taux d'alphabétisation est faible. | ▪ Demande plus de temps à mettre en place, donc non adaptée aux projets courts.<br>▪ Dépend du fonctionnement du système téléphonique dans la communauté.<br>▪ Nécessite que du personnel soit disponible pour répondre au téléphone.<br>▪ Les appels peuvent coûter cher aux membres de la communauté si l'on n'a pas de numéro gratuit.<br>▪ Tous les membres de la communauté n'auront pas accès à un téléphone, en particulier les personnes âgées et les pauvres. |
| ***Bureaux d'appui/office d'aide :*** un employé ou un volontaire de la communauté est disponible pour | ▪ Pratiques pour les bénéficiaires surtout s'ils sont mis en œuvre avec d'autres activités du programme. | ▪ Ne peuvent pas collecter anonymement le feedback.<br>▪ La confidentialité dépend de son |

| Tableau 2 : Mécanismes de Feedback | | |
|---|---|---|
| **Type de mécanisme et Définition** | **Avantages** | **Inconvénients** |
| répondre aux questions et écoute les feedbacks, plaintes, observations, préoccupations. | ▪ Rapide à mettre en place.<br>▪ On peut demander un suivi ou des informations plus détaillées pendant l'interaction.<br>▪ Bonne visibilité, selon le moment et l'endroit où ils sont établis.<br>▪ Utile dans les populations où le taux d'alphabétisation est faible. | animation et le contexte<br>▪ Prennent beaucoup de temps pour l'employé ou le volontaire communautaire.<br>▪ Moins accessible pour les non-bénéficiaires s'ils sont établis à l'intérieur des activités du projet. |
| ***Réunions consultatives :*** discussion en groupe et non des discussions individuelles avec des membres de la communauté afin de collecter leurs feedbacks. | ▪ Maximum de feedback en un temps record.<br>▪ Peuvent impliquer des personnes qui ne sont pas bénéficiaires.<br>▪ Peuvent être adaptés au public,<br>▪ Utiles dans les populations où le taux d'alphabétisation est faible. | ▪ Difficile de collecter de feedback anonyme ni confidentiel.<br>▪ La valeur du feedback peut être diluée si certaines personnes dominent le groupe.<br>▪ Peuvent ne pas être appropriées dans certaines cultures ou la critique publique n'est pas acceptable.<br>▪ On ne peut sélectionner que quelques personnes pour ces discussions, on risque de manquer des gens qui ont un |

| Tableau 2 : Mécanismes de Feedback | | |
|---|---|---|
| **Type de mécanisme et Définition** | **Avantages** | **Inconvénients** |
| | | des choses importantes à dire. |
| ***Entretiens individuels :*** entretiens face-à-face avec les membres de la communauté et collecter leurs feedbacks | ▪ Collecte d'informations plus détaillées.<br>▪ Peuvent être fait pendant le suivi.<br>▪ Les employés peuvent répondre immédiatement au feedback.<br>▪ Peuvent être adaptés au public.<br>▪ Peuvent collecter un feedback confidentiel.<br>▪ Peuvent impliquer des personnes qui ne sont pas bénéficiaires.<br>▪ Utiles dans les populations où le taux d'alphabétisation est faible. | ▪ Ne peuvent pas collecter de feedback anonyme.<br>▪ Plus d'employés supplémentaires pour que les hommes et les femmes soient représentés.<br>▪ Il faut que les employés aient de bonnes compétences en animation pour obtenir des informations approfondies.<br>▪ Dans certaines cultures, on n'exprimera pas ouvertement des critiques devant le personnel.<br>▪ Nombre limité de personnes, on risque de manquer des gens qui ont un des choses importantes à dire. |
| ***Activités de suivi :*** collecte des feedbacks sur la mise en œuvre du projet durant les | ▪ Peuvent efficacement ajouter quelques questions dans les activités de suivi planifiées. | ▪ Ne peuvent pas collecter de feedback anonyme.<br>▪ Pas appropriées pour enregistrer des réclamations sérieuses |

| **Tableau 2 : Mécanismes de Feedback** | | |
|---|---|---|
| **Type de mécanisme et Définition** | **Avantages** | **Inconvénients** |
| activités routinières de suivi du projet. | ▪ Peuvent être adaptés au public,<br>▪ Adéquates pour les personnes ayant des problèmes de mobilité<br>▪ Peuvent générer plus de feedback que d'autres approches.<br>▪ Utile dans les populations où le taux d'alphabétisation est faible. | du fait du calendrier et de la sélection des personnes interrogées, on n'atteint pas tout le monde. |
| ***Boîtes à suggestions :*** permettent à la communauté de donner un feedback écrit de façon anonyme et ouvert. | ▪ Feedbacks anonymes et confidentiels.<br>▪ Accessible aux non-bénéficiaires.<br>▪ Utiles dans les populations où le taux d'alphabétisation est élevé. | ▪ Non accessibles aux non-alphabétisés.<br>▪ Difficiles pour les personnes ayant des problèmes de mobilité |

Les feedbacks de la communauté sont importants pour la redevabilité aux bénéficiaires. Grâce aux mécanismes de feedback et de réponse, l'équipe de mise en œuvre peut :

- Répondre aux défis ou aux questions pendant la mise en œuvre,
- Identifier des moyens d'améliorer
- Donner une plus grande voix à l'expérience des bénéficiaires dans la prise de décision en cours.

***Remarque :*** dans la pratique il est recommandé de choisir au moins deux mécanismes, dont un au moins confidentiel et qui permette de collecter les feedbacks de façons anonyme.

- ***Redevabilité au(x) bailleur (s) :*** c'est la responsabilité de rendre compte aux bailleurs les progrès sur la misc cn œuvre des projets tout en tenant compte des exigences des bailleurs dans la programmation. Les exigences des bailleurs sont d'ordre multiple, les exigences en matière de suivi-évaluation, de rapportage, de calendrier de mises en œuvre etc… Aussi en partageant les progrès de mise en œuvre, l'organisation tâche de partager aussi les succès, les défis et les leçons apprises.
- ***Redevabilité au(x) partenaire (s) :*** La redevabilité envers les partenaires d'exécution est cruciale pour assurer la transparence et la collaboration. Elle repose sur une communication ouverte et régulière, permettant aux partenaires d'échanger sur les progrès et les défis rencontrés. Il est également essentiel de définir clairement les rôles de chacun afin que chacun comprenne ses responsabilités et celles des autres. Un autre aspect important de ce type de redevabilité est l'établissement d'objectifs partagés qui favorise l'engagement collectif. Enfin, la reconnaissance des contributions de chaque partenaire et la transparence financière sont des éléments clés qui renforcent la confiance et encouragent une plus grande implication, contribuant ainsi à la réussite globale du projet.
- ***Redevabilité aux autres parties prenantes :*** de même que pour la redevabilité aux bailleurs, ce type de redevabilité met l'accent le plus sur le partage des résultats des interventions, les succès, les défis, les leçons apprises et les recommandations. Mais aussi ce travail de redevabilité envers les autres parties prenantes doit commencer depuis la conception des interventions afin qu'il y ait plus de synergie d'action et de coordination des efforts pour avoir plus d'impact sur la vie des bénéficiaires.

#### 1.1.2.3. Apprentissage

L'**apprentissage** s'apparente au système de navigation ou de GPS de la voiture. Tout comme celui-là ajuste la direction et la conduite en indiquant le meilleur chemin en fonction des conditions actuelles, l'**apprentissage** joue un rôle similaire pour un projet en intégrant les leçons tirées et les nouvelles informations. Il constitue un moteur d'optimisation continue qui aide à tracer le meilleur parcours vers l'atteinte des objectifs fixés.

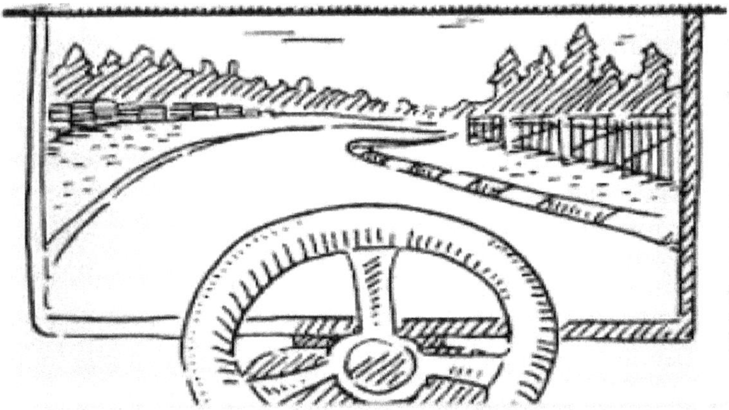

De même que la redevabilité, **l'apprentissage**, dans sa forme la plus simple, consiste à s'engager avec d'autres, à poser des questions pour donner un sens à ce qui se passe dans un projet et comment cela s'est produit, dans l'intention de prendre des décisions pour améliorer le projet grâce à une gestion adaptative. L'apprentissage se matérialise dans nos activités de tous les jours au travail ou pas, au cours d'une pause thé, lors d'un trajet en voiture entre le bureau et le site du projet, de nos simples discussions avec les collègues, des réunions avec les partenaires ou dans le cadre d'un événement annuel d'apprentissage etc. C'est un processus de développement qui conjugue la réflexion et la pratique, donc, c'est un ensemble d'effort quotidien que nous réalisons pour assimiler, comprendre et réagir au monde qui nous entoure. Il peut donc être d'ordre social. L'apprentissage est un processus essentiel pour accroitre les capacités des personnes et des organisations. Il n'est pas qu'une question de connaissance, Il peut s'élargir aux compétences, idées, croyances, valeurs, attitudes, habitudes, sentiments, sagesses, conceptions communes et conscience de soi. De ce fait, l'apprentissage enrichit ce que nous accomplissons individuellement et collectivement, et il est indispensable à l'efficacité organisationnelle, au développement de la qualité de notre travail, à la capacité d'adaptation et d'innovation de l'organisation ainsi qu'à sa pérennité. Dans le même sens, l'équipe LEAP définit l'apprentissage comme un changement affectant la pensée et l'action grâce à la réflexion basée sur des informations valides concernant les expériences présentes et passées (LEAP, 2007).

En le transposant dans le cadre des interventions de développement, Il s'agit d'un processus consistant à s'engager avec d'autres pour donner un sens à un projet, une politique et une stratégie en prenant le temps de poser des questions, de remettre en question les hypothèses et de discuter des problèmes sur la base des données disponibles, des observations, des discussions avec les participants, les partenaires et les autres parties prenantes. Conduit avec un objectif et une intention spécifique, l'apprentissage peut améliorer la prise de décision pour améliorer les choses. Donc en somme, l'intention d'apprendre à s'améliorer est la clé.

En résumé, la redevabilité et l'apprentissage en commun consistent à prendre la responsabilité d'écouter les besoins, les préoccupations et les points de vue de toutes les parties prenantes, en particulier les supporters et les donateurs, ainsi que les partenaires et les communautés que le projet soutient. Cela permet d'apprendre de l'expérience et des connaissances du programme, ainsi que des bonnes pratiques, afin d'améliorer continuellement la qualité des projets, des politiques et des stratégies au profit des personnes desservies.

#### 1.1.2.4. Approches d'Apprentissage

L'apprentissage peut se mettre en œuvre dans les projets à travers différentes approches. Pour susciter davantage l'apprentissage il est conseillé de toujours commencer par de petites activités réalisables qui constitueront des éléments de base qui favorisent mieux l'apprentissage. Une fois ayant senti un engagement de l'équipe de projet en faveur de l'apprentissage, on peut procéder à une intégration graduelle des approches et pratiques d'apprentissage significatives dans la mise en œuvre des projets et programmes.

L'apprentissage commence toujours par de petites activités comme l'orientation du staff sur l'apprentissage, ses définitions, son champ d'action (apprentissage formelle et informelle), les lieux, conditions où l'apprentissage pourrait avoir lieu (visites de terrain, réunions trimestrielles avec les partenaires, réunions du personnel formelles et informelles, discussions pendant la pause thé, conversations par Teams/zoom/Skype, trajet en voiture pour rentrer au bureau, réunions de débriefing sur n'importe quel sujet etc..), l'environnement propice et enfin passer du temps à réfléchir ensemble avec le staff les premières activités faisables afin aborder de manière active et plus approfondie l'apprentissage au sein du projet. L'environnement favorable reste l'un des atouts les plus importants de l'apprentissage. Il commence par les dirigeants des organisations et des projets en premier, ceux-là doivent susciter et encourager l'apprentissage à travers leur comportement quotidien. Ceci passe en étant eux même, des premiers exemples d'apprentissage dans les organisations et projets, de soutenir toutes les initiatives qui supportes l'apprentissage, et enfin de mettre en place des mesures qui perdurent et assurent la continuité de l'apprentissage au sein des organisations et des projets.

Les approches qui s'avèrent être de bonnes pratiques en matière d'apprentissage selon les experts et les organisations internationales peuvent être : Revues Après Action (RAA), Evénements d'Apprentissage (EA), Discussions d'Apprentissage pour l'Action (DAA), Apprentissage basé sur les Données de S&E du Projet (ADP), Pensée Evaluative (PE), Théorie du Changement (TdC) etc... Ces approches sont des séries de questions qui favorisent la réflexion du personnel et donner un sens à ce qui se passe dans le projet.

i. ***Revues Après Action (RAA)*** : Les revues après action (RAA) ou revues d'apprentissage sont des outils précieux pour l'amélioration continue de la mise en œuvre des projets. Elles constituent une approche structurée de réflexion sur les expériences et de faire ressortir les enseignements et leçons tirés de la mise en œuvre du projet. Bien qu'elles soient souvent associées à des interventions d'urgence en raison de la rapidité de tirer des leçons des erreurs et des succès, elles s'avèrent être aussi des outils très importants qu'on peut appliquer aux activités des projets. Ci-dessous quelques exemples de comment appliquer la revue après action à différents scénarios/exercice durant les activités de suivi-évaluation.

| Tableau 3 : Revues Après Action (RAA) | |
|---|---|
| **Réunions communautaires consultatives avec les bénéficiaires pour les mécanismes de feedback :** | 1. Quels étaient les principaux objectifs des réunions consultatives ?<br>2. Ces objectifs ont-ils été atteints ? Si ce n'est pas le cas, pourquoi ?<br>3. Qu'est-ce qui a bien fonctionné pendant les réunions en ce qui concerne l'engagement des bénéficiaires ?<br>4. Quelles difficultés avons-nous rencontrées lors de la facilitation de ces réunions ?<br>5. Qu'est-ce qui aurait pu être fait différemment pour améliorer l'engagement ou les résultats ?<br>6. Quels enseignements avons-nous tirés de l'expérience des bénéficiaires au cours de ces réunions ?<br>7. Comment pouvons-nous intégrer ces connaissances dans nos futures interventions ? |
| **Réunion annuelle avec les partenaires** | 8. Quels étaient les principaux objectifs de la réunion annuelle avec les partenaires ?<br>9. Avons-nous atteint ces objectifs de manière efficace ?<br>10. Quels aspects de la réunion ont permis de favoriser la collaboration et la communication ?<br>11. Y a-t-il eu des problèmes de logistique ou d'organisation pendant la réunion ?<br>12. Comment les partenaires ont-ils réagi aux présentations ou aux discussions ?<br>13. Quels commentaires les partenaires ont-ils formulés sur la structure ou le contenu de la réunion ?<br>14. Quelles améliorations peuvent être apportées aux prochaines réunions annuelles ? |

| Tableau 3 : Revues Après Action (RAA) | |
|---|---|
| **Les activités de mise en œuvre du projet** | 15. Quels étaient les résultats escomptés de l'activité ?<br>16. Dans quelle mesure ces résultats ont-ils été atteints ?<br>17. Quels obstacles inattendus avons-nous rencontrés ?<br>18. Y a-t-il eu des stratégies ou des approches particulièrement réussies ?<br>19. Qu'est-ce qui aurait pu être amélioré en termes de planification ou d'exécution ?<br>20. L'activité s'est-elle alignée sur les buts et objectifs généraux du projet ?<br>21. Comment pouvons-nous appliquer les enseignements tirés de cette activité à de futurs projets ou activités ? |

La revue après action peut être appliquée aussi de façons informelles dans les entretiens individuels (face-à-face) avec les chargés de projets. Cela peut favoriser une discussion ouverte et permettre une réflexion immédiate sur les activités du projet en cours du moment que l'expérience est encore fraîche dans l'esprit durant les visites de terrain. En s'engageant systématiquement dans ces exercices de réflexion, les équipes de projet peuvent adapter et améliorer leurs pratiques au fil du temps, conduisant finalement à une plus grande efficience et efficacité dans la réalisation des objectifs du projet.

ii. ***Discussions d'Apprentissage pour l'Action (DAA) :*** ces discussions constituent un autre outil précieux pour l'amélioration et l'adaptation des projets. Ces discussions permettent de combler le fossé entre l'apprentissage à partir d'expériences et la traduction de cet apprentissage en mesures réalisables pour des projets ou des activités futurs. On peut utiliser cette approche dans plusieurs situations comme pour les réunions trimestrielles avec les partenaires ou les réunions d'examen des projets et autres :

| Tableau 4 : Discussions d'Apprentissage pour l'Action (DAA) | |
|---|---|
| **Revue des objectifs trimestriels** | 1. Quels étaient les principaux buts et objectifs du trimestre écoulé ?<br>2. Dans quelle mesure avons-nous atteint ces objectifs ?<br>3. Y a-t-il eu des défis ou des succès inattendus qui ont influencé nos progrès ? |
| **Revue des partenariats** | 4. Dans quelle mesure nos partenariats ont-ils contribué aux résultats de notre projet au cours du trimestre ?<br>5. Y a-t-il des domaines dans lesquels notre collaboration avec les partenaires pourrait être renforcée ?<br>6. Quels enseignements avons-nous tirés de notre collaboration avec nos partenaires au cours de cette période ? |
| **Impact et efficacité des activités du projet** | 7. Quelles preuves avons-nous de l'impact de nos interventions au cours de ce trimestre ?<br>8. Nos actions ont-elles entraîné des conséquences inattendues ou involontaires ?<br>9. Comment pouvons-nous mieux mesurer et communiquer l'efficacité de nos projets aux parties prenantes ? |
| **Tirer les leçons des difficultés rencontrées** | 10. Quels ont été les principaux défis auxquels nous avons été confrontés au cours de ce trimestre ?<br>11. Comment avons-nous relevé ces défis et quels enseignements en avons-nous tirés ?<br>12. Y a-t-il des défis récurrents que nous devons aborder avec une approche différente ? |
| **Innovation et adaptation durant la mise en œuvre des projets** | 13. Des approches ou des stratégies innovantes ont-elles été mises en œuvre au cours de ce trimestre ?<br>14. Comment pouvons-nous tirer parti de ces innovations pour améliorer nos futurs projets ? |

| Tableau 4 : Discussions d'Apprentissage pour l'Action (DAA) | |
|---|---|
| | 15. De quelle manière avons-nous adapté nos activités sur la base des enseignements tirés des trimestres précédents ? |
| **Renforcement des capacités et besoins de formation** | 16. Avons-nous identifié des lacunes dans les compétences ou les connaissances de notre équipe au cours de ce trimestre ?<br>17. Quelles activités de formation ou de renforcement des capacités permettraient de combler ces lacunes ?<br>18. Comment pouvons-nous assurer l'apprentissage et le développement continus du personnel et des partenaires du projet ? |
| **Intégration des feedback reçus durant les activités de redevabilité** | 19. Quel feedback avons-nous reçu de la part des bénéficiaires, des partenaires ou d'autres parties prenantes au cours de ce trimestre ?<br>20. Comment avons-nous intégré ce feedback dans nos activités de projet ou nos processus de prise de décision ?<br>21. Y a-t-il des thèmes récurrents ou des suggestions qui nécessitent une attention particulière ? |
| **Planification pour les prochaines activités trimestrielles : Apprendre de ce qui s'est passé** | 22. Qu'avions-nous prévu pour le trimestre ?<br>23. Qu'avons-nous réalisé ? Que nous apprennent ces données des rapports de suivi ? Qu'est-ce que les données ne nous disent pas ? Qui les données représentent-elles ? Qui les données ne représentent-elles pas ? Que devons-nous savoir d'autre ?<br>24. Ces données sont-elles cohérentes avec nos observations sur le terrain ?<br>25. Qu'est-ce qui va bien / ou quels sont les problèmes ? Pourquoi cela se produit-il ? Comment cela affectera-t-il le projet ? |
| **Planification pour les prochaines activités** | 26. Quelles sont les initiatives réussies ? Comment les renforcer ? Y a-t-il d'autres endroits dans la zone du projet qui pourraient adopter ces initiatives ? |

| Tableau 4 : Discussions d'Apprentissage pour l'Action (DAA) | |
|---|---|
| **trimestrielles : actions futures** | 27. Quelles sont les initiatives qui ne fonctionnent pas bien ? Qu'est-ce qui doit changer ? Faut-il abandonner certaines activités ?<br>28. Sur la base de nos réflexions et de nos discussions, quels sont les domaines prioritaires sur lesquels nous devrons nous concentrer au cours du prochain trimestre ?<br>29. Y a-t-il des ajustements à apporter à nos plans de projet ou à nos stratégies ?<br>30. Quelles actions spécifiques allons-nous entreprendre pour tenir compte des enseignements tirés de cette discussion ?<br>31. Comment les membres de la communauté peuvent-ils être informés au mieux de nos réflexions actuelles ? |

En s'engageant régulièrement dans des Discussions d'Apprentissage pour l'Action, les équipes de projet peuvent favoriser une culture d'amélioration continue et s'assurer que les enseignements tirés sont effectivement traduits en actions tangibles pour la réussite continue du projet.

iii. ***Apprentissage basé sur les Données de S&E du Projet (ADP) :*** l'utilisation d'un outil comme le Tableau de Suivi des Indicateurs de Performance (TSIP) pour analyser les données de suivi des performances d'un projet est une démarche intelligente pour l'amélioration continue. Ci-dessous, une série de questions logiques basées sur les données du TSIP que le responsable SÉRA peut utiliser pour évaluer les progrès du projet, identifier les domaines à améliorer et préparer le rapport de progrès.

| Tableau 5 : Apprentissage basé sur les Données de S&E du Projet - TSIR | |
|---|---|
| **Progrès global par rapport aux cibles/objectifs** | 1. Quels sont les indicateurs clés de performance (ICP) identifiés dans le TSIP et quels sont les cibles pour chacun d'entre eux ?<br>2. Quelle est la situation actuelle de chaque indicateur par rapport aux cibles ?<br>3. Y a-t-il des indicateurs pour lesquels nous dépassons ou n'atteignons pas nos cibles de manière significative ?<br>4. Quels sont les indicateurs qui ont atteint les cibles fixées au cours de la période couverte par le rapport ?<br>5. Quel est le pourcentage d'indicateurs qui ont atteint leurs cibles par rapport à la dernière période de rapport ?<br>6. Quel est le pourcentage d'indicateurs qui ont atteint plus de 100 % de leur cible ?<br>7. Quel est le pourcentage d'indicateurs dont les résultats sont supérieurs à ceux de la dernière période de référence ?<br>8. Qu'avons-nous fait pour contribuer à ces succès ? Quels sont les facteurs qui ont contribué aux succès ?<br>9. Quels objectifs n'ont pas été atteints ?<br>10. Quel est le pourcentage d'indicateurs dont les résultats sont inférieurs à ceux du trimestre précédent ?<br>11. Pourquoi n'avons-nous pas réussi dans ces composantes ?<br>12. Demandez au personnel du projet qui travaille sur ces composantes si les réalisations correspondent à leurs observations. |
| **Analyse des tendances** | 13. Quelles tendances observons-nous dans les données du TSIP au fil du temps ?<br>14. Y a-t-il des aspects ou des questions récurrentes qui ressortent des données ? |

| Tableau 5 : Apprentissage basé sur les Données de S&E du Projet - TSIR | |
|---|---|
| | 15. Comment ces tendances s'alignent-elles sur la théorie du changement et les résultats attendus du projet ? |
| **Identification des difficultés et des défis** | 16. Sur la base des données du TSIP, quels sont les principales difficultés ou défis qui entravent les progrès vers la réalisation de nos objectifs ?<br>17. Ces défis sont-ils liés à des facteurs internes au projet, à des facteurs externes ou à une combinaison des deux ?<br>18. Ces défis ont-ils été identifiés au cours des périodes de suivi précédentes et, dans l'affirmative, quelles mesures ont été prises pour y remédier ? |
| **Analyse des causes profondes** | 19. Quelles sont les causes sous-jacentes des difficultés ou des défis identifiés ?<br>20. Existe-t-il des problèmes systémiques au niveau de la conception du projet, de l'approche de la mise en œuvre ou du contexte externe qui doivent être résolus ?<br>21. Comment pouvons-nous faire la différence entre les symptômes et les causes profondes afin de garantir des interventions ciblées en vue d'une amélioration ? |
| **Actions possibles** | 22. Quelles sont les actions d'apprentissage liées aux domaines de réussite ? - Identifier les initiatives et les approches et en dresser la liste<br>- Identifier les initiatives et les approches qui doivent être renforcées<br>- Identifier d'autres projets qui pourraient bénéficier de ces approches<br>23. Quelles sont les actions tirées de l'apprentissage dans les domaines difficiles ?<br>- Identifier les initiatives et les approches qui ne fonctionnent pas bien et en dresser la liste<br>- Identifier les initiatives et les approches qui doivent être modifiées |

| Tableau 5 : Apprentissage basé sur les Données de S&E du Projet - TSIR | |
|---|---|
| | - Identifier les initiatives et les activités à abandonner<br>- Si des activités doivent être modifiées, qui en est informé et comment cela se fera-t-il, quel est le budget ? |
| **Stratégies d'amélioration** | 24. Sur la base de l'analyse des données du TSIP et des défis identifiés, quelles stratégies ou actions correctives peuvent être mises en œuvre pour résoudre les problèmes ?<br>25. Existe-t-il des bonnes pratiques ou des leçons tirées de projets ou de contextes similaires qui peuvent éclairer notre approche de l'amélioration ?<br>26. Comment pouvons-nous tirer parti des forces et des ressources existantes du projet pour surmonter les difficultés plus efficacement ? |
| **Ajustements du suivi et de l'évaluation** | 27. Devons-nous réviser les indicateurs, les objectifs ou les méthodes de collecte de données du projet sur la base de notre analyse ?<br>28. Y a-t-il des points de données ou des indicateurs supplémentaires qui devraient être inclus pour mieux saisir les résultats ou les impacts du projet ?<br>29. Comment pouvons-nous assurer que les efforts de suivi et d'évaluation sont alignés sur les besoins évolutifs du projet et des parties prenantes ? |
| **Préparation du rapport de progrès** | 30. Quels sont les messages et les idées clés qui ressortent de notre analyse des données du TSIP ?<br>31. Comment pouvons-nous communiquer efficacement les réalisations, les défis et les plans d'amélioration du projet dans le rapport d'avancement ?<br>32. Existe-t-il des exemples de réussite ou des études de cas qui illustrent l'impact du projet et le parcours d'apprentissage ? |

En analysant systématiquement les données du TSIP à l'aide de ces questions, le responsable SÉRA peut faciliter des discussions fructueuses avec le personnel du projet, identifier les domaines à améliorer et s'assurer que le rapport d'avancement reflète fidèlement les réalisations et l'apprentissage du projet.

iv. ***Pensée Evaluative (PE) et Théorie du Changement (TdC) :*** L'intégration de la pensée évaluative et de la théorie du changement (TdC) dans les processus de gestion de projet peut considérablement améliorer l'efficacité et l'impact des interventions. Ces différentes approches en matière de réflexion critique peuvent être appliquées dans différent scenario d'activités de gestion de projet de plusieurs façons.

- ***Revue annuelle :***

  ***Objectif :*** La revue annuelle permet au personnel et aux partenaires de réfléchir de manière critique aux progrès, aux résultats et aux hypothèses du projet, et de prendre des décisions éclairées pour la planification future.

  ***Conversations sur la réflexion évaluative :*** Au cours de la revue, les participants s'engagent dans une réflexion évaluative en écoutant activement, en posant des questions approfondies, en remettant en cause les hypothèses et en offrant de nouvelles perspectives. Cela permet de mieux comprendre les forces, les faiblesses, les opportunités et les défis du projet.

  ***Analyse de la théorie du changement :*** Le cadre de la théorie du changement aide à conduire un examen approfondi des hypothèses critiques qui sous-tendent le modèle logique du projet. Les participants examinent si les voies de causalité attendues se déroulent comme prévu et identifient les ajustements nécessaires à la théorie du changement.

  ***Prise de décision :*** Sur la base des connaissances acquises grâce à la réflexion évaluative et à l'analyse de la théorie du changement, les participants prennent des décisions concernant les changements stratégiques, les ajustements programmatiques, l'affectation des ressources et les efforts de renforcement des capacités afin d'améliorer l'efficacité du projet.

- ***Gestion de routine du projet :***

 ***Intégration dans les réunions :*** La réflexion évaluative et les conversations TdC peuvent être intégrées dans les réunions de routine de gestion de projet, telles que les révisions mensuelles ou trimestrielles. Cela assure une réflexion et un apprentissage continus, plutôt que d'attendre une revue annuelle.

 ***Résolution des difficultés dans la mise en œuvre du projet :*** Dans le cadre de la gestion courante des projets, le personnel et les partenaires utilisent des techniques de réflexion évaluative pour diagnostiquer les problèmes, explorer les causes profondes et trouver des solutions innovantes. L'analyse TdC permet de découvrir les hypothèses sous-jacentes et de tester la validité des stratégies de projet en temps réel.

 ***Amélioration continue :*** En appliquant systématiquement les principes de la pensée évaluative et de la TdC, les équipes de projet favorisent une culture de l'amélioration continue. Elles tirent les leçons des succès et des échecs, adaptent les stratégies sur la base de données probantes et augmentent la probabilité d'atteindre les résultats souhaités.

L'application pratique des deux approches avec des questions de réflexion pratiques se trouvent dans le Tableau 06 suivant :

| **Tableau 6 : Appliquer la pensée critique et utiliser la théorie du changement** | |
|---|---|
| **Étape 1 : Découvrir les hypothèses. Choisissez une intervention et son objectif de changement de comportement pour l'examiner.** | **Posez les questions suivantes pour identifier les hypothèses :**<br>1. Quelle est l'hypothèse pour ce changement de comportement dans ce projet ?<br>2. Dans d'autres projets sur lesquels j'ai travaillé, j'ai parfois supposé que...<br>3. Quelle est la relation de cause à effet entre l'intervention du projet et le changement de comportement souhaité ?<br>4. Quelles sont les preuves dont nous disposons, qu'il s'agisse de données de suivi et d'évaluation ou de nos propres observations, qui nous aident à comprendre ce qui se passe ? |

| **Tableau 6 : Appliquer la pensée critique et utiliser la théorie du changement** | |
|---|---|
| **Étape 2 : Poser des questions et rechercher des points de vue multiples pour vérifier la validité des hypothèses** | 5. Pourquoi faisons-nous cette hypothèse ?<br>a. Comment le savons-nous ?<br>b. Quelles sont les données dont nous disposons pour étayer l'hypothèse ?<br>c. Quelles observations avons-nous faites qui pourraient étayer l'hypothèse ?<br>6. Quels sont les autres points de vue que nous pourrions souhaiter connaître ?<br>a. Discussion avec les parties prenantes<br>b. Collecte de données supplémentaires sur le sujet |
| **Étape 3 : Analyser l'apprentissage et prendre des décisions** | Examiner les données et les perspectives des étapes précédentes.<br>7. Les hypothèses sont-elles toujours valables ou le projet doit-il réviser sa TOC, c'est-à-dire formuler de nouvelles hypothèses ?<br>8. Quels changements pourraient être nécessaires dans le projet sur la base d'hypothèses différentes ? |

L'intégration de la pensée évaluative et de la théorie du changement dans le processus de mise en œuvre du projet renforce la conception, la mise en œuvre et l'apprentissage du projet. En encourageant la réflexion critique, en remettant en question les hypothèses et en promouvant la prise de décision fondée sur des données probantes, les équipes de projet peuvent maximiser leur impact et leur adaptabilité dans des environnements et contextes dynamiques.

En **conclusion du premier chapitre**, il est essentiel de souligner que le suivi et l'évaluation (S&E) représentent des outils incontournables dans la gestion des projets de développement. Ces dispositifs permettent non seulement de mesurer les résultats et l'impact des interventions, mais aussi d'optimiser la qualité des projets tout au long de leur mise en œuvre. Le suivi, en tant que processus continu, fournit des informations régulières sur l'état d'avancement des projets, tandis que l'évaluation périodique permet une analyse approfondie des résultats obtenus et facilite les ajustements stratégiques en conséquence.

L'importance du S&E réside dans sa capacité à garantir la redevabilité, à promouvoir l'apprentissage et à éclairer la prise de décision. En intégrant le S&E avec la redevabilité et l'apprentissage, les équipes de projet peuvent identifier des tendances, adapter leurs approches et améliorer l'efficacité de leurs interventions. En outre, cette synergie contribue à renforcer la transparence et la responsabilité envers les parties prenantes, en démontrant que les ressources sont utilisées de manière efficiente et que les objectifs sont atteints.

Ainsi, le suivi et l'évaluation, associés à la redevabilité et à l'apprentissage, constituent des piliers essentiels pour le succès et la durabilité des projets de développement. Ils permettent de maximiser l'impact des interventions, d'optimiser l'utilisation des ressources et d'assurer que les projets répondent véritablement aux besoins des bénéficiaires et des donateurs.

# CHAPITRE DEUX – IMPORTANCE DU SÉRA DANS LES ORGANISATIONS ET LES PROGRAMMES/PROJETS

## 2.0 INTRODUCTION

Le suivi et l'évaluation sont souvent perçus comme des tâches lourdes et chronophages, mais leur valeur est inestimable pour les organisations cherchant à mesurer le succès de leurs politiques, programmes, projets et initiatives. Ces processus permettent non seulement d'identifier les domaines nécessitant des améliorations, mais aussi de maximiser les résultats obtenus. En surveillant systématiquement les progrès par rapport aux objectifs fixés et en appliquant les ajustements nécessaires, les organisations s'assurent de tirer pleinement parti de leurs efforts.

Une vérification régulière des performances par rapport au plan initial permet d'introduire des améliorations opportunes, ce qui peut accroître l'efficacité, réduire les coûts et améliorer les résultats globaux. De plus, un suivi continu aide à ajuster le cap si besoin pour maintenir les projets sur la bonne voie et atteindre les résultats souhaités. Il permet également d'identifier les problèmes potentiels avant qu'ils ne deviennent critiques, assurant ainsi une gestion proactive.

Le suivi et l'évaluation des bénéfices et changements permettent d'évaluer l'efficacité des politiques, programmes et projets, de vérifier l'atteinte des objectifs et de repérer les domaines nécessitant des ajustements. En optimisant ces processus, les organisations peuvent concevoir des programmes plus performants, réduire les coûts et améliorer les résultats.

En somme, un suivi et une évaluation appropriés permettent aux organisations de prendre des décisions basées sur des données concrètes, améliorant ainsi leur efficacité et leur efficience. Ces pratiques sont essentielles au succès de toute organisation et soulignent l'importance d'une gestion efficace des données pour atteindre les résultats escomptés.

### 2.1 Comment le suivi et l'évaluation améliorent la prise de décision organisationnelle

Le suivi et l'évaluation sont des outils essentiels qui fournissent aux responsables une vue détaillée des performances de leur organisation. En analysant les données sur une période prolongée, les managers peuvent obtenir des informations précieuses sur les forces et les faiblesses de leur organisation. Cette analyse permet non seulement de suivre les progrès par rapport aux objectifs fixés, mais aussi de s'assurer que les ressources sont utilisées de manière optimale.

Les deux concepts ensemble sont cruciaux pour l'allocation efficace des ressources. Ils aident à identifier les domaines où des ressources supplémentaires peuvent être nécessaires pour atteindre des résultats optimaux. En évaluant l'efficacité des investissements, les organisations peuvent ajuster leurs stratégies pour mieux répondre aux besoins identifiés et maximiser les rendements des initiatives en cours.

Le suivi et l'évaluation permettent également une optimisation des stratégies en fournissant des insights sur les approches les plus efficaces et rentables. En examinant l'impact des différentes initiatives, les organisations peuvent non seulement améliorer les stratégies existantes, mais aussi découvrir de nouvelles opportunités qui pourraient conduire à des résultats positifs. Cette capacité à ajuster les stratégies en fonction des performances observées est essentielle pour garantir la pertinence et l'efficacité des actions entreprises.

En outre, ces deux outils offrent des données cruciales pour la prise de décisions informées. Les informations recueillies permettent aux organisations d'allouer leurs ressources de manière plus stratégique, en se basant sur des données concrètes plutôt que sur des suppositions. Cette approche favorise une gestion plus rigoureuse et un meilleur alignement des ressources avec les objectifs de l'organisation.

Le suivi et l'évaluation jouent également un rôle clé dans l'identification des modèles de réussite ou d'échec. En surveillant régulièrement les progrès, les organisations peuvent repérer les tendances qui indiquent ce qui fonctionne bien et ce qui doit être amélioré. Cette compréhension approfondie permet de modifier les stratégies futures pour capitaliser sur les succès et éviter les erreurs passées.

Enfin, ces deux outils ensemble favorisent une culture d'amélioration continue. En offrant des données précises sur les performances, le suivi et l'évaluation permettent aux organisations de perfectionner leurs approches, d'augmenter leur efficacité et d'accroître leur impact global. La transparence et la responsabilité renforcées par des systèmes de suivi et d'évaluation appropriés assurent une gestion plus efficace des ressources et des initiatives.

En somme, le suivi et l'évaluation sont des outils stratégiques qui permettent une gestion plus informée et dynamique des organisations. Ils sont essentiels pour optimiser les performances, ajuster les stratégies, et garantir que les ressources sont utilisées de manière optimale pour atteindre les objectifs à long terme.

## 2.2 L'impact du suivi et de l'évaluation sur la gestion des risques

Le suivi et l'évaluation jouent un rôle crucial dans l'identification précoce des risques, ce qui permet aux organisations de développement international de mieux se préparer aux défis à venir. En comprenant les forces, les faiblesses, les opportunités et les menaces, les organisations peuvent non seulement maximiser leurs avantages potentiels et concurrentiels mais aussi minimiser les risques y afférant. L'approche adoptée par le suivi-évaluation est applicable à tout type d'organisation, qu'il s'agisse d'une organisation à but lucratif ou non, et est particulièrement utile pour les programmations futures et identifier des opportunités de croissance. En optimisant leur capacité à identifier et à réagir aux risques, les organisations peuvent accroître leurs opportunités ainsi que leur champ d'intervention en matière de projets/programmes, maintenir leur compétitivité et viser une durabilité à long terme.

Les évaluations régulières sont également essentielles pour détecter et résoudre les problèmes avant qu'ils ne s'aggravent. Elles offrent l'opportunité de fournir des feedbacks constructifs aux employés, soulignant les domaines nécessitant des améliorations et reconnaissant les succès. En récompensant le travail ardu et les réalisations, les évaluations peuvent également un élément stimulant l'atteindre des objectifs plus ambitieux. En tant qu'Organisation internationale de développement, les évaluations offrent une compréhension approfondie des forces et des faiblesses, des succès et difficultés, des leçons apprises et recommandations, permettant une meilleure utilisation des ressources et une gestion plus efficace de ces ressources et pallier le risque de sous performance durant la mise en œuvre des projets en cours mais aussi anticiper les risques pour les programmations futures.

De plus, le suivi et l'évaluations aident les organisations à évaluer l'efficacité de leurs stratégies de gestion des risques. En analysant les résultats du suivi-évaluation, les organisations peuvent identifier les processus qui nécessitent des améliorations et ajuster leurs stratégies en conséquence. Cette rétroaction permet aux organisations de renforcer leur approche de gestion des risques, d'optimiser leurs processus et de s'assurer qu'elles atteignent leurs objectifs avec une efficacité accrue.

En résumé, les techniques de suivi et d'évaluation apportent des avantages considérables en permettant une meilleure préparation aux risques, une gestion plus efficace des ressources humaines et une optimisation des stratégies de gestion des risques. En intégrant ces pratiques de manière systématique, les organisations peuvent améliorer leurs performances, maintenir leur compétitivité et atteindre leurs objectifs à long terme.

## 2.3 Améliorer l'efficacité grâce au suivi et à l'évaluation

Le développement de systèmes efficaces de suivi et d'évaluation est crucial pour identifier les domaines nécessitant des améliorations et pour créer des processus plus efficients. Ces systèmes permettent d'évaluer le succès des programmes en cours, de repérer les besoins spécifiques et de répartir les ressources de manière plus judicieuse. En fin de compte, une gestion optimisée des ressources peut conduire à une efficacité accrue et à des économies de coûts, tout en maximisant l'impact des initiatives. Un système bien conçu garantit également que les programmes atteignent leurs objectifs et offrent de meilleurs résultats pour toutes les parties prenantes.

L'évaluation régulière de la performance des projets est essentielle pour assurer l'atteinte des objectifs fixés et pour identifier les ajustements nécessaires. Ce processus ne permet pas seulement de maximiser l'efficacité des programmes, mais aussi d'assurer que chaque volet de l'intervention opère en synergie avec les autres composantes/volets pour optimiser la réussite des projets.

Le suivi et l'évaluation offrent également aux équipes la possibilité d'ajuster leurs stratégies pour améliorer l'efficacité et la productivité globales. En utilisant ces outils, les équipes peuvent suivre les progrès réalisés et veiller à ce qu'elles travaillent vers les objectifs souhaités. Les informations recueillies grâce au suivi et à l'évaluation permettent aux équipes de découvrir des opportunités d'amélioration continue et d'optimiser leurs performances.

En somme, les systèmes de suivi et d'évaluation jouent un rôle fondamental dans l'optimisation des processus, l'amélioration des performances et la maximisation des résultats. Ils permettent une gestion plus efficace des ressources, favorisent une culture de reconnaissance et de motivation, et offrent des insights précieux pour ajuster les stratégies et atteindre les objectifs fixés.

## 2.4 L'optimisation des ressources et le suivi et l'évaluation

La collecte de données sur les performances du projet est essentielle pour identifier les opportunités d'amélioration et accroître l'efficacité. En suivant régulièrement les progrès, l'équipe de projet peut évaluer l'utilisation des ressources et repérer les domaines nécessitant des ajustements. Cette approche permet non seulement de réaliser des économies potentielles et de réduire les délais de réalisation, mais aussi d'améliorer la qualité des résultats. En identifiant les aspects du projet qui peuvent être optimisés, l'équipe peut apporter des modifications bénéfiques pour elle-même et pour les parties prenantes. En fin de compte, la collecte de données sur les performances est un outil précieux pour renforcer l'efficacité globale et assurer le succès du projet.

Le suivi et l'évaluation jouent également un rôle crucial dans la détection des gaspillages de ressources et dans la réallocation de celles-ci pour de meilleurs résultats. En évaluant l'utilisation des ressources et les performances du projet, les organisations peuvent ajuster leurs stratégies et méthodes pour optimiser l'utilisation des ressources disponibles. Les avantages de cette approche incluent une prise de décision améliorée, une efficacité accrue et une meilleure allocation des ressources. De plus, le suivi des résultats fournit des informations précieuses sur les domaines nécessitant des améliorations, permettant ainsi aux organisations d'évaluer l'efficacité de leurs efforts, d'identifier les problèmes potentiels et de modifier leurs plans en conséquence. Ces efforts contribuent à maximiser les ressources et à améliorer le succès global de l'organisation.

Disposer d'une image précise des performances aide à garantir que les budgets sont utilisés de manière optimale, ce qui se traduit par des résultats plus rentables. Une compréhension claire des performances permet de créer un budget efficace pour le projet, maximisant ainsi les bénéfices. En fournissant une vue détaillée des avantages disponibles, le suivi des performances assure que les ressources sont allouées de la manière la plus rentable possible. Cette approche garantit que les budgets sont dépensés judicieusement, contribuant à des résultats significatifs et à une gestion financière plus efficace.

En conclusion, le suivi et l'évaluation représentent des outils essentiels pour toute organisation désireuse de mesurer le succès de ses initiatives. Ils fournissent non seulement des données précieuses pour orienter les décisions et stratégies futures, mais ils permettent également une meilleure compréhension des forces et faiblesses de l'organisation. Qu'il s'agisse de renforcer la responsabilisation ou de prendre des décisions éclairées concernant l'allocation des ressources, le suivi et l'évaluation offrent des perspectives approfondies sur l'efficacité des opérations d'une organisation.

## 2.5 Valeur ajoutée de la redevabilité et l'apprentissage au S&E

La Redevabilité et l'Apprentissage apportent une valeur ajoutée cruciale au système de S&E classique des organisations pour plusieurs raisons. Voici quelques-unes des principales raisons :

- ***Adaptabilité :*** Les informations tirées du SÉRA permettent aux gestionnaires de projets d'ajuster les stratégies et les interventions en fonction des résultats obtenus et des leçons apprises.
- ***Redevabilité et Transparence :*** cela aide à assurer que les responsables de la mise en œuvre des projets sont tenus de rendre compte de leurs actions et de leurs résultats. En fournissant des rapports réguliers et détaillés aux parties prenantes, cette approche renforce la transparence des processus décisionnels et de la gestion des projets.
- ***Confiance des parties prenantes :*** La transparence et la reddition de comptes renforcent la confiance des parties prenantes, y compris les donateurs, les bénéficiaires et les partenaires.
- ***Apprentissage Organisationnel et Innovation :*** l'apport de la redevabilité et l'apprentissage permet d'identifier les succès et les échecs, facilitant ainsi l'apprentissage organisationnel et l'amélioration continue. En documentant et en partageant les bonnes pratiques et les leçons apprises, cette approche contribue à l'innovation et à l'amélioration des futurs projets et programmes.
- ***Amélioration de l'Engagement et de la Participation des Parties Prenantes :*** l'approche de redevabilité et l'apprentissage suscite plus d'engagement des bénéficiaires. Le dispositif de feedback bien mis en place ainsi qu'une bonne approche d'apprentissage ne peut se réaliser sans une implication et une participation sans faille des bénéficiaires car ils forment des acteurs principaux de ces deux dispositifs. Les processus de feedback intégrés dans le S&E

encouragent la participation active des parties prenantes, ce qui peut conduire à des interventions plus adaptées et efficaces Et en impliquant les bénéficiaires et les parties prenantes dans le processus de S&E, les organisations peuvent améliorer la pertinence et l'acceptabilité de leurs interventions.

- ***Renforcement de la Crédibilité et de la Réputation :*** l'approche redevabilité et apprentissage apporte plus de preuves et de résultats au S&E. Ces deux approches bien conçus et mis en œuvre fournissent des preuves tangibles des résultats obtenus, ce qui renforce la crédibilité de l'organisation auprès des donateurs et des autres parties prenantes.

- ***Attraction de financement :*** Les organisations qui démontrent leur capacité à suivre et à évaluer efficacement leurs projets et avec plus de preuves et d'évidences sont plus susceptibles d'attirer des financements supplémentaires de la part des donateurs et des investisseurs.

En résumé, ajouter l'approche de redevabilité et d'apprentissage au système de S&E classique est un outil essentiel pour toute organisation qui cherche à maximiser l'impact de ses projets et programmes. En fournissant des informations précieuses sur la performance, en assurant la reddition de comptes, en facilitant l'apprentissage continu et en renforçant la confiance des parties prenantes, le S&E classique joue un rôle clé dans la réussite et la durabilité des interventions. C'est approches ensemble jouent un rôle stratégique qui, bien utilisé, peut transformer la façon dont les projets et programmes sont conçus, mis en œuvre et évalués.

## 2.6 Valeur ajoutée de la redevabilité et l'apprentissage à la Gouvernance des Organisations

Si de nombreux bailleurs peinent à réaliser des progrès significatifs en matière de bonne gouvernance, les organisations de développement et les acteurs doivent penser et travailler selon de nouvelles méthodes, notamment la redevabilité et l'apprentissage. Les praticiens du développement ont confiance dans le fait que les mécanismes de redevabilité et d'apprentissage peuvent apporter une contribution positive aux objectifs d'intervention. Tous les acteurs du développement peuvent être aidés par le suivi, l'évaluation, la redevabilité et par des spécialistes de l'apprentissage pour créer des plans de redevabilité et d'apprentissage, identifier les points de levier et révéler de nouvelles façons de démontrer les progrès vers la bonne gouvernance.

### 2.6.1 Suivi et évaluation : Un outil précieux pour la bonne gouvernance

Les bailleurs de fonds et les organisations de développement exigent généralement des processus de suivi et de révision pour évaluer les progrès en matière de bonne gouvernance. Ces processus sont essentiels non seulement au niveau international et régional, mais surtout au niveau national des organisations. Comme le souligne EVALSDG (2016), "l'évaluation allie des données probantes à une réflexion critique sur des critères fondés sur des valeurs ou des principes. En essence, il s'agit d'une pensée critique visant à porter des jugements éclairés sur le mérite, la valeur ou l'importance des politiques, programmes, stratégies et systèmes." Une évaluation efficace peut transformer notre planète en un lieu plus prospère et durable, tout en améliorant la vie et le bien-être des populations.

Ainsi, l'évaluation de la gouvernance implique la mise en place de systèmes nationaux de suivi et d’évaluation pour mesurer les progrès réalisés dans l’atteinte des indicateurs et objectifs de gouvernance. Ces évaluations doivent alimenter les plans de développement nationaux et permettre de mesurer dans quelle mesure la gouvernance répond aux priorités et besoins nationaux définis dans divers secteurs. L'importance de l'évaluation de la gouvernance est double : 1) identifier les défis associés au suivi, à la mesure et à la définition des indicateurs de gouvernance, et 2) mesurer et rendre compte des progrès nationaux vers la réalisation de la bonne gouvernance.

Cependant, il ne suffit pas de mesurer les progrès réalisés pour atteindre les objectifs de gouvernance, en raison de la complexité et des multiples facettes de la gouvernance. Il est également crucial d'évaluer les politiques, stratégies et programmes liés à la bonne gouvernance. Cela implique d'examiner si ces politiques et stratégies sont mises en œuvre de manière appropriée, si les ressources sont correctement allouées et utilisées, et quelles leçons peuvent être tirées pour améliorer l’impact des futures politiques et stratégies en matière de gouvernance.

### 2.6.2 Redevabilité, apprentissage et gouvernance

Un autre aspect crucial pour réaliser la bonne gouvernance va au-delà de son évaluation. Bien que l'évaluation soit essentielle pour démontrer comment la bonne gouvernance est appliquée dans les secteurs social, environnemental et économique, unc approche plus stratégique et systématique peut être adoptée. Les pays peuvent intégrer simultanément des approches de redevabilité et d'apprentissage dans leurs plans nationaux d'évaluation de la gouvernance. Cette intégration permet de concevoir des évaluations qui non seulement informent les programmes en cours mais aussi les futurs.

En alignant les efforts de suivi, d'évaluation et d'apprentissage avec les stratégies et politiques nationales, les pays peuvent mieux déterminer si ces stratégies contribuent effectivement à la bonne gouvernance. Cette approche favorise un changement de perspective, passant de l'évaluation traditionnelle à un équilibre systématique et une réponse proactive aux besoins de toutes les parties prenantes dans les décisions de gouvernance.

Elle garantit que toutes les parties prenantes, y compris les plus marginalisées et vulnérables, participent activement aux processus décisionnels relatifs à la mise en œuvre des projets. De plus, il est important de créer des opportunités pour que les pays partagent leurs expériences de mise en œuvre, y compris leurs réussites, défis et leçons apprises, afin d'accélérer et d'améliorer la pratique de la bonne gouvernance.

### 2.6.3 Redevabilité et apprentissage, des outils pour soutenir la bonne gouvernance

Si la gouvernance est perçue comme une force politique de changement visant à promouvoir des changements durables et le développement, se limiter à l'évaluation dans le contexte de la bonne gouvernance est une approche trop restrictive. L'évaluation peut et doit jouer un rôle plus large en fournissant des preuves solides pour mesurer les progrès vers les objectifs de bonne gouvernance. Cependant, intégrer la redevabilité et l'apprentissage dans l'évaluation permet d'élargir son objectif, d'améliorer l'action et la prise de décision, et, par conséquent, d'atteindre une meilleure gouvernance.

Cette approche ne se concentre plus uniquement sur les résultats de la gouvernance, mais examine également l'inclusivité, la transparence et la redevabilité des stratégies et politiques. Elle favorise l'innovation dans la mise en œuvre de la bonne gouvernance en garantissant une gestion adaptative qui répond aux besoins des pays, tant au niveau national qu'international. Il est indéniable que l'évaluation, à elle seule, ne sera pas efficace sans mécanismes permettant d'engager les gouvernements à rendre des comptes pour les engagements nationaux qu'ils prennent.

La véritable valeur ajoutée de la redevabilité et de l'apprentissage réside dans leur capacité à faciliter l'échange de connaissances sur la gouvernance entre les pays de la région et à offrir une plateforme pour que les petits États puissent faire entendre leur voix sur les questions de développement et de coopération au niveau mondial. En éclairant l'élaboration des politiques, en facilitant la gestion adaptative, en renforçant l'apprentissage gouvernemental et organisationnel, et en favorisant la responsabilité, la redevabilité combinée à l'apprentissage contribue à une meilleure allocation des ressources et à l'élaboration de nouvelles approches pour la conception et la mise en œuvre des politiques liées à la bonne gouvernance.

En résumé, la gouvernance implique l'exercice de l'autorité politique, économique et organisationnelle pour utiliser les ressources d'une organisation ou d'un pays en faveur du progrès. Elle inclut la mise en place d'un système permettant aux citoyens, institutions, gouvernements et groupes sociaux d'exprimer leurs intérêts, de prendre des décisions importantes, d'exercer leurs droits et de discuter de leurs divergences dans la quête du bien commun. Cela renvoie au concept de redevabilité et de transparence. Cette section conclut notre exploration du concept de gouvernance, de ses pratiques et caractéristiques. La prochaine section se concentrera sur les approches d'évaluation d'impact, en examinant les différentes méthodes, concepts et théories associés à cette évaluation.

## 2.7 Suivi et Évaluation classique (S&E) vs Suivi-Évaluation, Redevabilité et Apprentissage (SÉRA)

La distinction entre le Suivi et Évaluation classique (S&E classique) et le Suivi-Évaluation, Redevabilité et Apprentissage (SÉRA) repose sur l'intégration de plusieurs dimensions supplémentaires dans le SÉRA par rapport au S&E classique. Le Tableau 7 suivant propose les principales différences entre ces deux approches :

| **Tableau 7 : Suivi et Évaluation classique (S&E) vs Suivi-Évaluation, Redevabilité et Apprentissage (SÉRA)** | |
|---|---|
| **Suivi et Évaluation classique (S&E)** | **Suivi-Évaluation, Redevabilité et Apprentissage (SÉRA)** |
| **Objectifs Principaux** | |
| Suivre les progrès et évaluer les résultats des projets ou des programmes. | Inclut le suivi et l'évaluation, mais ajoute la redevabilité et l'apprentissage pour une approche plus holistique. |
| **Envergure** | |
| Se concentre principalement sur la collecte et l'analyse de données pour mesurer les performances par rapport aux objectifs établis. | Intègre des dimensions supplémentaires comme la transparence, la responsabilité des acteurs, et l'apprentissage organisationnel continu. |
| **Approche et Méthodologie** | |
| ***Méthodologie :*** Utilise principalement des indicateurs de performance pour évaluer l'efficacité et l'impact des interventions.<br><br>***Temporalité :*** Souvent perçue comme une activité ponctuelle ou périodique, liée à des moments spécifiques (mi-parcours, fin de projet). | ***Méthodologie :*** Utilise une gamme plus large d'outils et de méthodes pour inclure des aspects qualitatifs et quantitatifs, avec un accent sur le feedback et l'apprentissage continu.<br><br>***Temporalité :*** Conçu comme un processus continu, avec des feedbacks réguliers et des adaptations en temps réel. |
| **Redevabilité** | |
| Moins prononcé, le suivi et l'évaluation prend en compte la redevabilité envers les bailleurs mais pas envers les parties prenantes. Ils sont très souvent limités à la satisfaction des exigences des bailleurs de fonds. Principalement axée sur les résultats et les performances internes | Forte priorité, le suivi et l'évaluation prennent en compte la redevabilité envers les bailleurs et les parties prenantes. Ils mettent l'accent sur une communication transparente des résultats et des processus aux parties prenantes, y compris les bénéficiaires, les partenaires et les donateurs. Et sur la |

| **Tableau 7 : Suivi et Évaluation classique (S&E) vs Suivi-Évaluation, Redevabilité et Apprentissage (SÉRA)** | |
|---|---|
| **Suivi et Évaluation classique (S&E)** | **Suivi-Évaluation, Redevabilité et Apprentissage (SÉRA)** |
| | responsabilité vis-à-vis des parties prenantes externes. |
| **Apprentissage et Adaptation** | |
| ***Apprentissage :*** Moins formalisé, le suivi et l'évaluation ne prennent pas en compte l'apprentissage des acteurs du projet et les bénéficiaires. L'apprentissage est souvent traité comme une réflexion après coup.<br><br>***Adaptation :*** Réactive, les ajustements sont faits principalement après les évaluations périodiques. | ***Apprentissage :*** Formelle et intégrée, le suivi et l'évaluation prennent en compte l'apprentissage des acteurs du projet et les bénéficiaires. Et cela à travers des mécanismes en place pour capturer, documenter et partager les leçons apprises tout au long du cycle du projet.<br><br>***Adaptation :*** Proactive et continue, avec des ajustements fréquents basés sur les feedbacks et les analyses en cours. |
| **Engagement des Parties Prenantes** | |
| ***Engagement :*** Peut être limité, souvent centré sur la collecte de données auprès des bénéficiaires et la communication des résultats aux donateurs.<br><br>***Participation :*** Le suivi et l'évaluation ne prennent pas en compte la participation des bénéficiaires et des bailleurs (les rendre compte et leurs feedback). Le suivi et l'évaluation ne prennent pas en compte la compétence du personnel, partage de l'information avec les parties | ***Engagement :*** Fortement encouragé, avec une participation active des parties prenantes tout au long du processus.<br><br>***Participation :*** Le suivi et l'évaluation prennent en compte la participation des bénéficiaires et des bailleurs (les rendre compte et leurs feedback). Le suivi et l'évaluation prennent en compte la compétence du personnel, partage de l'information avec les parties prenantes, leurs participations, la |

| Tableau 7 : Suivi et Évaluation classique (S&E) vs Suivi-Évaluation, Redevabilité et Apprentissage (SÉRA) | |
|---|---|
| **Suivi et Évaluation classique (S&E)** | **Suivi-Évaluation, Redevabilité et Apprentissage (SÉRA)** |
| prenantes, leurs participations, la gestion des plaintes, apprentissage et améliorations continus. Les parties prenantes sont souvent des informateurs plutôt que des participants actifs dans le processus. | gestion des plaintes, apprentissage et améliorations continus. Les parties prenantes sont impliquées dans la conception, la mise en œuvre et l'évaluation des interventions, et leur feedback est intégré de manière systématique. |
| **Transparence et Communication** | |
| ***Transparence :*** Peut être limitée à la communication des résultats finaux dans des rapports formels.<br><br>***Communication :*** Souvent descendante, des gestionnaires de projets aux donateurs. Le suivi et l'évaluation ne communiquent pas les résultats des évaluations de projet à la communauté dans des formats accessibles. | ***Transparence :*** Très élevée, avec une communication régulière et ouverte des processus et des résultats à toutes les parties prenantes.<br><br>***Communication :*** Bidirectionnelle, avec des mécanismes en place pour recevoir et intégrer les feedbacks des parties prenantes. Mais aussi des mécanismes de communication appropriés et flexible des résultats sont adoptés |
| **Rapportage** | |
| Le suivi et l'évaluation ne fournissent pas aux communautés des rapports périodiques sur les performances et la situation financière du projet. | Le suivi et l'évaluation fournissent aux communautés des rapports périodiques sur les performances, les résultats, impacts et la situation financière du projet. Et cela engage des discussions avec la communauté sur le contenu des rapports à travers des canaux de communication appropriés |

En résumé, le S&E classique se concentre principalement sur le suivi des progrès et l'évaluation des résultats, souvent de manière ponctuelle et centrée sur les exigences des donateurs. Le SÉRA, quant à lui, adopte une approche plus intégrée et holistique en ajoutant des dimensions de redevabilité et d'apprentissage, favorisant ainsi une adaptation continue et une meilleure participation des parties prenantes. Cela rend le SÉRA plus apte à répondre aux besoins complexes et dynamiques des projets et programmes modernes.

# CHAPITRE TROIS -- DEMARCHE D'ANALYSE DE LA PERFORMANCE D'UN SYSTEME SÉRA

## 3.0 PERFORMANCE D'UN SYSTEM SÉRA

Le "Petit Larousse" définit la performance comme "le résultat de l'exécution d'une tâche". Cette définition ne s'applique pas dans le contexte de ce travail car elle définit le fruit d'une activité, elle peut donc être bonne ou mauvaise. Pour la Banque mondiale, la performance est le degré auquel une intervention de développement ou un partenaire de développement agit selon les critères, les normes ou les directives ou obtient des résultats conformément aux objectifs ou aux projets déjà fixés (Keita, 2019). Selon le PAM, la performance est ce que le programme ou le projet a atteint son objectif en termes d'efficacité, d'efficience, d'apports et de résultats obtenus à temps. Selon le FNUAP, la performance est la mesure dans laquelle un programme ou un projet efficace et efficient, et en temps voulu, pour réaliser les produits et atteindre les objectifs (Keita, 2019). La performance peut également être définie dans un sens plus large pour inclure la pertinence et l'impact d'un programme ou d'un projet. A partir de ces définitions, nous comprenons que la performance peut être définie comme le niveau de conformité des objectifs d'un programme ou d'un projet avec les besoins de toutes les parties prenantes, y compris les bénéficiaires ou les pays partenaires. En faisant référence à cette définition en relation avec un système, la performance d'un système renvoi à l'efficacité et à l'efficience avec lesquelles un système fonctionne et atteint les buts et objectifs qui lui sont assignés. Ainsi, la performance d'un système SÉRA serait sa capacité à assurer l'efficacité et l'impact des projets/programmes, en particulier dans les domaines du développement et de l'aide humanitaire. Elle englobe donc la capacité du système SÉRA à démontrer la pertinence, l'efficacité, l'efficience (coût-efficacité) et le succès (attribution du changement à l'intervention) des interventions de développement. De ce faire, Selon notre revue de la littérature et nos différentes recherches (Keita, 2019), l'évaluation de la performance d'un tel système implique généralement d'évaluer à la fois sa conception, son processus (la manière dont les tâches sont exécutées) et les résultats (les résultats obtenus). Les principaux facteurs contribuant donc à la réussite du système SÉRA serait sa conception, son fonctionnement et son utilisation. On en conclut donc que la performance d'un système SÉRA (P) dépend de trois paramètres :

- La Conception du système ;
- Le Fonctionnement du système ;
- Et l'Utilisation du système

Ceci peut être conceptualisé par l'équation suivante :

**Performance = f (Conception + Fonctionnement + Utilisation du Système SÉRA)**

***Conception du Système SÉRA***, le système SÉRA doit être en fonction du contexte. Cette conception doit être en fonction de la pertinence et de l'adéquation du système SÉRA au contexte de mise en œuvre du projet ;

***Fonctionnement du Système SÉRA***, Il s'agit de la mise en œuvre du système SÉRA, il est apprécié en fonction de la planification, de la coordination et de la direction du système, et enfin de la responsabilité de l'équipe SÉRA vis-à-vis de l'équipe de projet ;

***Utilisation du Système SÉRA***, se réfère à l'utilisation efficace des résultats, leçons et recommandation du système SÉRA. C'est aussi la capacité du système à générer des connaissances, à les gérer et à contribuer à l'apprentissage.

## 3.1 Analyse de la Performance du Système SÉRA

### 3.1.1 Introduction

La performance du système SÉRA est cruciale pour assurer l'efficacité, l'efficience et l'impact et la durabilité des programmes de développement et humanitaires. L'évaluation de la performance d'un système SÉRA consiste à déterminer dans quelle mesure il remplit ses fonctions principales et contribue aux objectifs généraux de l'organisation ou du projet. Ces fonctions principales constituant les déterminants et dimensions clés de la performance d'un système SÉRA sont la conception, le fonctionnement et l'utilisation du système SÉRA. Toute analyse de la performance du système SÉRA passe par une analyse de ces trois fonctions, c'est-à-dire les paramètres/métriques qui contribuent le plus à ces trois fonctions ainsi que leurs interactions et la manière dont ils contribuent aux objectifs généraux du système SÉRA. L'objectif principal de l'analyse de ces fonctions serait de s'assurer que chaque fonction contribue efficacement aux résultats souhaités et d'identifier les domaines à améliorer pour un système SÉRA plus performant.

### 3.1.2 Étapes de l'analyse de la performance du système SÉRA

L'analyse de la performance du système SÉRA est un processus systématique visant à évaluer et à améliorer les performances d'un système SÉRA. Les étapes suivantes décrivent une approche structurée de l'analyse de cette performance :

i. ***Définir les objectifs et la portée de l'analyse de la performance du système SÉRA :*** Définir clairement ce que l'analyse de la performance du système SÉRA doit permettre d'atteindre. Et surtout alignez les objectifs de l'analyse aux objectives et visions de l'organisation. Et par la suite, il serait intéressant de déterminer le champ d'application. Pour ce faire, il est impératif de préciser les limites de l'analyse (par exemple, la fonction de suivi du projet, ou la fonction évaluation ou les deux, ou même tout le système SÉRA etc..).

ii. ***Identifier les déterminants/fonctions de la performance du système SÉRA :*** Choisir les fonctions pertinentes qui reflètent fidèlement la performance du système SÉRA en lien avec les objectifs et la portée définis. Par exemple dans le cas de l'analyse du système SÉRA, comme évoqué dessus, les trois fonctions les plus pertinentes de la performance du système SÉRA sont la conception, le fonctionnement et l'utilisation.

iii. ***Définir les métriques/indicateurs clés des fonctions de la performance :*** L'identification des indicateurs clés de performance est essentielle pour mesurer et gérer efficacement les différentes fonctions. Ces indicateurs doivent être alignés sur les objectifs généraux de chaque fonction et être spécifiques, mesurables, réalisables, pertinents et limités dans le temps (SMART) autant que possible. A ce stade, il serait intéressant d'identifier aussi les critères d'appréciation des indicateurs pour chaque fonction afin de les opérationnaliser. Dans notre cas les indicateurs clés des trois fonctions ainsi que les critères d'appréciation se résument dans le Tableau suivant :

| Tableau 8 : Indicateurs et Critères d'appréciation | |
|---|---|
| **Indicateurs** | **Critère d'appréciation** |
| **Fonction Conception du Système SÉRA** | |
| **Clarification des objectifs du Système SÉRA** | ▪ L'existence des objectifs du système SÉRA (au moins 4, un sur suivi, un sur l'évaluation, redevabilité et apprentissage)<br>▪ La connaissance des objectifs du SÉRA par toutes les parties prenantes, qui montre leur niveau d'implication ;<br>▪ La participation de toutes les parties prenantes à la définition de ces objectifs ;<br>▪ L'appropriation des objectifs par l'ensemble des parties prenantes, en vue d'assurer les conditions d'une pérennisation du système SÉRA. |
| **Analyse des parties prenantes** | ▪ Identifier la liste des parties prenantes du système SÉRA et leurs caractéristiques ainsi que les autres utilisateurs<br>▪ Identifier les besoins en information de chaque partie prenante<br>▪ Préparer un canevas de rapport contenant les informations à partager avec chaque partie prenante |
| **Une équipe de travail de SÉRA** | ▪ Définir le type de système (structure interne, externe ou hybride etc.)<br>▪ Identifier qui va gérer le système (Coordinateur, Manager, Head etc.)<br>▪ Identifier les membres de l'équipe de S&E (de l'organisation principales, des partenaires, Et autres etc..) et finaliser la structure |
| **Revue des documents clés du projet** | ▪ Vérifier l'existence des documents clés du projet, comme<br>o La Théorie de Changement<br>o Le cadre des résultats/Logique<br>o Le plan de S&E<br>o Le tableau de suivi des indicateurs de performance<br>o Le pan détaillé de mise en œuvre<br>o Les outils de planification du S&E |

| Tableau 8 : Indicateurs et Critères d'appréciation | |
|---|---|
| **Indicateurs** | **Critère d'appréciation** |
| | ▪ Passer en revue les documents clés du projet, les corriger/ajuster ou les développer correctement<br>▪ Revue des documents spécifiques requis par les bailleurs de fonds, comme les formats de rapports aux bailleurs de fonds ou les instructions de la lettre d'octroi<br>▪ Préparer un document récapitulatif des exigences du bailleur et de l'organisation |
| **Sélection et précision des besoins en information** | ▪ Identifier les besoins en informations<br>o Déterminer les indicateurs clés<br>o Définition des indicateurs clés<br>o Et quel outil/technologie pour chaque indicateur (Efficacité et efficience des outils et technologies utilisés pour la collecte et la gestion des données)<br>o Revue des cibles et fixer les baselines<br>▪ Définir le flux d'information<br>o Où seront collectées les données<br>o Avec quelles méthodes<br>o Comment serez-vous informé<br>o Quand serez-vous informé<br>o Qui va faire l'analyse des données et a quelle fréquence<br>▪ Définir les responsabilités |
| **Les outils de collecte, et de diffusion** | ▪ Développer le diagramme de flux des données<br>▪ Préparer la carte de communication et de rapport<br>▪ Développer les outils, les formulaires et les canevas de rapports |
| **Conception de l'évaluation** | ▪ Développement d'un plan d'évaluation complet<br>o Baseline<br>o Midterm<br>o Edline |

| Tableau 8 : Indicateurs et Critères d'appréciation | |
|---|---|
| **Indicateurs** | **Critère d'appréciation** |
| **Mise en place du mécanisme de redevabilité** | ▪ Conception du mécanisme de feedback<br>▪ Définition des indicateurs de succès avec les bénéficiaires<br>▪ Définition des méthodes de mesure des indicateurs de succès |
| **Mise en place d'un système d'apprentissage** | ▪ La disponibilité d'un mécanisme de gestion et d'acquisition de connaissance y compris les approches, outils et platforms<br>▪ Existence d'un plan de renforcement des capacités<br>▪ La disponibilité d'un système d'utilisation des connaissances<br>▪ La disponibilité d'un système gestion adaptive |
| **Système de gestion des risques** | ▪ Système de gestion des risques existant<br>▪ Risques internes et externes définies<br>▪ Analyse des risques existant<br>▪ Outils d'analyse des risques |
| **Ressources nécessaires à la mise en œuvre du système** | ▪ La disponibilité d'un budget mis en place pour le SÉRA (au moins entre 3 à 5% du budget pour les activités de suivi, redevabilité et apprentissage).<br>▪ L'existence de ressources humaines au service du SÉRA ;<br>▪ Elaboration des plans/fiches de budget. |
| **Fonctionnement du Système SÉRA** | |
| **Planification** | ▪ Existence de planning de réalisation des tâches<br>▪ Existence de planning des ressources<br>▪ Plannings des tâches et ressources partagés<br>▪ Suivi régulier des plannings<br>▪ Ressources bien définies (hum, mat, financières)<br>▪ Outils de base de la planification (GANTT, Réseau PERT, Autres outils, préciser..........) |
| **Organisation et exécution** | ▪ Fonctionnalité de l'organigramme de la structure du SÉRA |

| Tableau 8 : Indicateurs et Critères d'appréciation | |
|---|---|
| **Indicateurs** | **Critère d'appréciation** |
| | ▪ Responsabilités bien décrites et partagées<br>▪ Affectation correcte des tâches à des responsables de tâches<br>▪ Disponibilité et meilleure utilisation des :<br>o Moyens humains suffisants<br>o Moyens matériels suffisants<br>o Moyens financiers suffisants et disponibles |
| **Direction** | ▪ Climat de travail propice<br>▪ Existence de dispositif de motivation (prime convenable)<br>▪ Respect du programme de formation |
| **Contrôle** | ▪ Existence d'un manuel de procédure pour le système SÉRA<br>▪ Existence des rapports de suivi, d'évaluation et de feedbacks<br>▪ Bilan des activités du système prévu<br>▪ Revue annuelle de la qualité des données et du système SÉRA en général<br>▪ Recommandations du système SÉRA appliquées |
| **Gestion des interfaces (partenariat)** | ▪ Partenaires bien identifiés (environnement externe)<br>▪ Les connaissances partagées avec les partenaires<br>▪ Activités de SÉRA conjointes avec les partenaires<br>▪ Les visites d'échanges organisées avec les partenaires |
| **Utilisation du Système SÉRA** | |
| **Fonctionnalité des systèmes de gestion des connaissances** | ▪ Mécanismes de feedback : Disponibilité et efficacité, transparence, réactivité.<br>▪ Satisfaction des parties prenantes : Niveau de satisfaction des bénéficiaires, des bailleurs et des autres parties prenantes à l'égard du programme et de sa gestion. |

| Tableau 8 : Indicateurs et Critères d'appréciation | |
|---|---|
| **Indicateurs** | **Critère d'appréciation** |
| | ▪ Conformité : Respect des normes éthiques et des exigences des bailleurs.<br>▪ Gestion des connaissances : Systèmes et processus de saisie, de stockage et de partage des connaissances. |
| **Utilisation effective des Connaissances** | ▪ Connaissances (initiatives, méthodes, techniques, et résultats des évaluations, du suivi, des feedbacks) utilisées en temps réel ou créées par le système SÉRA et des partenaires pour prendre des décisions éclairées et améliorer l'apprentissage du projet et de l'organisation.<br>▪ Mécanisme de suivi et d'application des recommandations et leçons issues du système SÉRA en place.<br>▪ Innovation : Mise en œuvre de nouvelles idées et approches fondées sur l'apprentissage.<br>▪ Intégration : Le degré d'intégration de l'apprentissage dans la conception et la mise en œuvre du programme.<br>▪ Adaptation : Changements et améliorations apportés aux programmes sur la base de l'apprentissage et des preuves.<br>▪ Promouvoir l'apprentissage et l'adaptation : Encourager une culture d'apprentissage, de redevabilité, de transparence et d'amélioration continue. |

iv. ***Définir la méthode de collecte et d'analyse des données :*** la méthode de collecte peut être quantitative ou qualitative ou une combinaison des deux. Les méthodes quantitatives consistent dans la plupart en des enquêtes à travers des questionnaires pour collecter des données quantitatives sur les indicateurs de performance sucités. Pour l'analyse des données quantitatives, l'évaluateur peut utiliser tous les logiciels pertinents en fonction de l'échantillon des participants. Une grille d'analyse pourrait être utilisée afin d'apprécier les critères de chaque indicateur par des scores bien définis.

Les entretiens individuels et les groupes de discussion constituent pour la plupart les méthodes qualitatives. Il s'agit de mener des entretiens avec les parties prenantes clés et organiser des groupes de discussion pour recueillir des informations qualitatives sur la performance du système SÉRA. Les indicateurs de performance à discuter durant la collecte des données qualitatives seront à **la pertinence, l'efficacité, l'efficience et le succès**. Les critères d'appréciation de ces indicateurs sont définis dans le Tableau 09 suivant :

**Tableau 9 : Indicateurs et Critères d'appréciation de la Performance du Système SÉRA**

| **Indicateurs** | **Critère d'appréciation** |
|---|---|
| **Pertinence** | ▪ L'alignement du système SÉRA aux objectifs stratégiques et priorités des projets/programmes et de l'organisation (alignement stratégique)<br>▪ Pertinence des données collectées<br>▪ Fiabilité des données<br>▪ Accessibilité de l'information |
| **Efficacité** | ▪ Disponibilité opportune de l'information<br>▪ Rapport projet fourni régulièrement<br>▪ Compte rendu de SE fourni régulièrement<br>▪ Ecart entre les données collectées par rapport aux données prévues<br>▪ Ecart entre les informations fournies et les objectifs<br>▪ Contribution du SSE au pilotage |
| **Efficience** | ▪ Ecart entre l'information fournie et le coût de production de l'information<br>▪ Ecart entre coût réel et coût prévu |
| **Succès** | ▪ Satisfaction des parties prenantes de la qualité et de la pertinence des informations fournies par le système SÉRA.<br>▪ Utilisation des résultats pour la prise de décision<br>▪ Amélioration des performances du programme/projet en fonction des actions |

| Tableau 9 : Indicateurs et Critères d'appréciation de la Performance du Système SÉRA | |
|---|---|
| **Indicateurs** | **Critère d'appréciation** |
| | correctives basées sur les résultats SÉRA sur les performances globales.<br>▪ Changements dans les pratiques organisationnelles découlant des leçons apprises du système SÉRA. |

De plus on peut ajouter des études de cas spécifiques pour comprendre en profondeur la performance du système SÉRA.

*v.* ***Définition et justification de la population :*** elle se réfère à tous les acteurs qui interviennent dans le processus du S&E, de la collecte des données à la prise de décisions. Pour ce faire, une analyse du schéma de flux des données peut permettre d'identifier les répondants et de les classer en fonction de la nature de leurs activités.

*vi.* ***Préparation d'un rapport des résultats et recommandations :*** Compiler les résultats dans un rapport complet, mettant en évidence les points clés, les forces, les faiblesses et les recommandations. Développer un plan d'action pour mettre en œuvre les recommandations et surveiller continuellement les améliorations. Les recommandations se feront en fonction des faiblesses constatées.

En **conclusion**, l'analyse de la performance d'un système SÉRA nécessite une approche structurée et multidimensionnelle. Cette analyse repose sur trois dimensions essentielles : la conception, le fonctionnement et l'utilisation du système.

La conception du système doit être adaptée au contexte de mise en œuvre du projet. Une conception pertinente garantit que le système répond aux besoins des parties prenantes tout en s'alignant sur les objectifs globaux du projet. Ensuite, le fonctionnement du système est évalué en termes de planification, de coordination et de direction. Un système bien géré est capable d'exécuter les tâches de manière efficace et efficiente, tout en permettant le suivi continu de l'avancement des résultats.

Quant à l'utilisation du système, elle concerne l'exploitation optimale des résultats, des leçons tirées et des recommandations fournies par le SÉRA. Cela implique que les acteurs du projet mettent en œuvre et appliquent les résultats de l'analyse pour améliorer les interventions en cours et futures.

L'évaluation de la performance d'un système SÉRA doit prendre en compte la pertinence, l'efficacité, l'efficience, l'impact et la redevabilité. En utilisant des méthodes quantitatives et qualitatives, il est possible d'identifier les forces et les faiblesses du système. Ces évaluations permettent une compréhension approfondie des interactions entre les différentes dimensions et des contributions de chaque fonction aux objectifs globaux du système.

Enfin, l'objectif principal de cette analyse est de garantir que chaque dimension contribue efficacement aux résultats souhaités tout en identifiant les domaines à améliorer. Les recommandations et les améliorations continues basées sur cette analyse sont essentielles pour renforcer le système SÉRA et maximiser ses bénéfices pour les programmes et projets concernés.

En résumé, la performance d'un système SÉRA dépend non seulement de sa conception et de son fonctionnement, mais aussi de son utilisation efficace. Une évaluation rigoureuse de ces aspects est indispensable pour s'assurer que le système fonctionne de manière optimale. Cela permet d'atteindre les objectifs fixés, tout en répondant aux besoins des parties prenantes et en contribuant à l'efficacité globale des programmes de développement et humanitaires.

# CHAPITRE QUATRE - ÉTUDE CAS 1 : ANALYSE DE LA PERFORMANCE DU SYSTÈME DE S&E DU PROGRAMME NATIONAL D'AGRICULTURE RURAL – PNAR

## 4.0 Présentation du PNAR :

Le Programme National d'Agriculture Rurale (PNAR) fut initié par le gouvernement d'un pays d'Africain avec l'appui financier de l'Association Internationale pour le Développement (IDA) sous la forme d'un prêt à un projet évolutif (APL), dans le souci de doter les collectivités territoriales décentralisées (CTD) d'infrastructures de base pour amorcer un développement réel. Avec pour objectif principal le développement durable au niveau du monde rural et l'amélioration des conditions de vie de la population.

### 4.1.1. Objet du PNAR

L'objectif principal du Programme National d'Agriculture Rurale était de faire reculer la pauvreté et améliorer les conditions de vie de la population rurale en accélérant la mise en place et en renforçant la viabilité de l'infrastructure rurale de base particulièrement en ce qui concerne (i) l'irrigation pour accroître la production agricole, l'emploi et les revenus, (ii) l'infrastructure de transport rural pour faciliter l'accès aux marchés des facteurs de production et des produits et aux services sociaux, et (iii) l'alimentation en eau potable et l'assainissement en milieu rural pour améliorer la santé et la productivité de la population rurale.

Les objectifs spécifiques du PNAR étaient :

- Renforcer les capacités locales, privées et publiques en matière de conception, programmation, exécution, exploitation, gestion et maintenance d'infrastructures rurales ;
- Répondre aux besoins nationaux en matière d'infrastructures rurales telles que construction ou réhabilitation de pistes rurales intercommunales, aménagement, extension ou réhabilitation de périmètres irrigués et réalisation de points d'eau et d'installations sanitaires ;
- Répondre aussi aux besoins nationaux en matière de portefeuille d'études, afin de permettre une bonne planification de la réalisation du programme quinquennal d'aménagement hydroagricole déjà approuvé.

### 4.1.2. Phase d'exécution et gestion du programme :

Eu regard à la nécessité de prévoir un engagement financier prolongé, afin de promouvoir et réaliser le renforcement du cadre institutionnel qui est condition essentielle pour la mise en œuvre d'un programme d'investissement plus ample, le PNAR était exécuté en deux phases de cinq ans chacune.

La phase I (2010 – 2015) privilégiait le renforcement des capacités sectorielles et des mécanismes d'intervention, et donnera lieu, notamment, à la mise au point de la stratégie des transports ruraux. Une première tranche d'investissement physique dans le domaine de l'irrigation et de l'AEPA (approvisionnement en eau potable et assainissement) était également réalisée durant cette phase.

La phase II (2016 – 2021) permettra de consolider les acquis de la phase initiale, et de poursuivre le programme d'investissement à l'échelle nationale.

Le projet était structuré en cinq composantes placées sous la responsabilité des institutions suivantes comme organes d'exécution :

- Irrigation : sous composante grande échelle avec l'Office de gestion des périmètres agricoles et petite irrigation avec la Direction Nationale du Génie Rural (DNGR, ex-Direction Nationale de l'Aménagement et de l'Equipement Rural : DNAER) ;
- Transport rural (Direction Nationale des Travaux Publics : DNTP) ;
- Approvisionnement en eau potable et assainissement en milieu rural (Direction Nationale de l'Hydraulique : DNH) ;
- Environnement institutionnel privé favorable (Agence d'Exécution des Travaux d'Infrastructures et d'Equipements Ruraux) ;
- Mesure d'atténuation des risques environnementaux et sociaux liés aux infrastructures réalisées (Direction Nationale de l'Assainissement et du Contrôle des Pollutions et Nuisance : DNACPN et institution du PNAR).

La sous composante Petite Irrigation (PI) était divisée en trois volets dont :

- Renforcement des capacités en petite irrigation ;
- Travaux d'irrigation sur les périmètres irrigués villageois (PIV) ; et
- Tests et études sur la petite irrigation.

### 4.1.3. Organisation et fonctionnement :

#### 4.1.3.1. Institution de tutelle :

Le ministère de l'Agriculture (MA) était, au nom du Gouvernement, l'institution responsable de la mise en œuvre du PNAR, dont il assure la tutelle. Il passa une convention avec le ministère de la Santé ainsi qu'un accord de rétrocession avec l'Office de gestion des périmètres agricoles pour le montant des fonds mis à disposition par l'IDA pour servir à la partie du PNAR dont l'exécution est agréée par l'Office.

#### 4.1.3.2. Organe d'orientation et de contrôle : Comité de Coordination du PNAR (CoC – PNAR) :

**a. Ancrage Institutionnelle et Mission :**

Le comité de coordination du PNAR était un organe consultatif, créé sous l'autorité du MA. Conformément aux dispositions, le CoC – PNAR a pour mission de formuler les grandes orientations dans le cadre de la préparation et de la mise en œuvre du PNAR, d'assurer la coordination et le suivi de l'ensemble des activités du programme. A ce titre, il était chargé :

- d'appuyer et de coordonner l'élaboration des politiques sectorielles en matière d'infrastructures rurales, à savoir : l'irrigation, les infrastructures de transport rural et l'approvisionnement en eau potable et assainissement en milieu rural ;
- de définir les objectifs à assigner au PNAR ;
- de se prononcer sur la définition des principales études indispensables à la préparation du programme ainsi que sur les grandes lignes de leur terme de référence ;
- de suivre les différentes phases clés des études ;
- de se prononcer sur la définition du programme d'investissement et des priorités d'intervention ;
- de se prononcer sur les indicateurs de suivi du PNAR ;
- de veiller à l'élaboration du document de programme du PNAR ;

- d'animer et de coordonner les recherches de renforcement du PNAR et les contacts avec les différents partenaires au développement ;
- d'assurer le suivi de la mise en œuvre du programme et de ses indicateurs ; et
- de donner un avis sur l'évaluation des résultats atteints.

**b. Composition :**

Le CoC – PNAR regroupait les représentants des départements ministériels impliqués d'une manière directe ou indirecte dans la mise en œuvre du programme, responsables des agences d'exécution et les responsables des structures bénéficiaires.

Les membres du CoC – PNAR étaient les suivants :

- Département ministériel :
  - Un représentant du ministère de l'agriculture ;
  - Un représentant du ministère chargé des travaux publics ;
  - Un représentant du ministère chargé des collectivités territoriales ;
  - Un représentant du ministère chargé des finances ;
  - Un représentant du ministère chargé des plans ;
  - Un représentant du ministère chargé de l'environnement ; et
  - Un représentant du ministère chargé de l'eau.
- Agences d'exécution :
  - Un représentant de la DNGR ;
  - Un représentant de l'Office de gestion des périmètres agricoles ;
  - Un représentant de la DNTP ;
  - Un représentant de la DNH ;
  - Un représentant de la DNACPN ; et
  - Un représentant de l'AGETIER.
- Bénéficiaires :
  - Un représentant de l'Assemblée Permanente des Chambres d'Agricultures (APCA) ;

- Un représentant élu des communes rurales, désigné par le haut conseil des collectivités territoriales.

- Autres :
    - Un représentant de la mission de décentralisation.

Le CoC – PNAR est présidé par le MA ou son représentant. Le coordonnateur national du programme est membre de droit du CoC – PNAR dont il assure le secrétariat.

**c. Organe d'exécution :**

Pour la présentation des agences d'exécution, seule l'organe chargée de l'exécution de la sous composante Petite Irrigation (DNGR) était concernée.

**4.1.3.3. Présentation de la DNGR :**

**a. Statut et organisation :**

La DNGR était un service central du MA, elle comprenait au niveau central trois divisions opérationnelle (outre les services rétractés), à savoir :

- La division « Etudes et Planifications »
- La division « Aménagements et Gestion des Ressources Naturelles » et
- La division « Infrastructures et Equipement rural »

La DNGR était représentée par :

- Au niveau de chaque région administrative et du district de Bamako, par un service dénommé Direction régionale de l'Aménagement et de l'Equipement Rural, placé sous l'autorité administrative du haut-commissaire et l'autorité technique du Directeur National de la DNGR ;
- Au niveau de chaque cercle, par un service local de l'appui – conseil de génie rural, placé sous l'autorité administrative du Délégué du Gouvernement et l'autorité technique du Directeur de la DRGR ; et
- Au niveau de chaque commune ou groupe de communes, par un service local de l'appui – conseil de l'aménagement et de

l'équipement rural, placé sous l'autorité administrative du Délégué du Gouvernement auprès de la commune et de l'autorité technique du chef de service.

**b. Missions :**

La DNGR avait pour mission l'élaboration des éléments de la politique du Gouvernement en matière d'aménagement et d'équipement rural, ainsi que le suivi et la coordination de la mise en œuvre de la dite politique.

**c. Responsabilités dans la mise en œuvre du PNAR :**

***Au niveau central :***

La DNGR assurait : la supervision générale et le suivi de la sous composante Petite Irrigation ; et dans le cadre de celle-ci, l'exécution des volets Renforcement des capacités de la DNAER et Tests et études sur la petite irrigation ainsi que les actions environnementales et sociales qui lui seront confiées.

Plus spécifiquement, sa responsabilité dans ce cadre étaient les suivantes :

- Consolider tous les plans d'opérations régionaux des régions concernées en un plan d'opérations national unique, pour sa présentation au CoC – PNAR ;
- Assurer le suivi et la consolidation des données concernant la mise en œuvre du volet Petite Irrigation Villageoise, des indicateurs de performance et d'impact du programme, y compris sur l'environnement et le suivi des effets en rapport avec la DNACPN ;
- Mettre en œuvre les actions environnementales et sociales de son ressort, pour lesquelles elle rendra compte à la DNACPN ;
- Entreprendre les études sur la petite irrigation, en relation avec la DNH et la DRHE concernée, l'opération pilote d'exploitation des eaux souterraines dans la région de Kidal pour les fins d'irrigation ;

- Préparer les programmes et budgets ainsi que la rédaction des rapports d'avancement de la sous – composante.

***Au niveau régional :***

Les DRGR des régions assuraient la gestion au jour le jour de la mise en œuvre du volet PIV. Chaque DRGR était appuyée par un Assistant technique Régional (ATR), recruté sur contrat par le CoC – PNAR en qualité de consultant et mis à la disposition de la DRGR. L'ATR, au sein de la DRGR, était responsable de l'exécution des activités de la sous – composant et notamment :

- De la diffusion des informations sur le programme en direction des bénéficiaires potentiels des trois régions, notamment auprès des communautés des villages situés le long des fleuves ;
- De la présélection des organismes de parrainage, ou « parrains » ou intermédiaires sociaux, pour l'appui aux populations pour la mise en valeur de PIV ;
- Du suivi des parrains afin d'assurer que ceux-ci exécutent leur mission dans les règles de l'art ;
- Du suivi de l'exécution du volet, de son impact et ses performances ;
- Du suivi de son budget de fonctionnement en liaison avec les services comptables de la DRGR.

Cependant, les DRGR déléguaient à l'AGETIER la maîtrise d'ouvrage de l'exécution de tous les travaux concernant le volet PIV, à savoir : la réalisation des études techniques, la passation des marchés, l'exécution des ouvrages, y compris la surveillance des travaux ainsi que l'achat et l'installation des équipements de pompage.

#### 4.1.3.4. Organisation du Suivi-évaluation au PNAR / PI :

##### 4.1.3.4.1. Historique du SE au PNAR / PI :

En décembre 2010, juste après l'élaboration du document d'évaluation du projet d'infrastructures rurales à l'appui de la première phase du programme national d'agriculture rurale (PNAR), un atelier de cinq jours était organisé en vue d'élaborer le manuel de mise en œuvre du système de suivi-évaluation.

Ce document intitulé « Manuel de mise en œuvre du système de Suivi-évaluation » servait d'outil de référence pour les spécialistes en suivi-évaluation des institutions responsables de la mise en œuvre du projet PNAR dans ce pays Africain. Il décrivait les différents outils du SE qu'ils ont la responsabilité de transférer aux principaux acteurs du projet pour leur permettre de mieux piloter leurs activités vers l'atteinte de l'objectif recherché. Ce manuel n'a été réellement opérationnel qu'en 2014.
Toujours en 2014, une étude sur la situation de référence du PNAR avait été financée par la Banque Mondiale et mener par un consultant avec l'aide des chargés de S&E de la DNGR. Le rapport définitif du consultant est disponible à la CoC – PNAR.
Au cours de l'année 2015 un autre système de suivi-évaluation a été mis en place mais dont la base est purement informatique avec une formation à l'appui. L'outil utilisé était un logiciel basé sur Accès du nom de VIPS. Il s'agissait de recueillir les informations venant des zones d'intervention et d'alimenter la base de données dudit logiciel afin de les transmettre aux décideurs.
En 2016 une assistance technique Hollandaise au niveau de la CoC - PNAR a travaillé sur la mise en œuvre d'une étude d'impact des activités du PNAR et par la même sur la mise en place d'un nouveau système de suivi-évaluation pour l'ensemble des programmes du PNAR. Cette étude cas était d'évaluer la performance de ce dispositif déjà opérationnel depuis fin 2016.

#### 4.1.3.4.2. Fonctionnement du Système SE au PNAR / PI :

Le système de suivi-évaluation tel que conçu au PNAR / PI comprenait toutes les parties prenantes du projet à savoir : le CoC – PNAR, l'organe d'exécution et ses représentants régionaux, associations d'agriculteurs/villageois et bailleurs de fonds.

Au niveau de chaque institution sus citée, le PNAR avait un ou des chargés de suivi-évaluation permettant une remontée de l'information jusqu'à la cellule chef de file. Au niveau de la DNGR le dispositif de SE du PNAR / PI était représenté par BSSE (Bureau Statistique S&E) puis par la CASE (Cellule d'Appui en SE). Le circuit de l'information et les ressources chargées du suivi-évaluation pour la sous-composante PI se résument par la figure 01 suivante :

**Figure 1 : Système de Suivi-Évaluation du PNAR / PI**

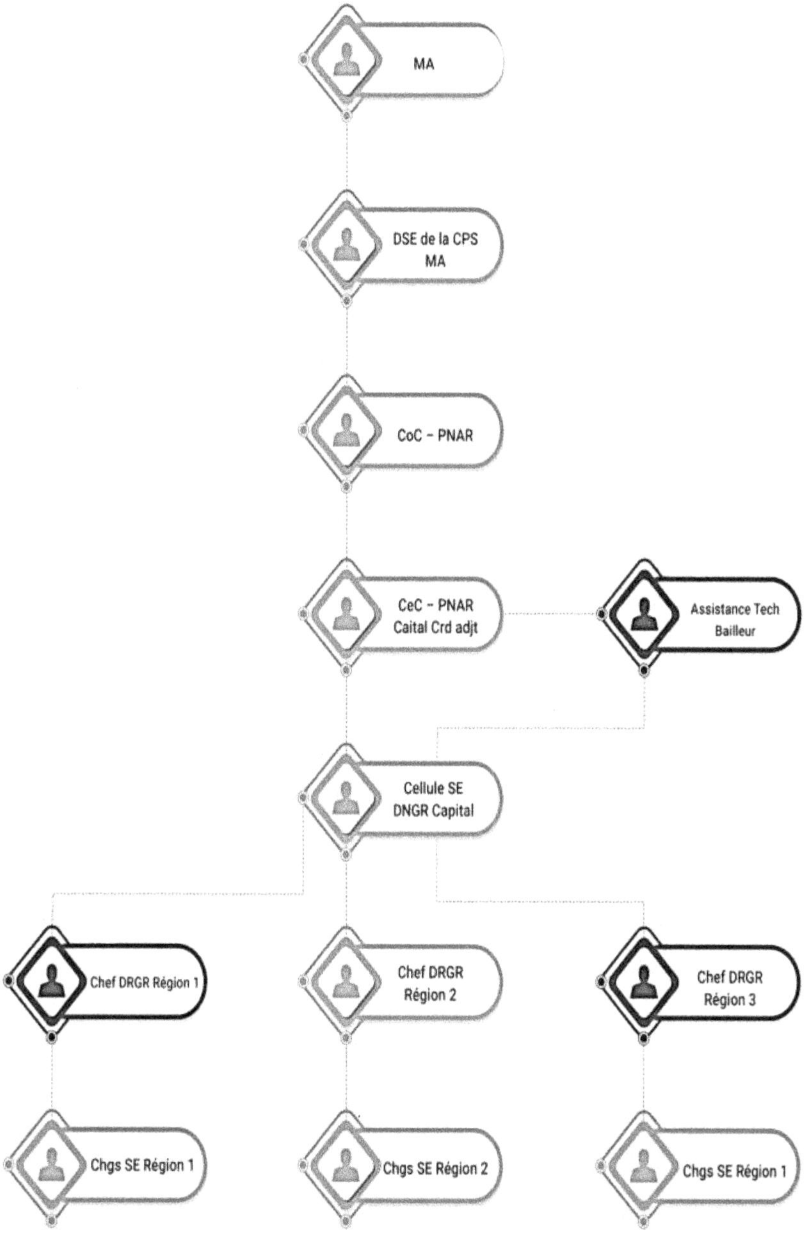

## 4.1 Analyse de la performance du système de SÉRA du PNAR /PI

L'analyse de la performance du système SÉRA du PNAR était une démarche d'amélioration de la performance du système de S&E à la demande des autorités et du bailleur. Cet exercice était systématique et renouvelé tous les deux ans.

i. ***Objectifs et portée de l'analyse de la performance :*** Cette étude avait pour but d'analyser le Système de Suivi - évaluation de la sous composante Petite Irrigation du PNAR afin de déceler les forces et les faiblesses du système et de faire des recommandations en vue d'une amélioration future de sa performance. L'analyse a porté sur deux fonctions à savoir le **suivi et l'évaluation**. La redevabilité et l'apprentissage n'étaient pas concernés car au moment de l'analyse ces deux composantes n'étaient pas mises en place.

ii. ***Les fonctions de la performance du système SÉRA :*** les deux fonctions les plus pertinentes qui reflètent fidèlement la performance du système SÉRA sont la conception et le fonctionnement. Par la suite, Il s'agit de définir les variables les plus déterminent sur les deux fonctions de sorte à pouvoir mieux expliquer le système.

iii. ***Métriques/indicateurs clés des fonctions conception et fonctionnement :*** Les indicateurs clés des deux fonctions de conception et fonctionnement sont définis dans le **Tableau 10** suivant. Les critères d'appréciation des indicateurs pour chaque fonction afin de les opérationnaliser ont été identifiés dans les outils de collecte. Pour les besoins de l'exercice, nous avons réduit le nombre d'indicateurs et de critères par fonction afin de faciliter la compréhension du lecteur.

| **Tableau 10 : Indicateurs Conception et Fonctionnement du Système SÉRA PNAR/PI** | |
|---|---|
| **Conception** | **Fonctionnement** |
| Clarification des buts du SSE | Planification |
| Identification des utilisateurs et de leurs besoins | Organisation et exécution |
| Identification des indicateurs | Direction |
| Collecte, traitement, analyse et stockage des données | Contrôle |
| Définition de responsabilité | Gestion des interfaces (partenariat) |
| Définition des ressources | |
| Système de gestion des risques | |

Au-delà de ces indicateurs beaucoup plus quantitatifs, nous avons mesuré aussi l'analyse de la performance avec des indicateurs beaucoup plus qualitatifs comme la pertinence, l'efficacité, l'efficience et le succès

***Pertinence :*** c'est l'importance du système de suivi-évaluation à répondre aux besoins des parties prenantes. Un système pertinent fournit des informations qui permettent de prendre la bonne décision.

***Efficacité :*** c'est le degré d'atteinte de l'objectif assigné au système de suivi-évaluation et à l'adéquation entre la mission assignée et les activités au moment de l'évaluation. Un système suivi-évaluation est efficace si les objectifs visés sont atteints.

***Efficience :*** c'est le degré de minimisation des coûts de productions des informations par rapport aux moyens mis à la disposition du système de suivi-évaluation. Un système de suivi-évaluation est efficient si la qualité des informations rapportée aux ressources consommées est satisfaisante.

***Succès :*** c'est le degré de satisfactions des usagers du système de suivi-évaluation par rapport aux informations dont ils ont besoins pour leur travail et la durabilité du système de suivi-évaluation

***iv. Collecte des données :*** La collecte des données a été faite sous forme d'entretien direct, indirecte et/ou de groupe à travers les questionnaires et guide d'entretien élaborés (voir **Annexe 01**) sur la performance du système de suivi-évaluation.

a. **Entretien direct :** lors de l'entretien avec l'enquêté, le questionnaire était administré de façon directe et individuelle.

b. **Entretien indirect :** il concerne les échanges informels sur le système de suivi-évaluation, l'observation participante et l'exploitation des données secondaires.
c. **Entretien de groupe :** l'entretien avec l'enquêté était fait en présence de deux ou plusieurs personnes concernées par le suivi-évaluation, ce qui permettait d'avoir une réponse cohérente avec les deux autres types d'entretien su cités.

En plus, les questions étaient expliquées de plusieurs manières pour les rendre plus facilement compréhensibles. Aussi, pour ne pas biaiser les réponses, les questions étaient choisies selon les compétences de l'enquêté et son degré d'implication dans la conception ou le fonctionnement du système de suivi-évaluation du PNAR pour la sous-composante Petite Irrigation.

***v. La population de l'étude :*** Après avoir établi et opérationnalisé le modèle d'analyse, il nous est impératif, voire obligatoire de présenter la population destinée à l'étude. Cette population a été choisie en fonction des responsables et utilisateurs du système de suivi-évaluation de la sous – composante Petite Irrigation du PNAR. De ce fait l'échantillon composé de quinze (15) acteurs étaient non seulement de la CoC – PNAR mais aussi de la DNGR du district et la DRGR des régions. Il se répartit comme suit :

a. **Au niveau de la Cellule de Coordination :** le Coordinateur adjoint, les assistants techniques des bailleurs.
b. **Au niveau de la Cellule de Suivi-évaluation de la DNGR :** les chargés de suivi-évaluation de la DNGR.
c. **Au niveau de la Cellule de Suivi-évaluation de la DRGR de la Région 1 :**
    - Direction : Directeur, Agent, Assistant technique régional (ATR).
    - Sites d'aménagement : Bénéficiaires et ONG.

***vi. Instrument de l'étude :*** Une fois la population étudiée connue, il est important de présenter l'instrument de l'étude et la méthode d'administration de l'étude. Pour cela, un questionnaire associé au guide d'entretien fut élaboré (voir **Annexe 01**) en vue de la collecte des informations. Le guide d'entretien servait de pilote pour répondre aux questionnaires et la manière d'apprécier les critères.

Afin d'éviter un style de question fermée (Oui, Non) et d'apprécier les réponses à leur juste valeur, le critère était évalué par une note allant de

0 et 4, c'est à dire : 0 (très mauvais), 1 (mauvais), 2 (moyen), 3 (bon) et 4 (très bon). Ce qui nous donne en termes de pourcentage par note les intervalles suivants : [0 à 20%] pour 0, [20 à 40%] pour 1, [40 à 60%] pour 2, [60 à 80%] pour 3 et [80 à 100%] pour 4.

*vii.* ***Traitement des données et interprétation des résultats :*** Comme mentionné dans les **Tableaux 08 et 09**, chaque indicateur est défini par plusieurs critères. Par conséquent, la note finale obtenue par les différents critères d'un indicateur permet de tirer une conclusion sur l'état de l'indicateur et de surcroît sur la fonction étudiée.

***a. Mesure des fonctions :***

Pour la mesure des fonctions, il fallait d'abord mesurer les critères et par la suite les indicateurs pour finir par les fonctions.

- **Mesure des critères :** la note pour chaque critère varie de 0 à 4. La note totale obtenue par le critère pour l'ensemble des enquêtés est évalué en termes de pourcentage par rapport à la note maximale que peut avoir le critère (le nombre d'enquêté × 4). Ce qui nous donne la formule suivante :

$$Résultat = \frac{\sum_{i=1}^{n} NC_i}{4 \times n} \times 100\%$$

avec NC la note pour le critère et n : le nombre d'enquêté (15)

- **Mesure de l'indicateur :** la note pour chaque indicateur est le rapport de la somme des notes de l'ensemble des critères de l'indicateur divisée par la note maximale que peut avoir l'indicateur. L'indicateur est donc apprécié par ce rapport × 100. Ce qui nous donne la formule suivante :

$$Résultat = \frac{\sum_{i=1}^{n} NCI_i}{4 \times n \times p} \times 100\% \quad avec \quad NCI = \sum_{i=1}^{p} NC_i$$

avec NCI la note de l'ensemble des critères de l'indicateur et **P** le nombre de critère de l'indicateur.

- **Mesure de la fonction :** la note pour chaque fonction est le rapport de la somme des notes de l'ensemble des indicateurs de la fonction divisée par la note maximale que peut avoir la fonction. L'indicateur est donc apprécié par ce rapport × 100. Ce qui nous donne la formule suivante :

$$Résultat = \frac{\sum_{i=1}^{n} NIF_i}{4 \times n \times k} \times 100\% \quad avec \quad NIF = \sum_{i=1}^{k} NI_i$$

avec NIF la note de l'ensemble des indicateurs de la fonction, k le nombre d'indicateur de la fonction et NI la note de l'indicateur.

***b. Code d'appréciation :***

Les indicateurs et les fonctions ayant obtenus un taux de réalisation situé entre 100% et 80% sont « très performant » (atteignant le niveau très bon = 4 selon notre grille d'appréciation), suivi de la tranche « performant » situé entre 80% et 60%. Le niveau de performance moyenne est de 50%, donc les indicateurs et fonctions inférieurs à 50% seront moins performants et très moins performants.

***c. Mode d'interprétation des résultats :***

En fonction des résultats obtenus à partir des formules si dessus évoquées et notre code d'appréciation, la fonction est interprétée. Par la suite, on identifie les indicateurs facteurs de dépréciation de la fonction et on étudie leur faiblesse.

***viii. Présentation des Résultats, Analyse Et Interprétation :*** La présentation des résultats est faite comme suit :

- Chaque fonction est représentée par ses notes, son taux d'appréciation selon la formule su mentionnée (cf. **formule précédente**) ;
- Chaque indicateur est représenté par ses notes, son taux d'appréciation selon la formule su mentionnée (cf. **formule précédente**) ;
- Chaque critère est représenté par son poids, ses notes et son taux d'appréciation selon la formule su mentionnée (cf. **formule précédente**).

Les résultats obtenus se trouvent dans les **Tableaux 11 et 12** suivants :

**Tableau 11 : Résultats de l'étude sur la conception du système**

| Fonctions | Indicateurs | Critères | Poids par critèr | Note par critère | Appréc par critère (%) | Note par ind | Appr par ind (%) | Note par fonction | Appréc par fonction (%) |
|---|---|---|---|---|---|---|---|---|---|
| Conception du système | **Clarification des buts du SSE** | Buts réalistes / aux objectifs de la PI | 1 | 53/60 | **88,33** | 83/120 | **69,16** | 598/1380 | **43,33** |
| | | Participation à l'élaboration des buts du SSE | 1 | 30/60 | **50** | | | | |
| | **Identification des utilisateurs et de leurs besoins** | Les utilisateurs bien identifiés | 1 | 34/60 | **56,66** | 68/120 | **56,66** | | |
| | | Recensement de leurs besoins | 1 | 34/60 | **56,66** | | | | |
| | **Identification des indicateurs** | Indicateurs de suivi des réalisations (terrain) bien définis | 1 | 30/60 | **50** | 96/240 | **40** | | |
| | | SMART | 1 | 30/60 | **50** | | | | |
| | | Consensuels | 1 | 21/60 | **35** | | | | |
| | | Sensibles, valides, fiables, utiles etc. | 1 | 15/60 | **25** | | | | |
| | **Collecte, traitement, analyse et stockage des données** | Collecte des données (comment, qui) | 1 | 23/60 | **38,33** | 140/360 | **38,88** | | |
| | | Outils de collecte définis | 1 | 13/60 | **21,66** | | | | |
| | | Sources de données définies | 1 | 40/60 | **66,66** | | | | |
| | | Outils de traitement bien définis | 1 | 24/60 | **40** | | | | |
| | | Fréquence de collecte bien définie | 1 | 15/60 | **25** | | | | |
| | | Dispositif de circulation des données | 1 | 25/60 | **41,66** | | | | |
| | **Définition de responsabilité** | Responsables définis | 1 | 40/60 | **66,66** | 80/120 | **66,66** | | |
| | | Rôle des responsables | 1 | 40/60 | **66,66** | | | | |
| | **Définition des ressources** | Humaines, matérielles et financières | 3 | 120/180 | **66,66** | 120/180 | **66,66** | | |
| | **Système de gestion des risques** | Système de gestion des risques existant | 1 | 0/60 | **0** | 11/240 | **4,58** | | |
| | | Risques internes et externes définies | 1 | 11/60 | **18,33** | | | | |
| | | Analyse des risques existant | 1 | 0/60 | **0** | | | | |
| | | Outils d'analyse des risques | 1 | 0/60 | **0** | | | | |

**Tableau 12 : Résultats de l'étude sur le fonctionnement du système**

| Fonction | Indicateurs | Critères | Poids par critère | Note par critère | Appréc par critère (%) | Note par ind | Appr par ind (%) | Note par fonction | Appréc par fonction (%) |
|---|---|---|---|---|---|---|---|---|---|
| **Fonctionnement du système** | **Planification** | Planning de réalisation des tâches | 1 | 18/60 | **30** | 165/540 | **30,55** | **515/1320** | **39,02** |
| | | Planning des ressources | 1 | 15/60 | **25** | | | | |
| | | Planning des tâches et ressources partagé | 1 | 20/60 | **33,33** | | | | |
| | | Suivi régulier des plannings | 1 | 13/60 | **21,66** | | | | |
| | | Ressources bien définies | 1 | 45/60 | **75** | | | | |
| | | Outils de base de la planification | 4 | 54/240 | **22,50** | | | | |
| | **Organisation** | Organigramme de la structure | 1 | 38/60 | **63,33** | 154/360 | **42,77** | | |
| | | Tâches bien décrites | 1 | 25/60 | **41,66** | | | | |
| | | Affectation des tâches à des responsables de tâches | 1 | 19/60 | **31,66** | | | | |
| | | Moyens suffisants (Humains. matériels. financiers) | 3 | 72/180 | **40** | | | | |
| | **Direction** | Climat de travail propice | 1 | 26/60 | **43,33** | 71/180 | **39,44** | | |
| | | Existence de dispositif de motivation | 1 | 11/60 | **18,33** | | | | |
| | | Existence de programme de formation | 1 | 34/60 | **56,66** | | | | |
| | **Contrôle** | Manuel de procédure du SSE | 1 | 30/60 | **50** | 50/120 | **41,66** | | |
| | | Bilan des activités prévu | 1 | 20/60 | **33,33** | | | | |
| | **Gestion des interfaces (partenariat)** | Partenaires bien identifiés | 1 | 40/60 | **66,66** | 75/120 | **62,5** | | |
| | | Objectifs bien partagés avec les partenaires | 1 | 35/60 | **58,33** | | | | |

*ix. Analyse et interprétation des Résultats :*

A partir de notre code d'appréciation (cf. page 122), la fonction a été appréciée dans un premier temps, dans un second temps dégager les indicateurs qui apportent des jugements sur la fonction et en troisième lieu interpréter les critères qui justifient l'état de l'indicateur.

*a. Les Fonctions Conception et Fonctionnement du Système :*

Les deux fonctions ont enregistré un score de **43,33%** et **39,80%,** respectivement pour **la conception et le fonctionnement du système**. Ce qui prouve leur contre-performance par rapport à notre code d'appréciation.

*i. Conception du système :*

Le taux d'appréciation de cette variable étant de **43,33%** montre qu'elle n'atteint pas le seuil de performance moyenne selon notre code d'appréciation, donc moins performante. Les indicateurs qui sont à la base de cette contre-performance sont les suivants : **Identification des indicateurs, Collecte, traitement, analyse et stockage des données et la Gestion des risques.** Ces indicateurs enregistrent respectivement comme score **40%, 38,88% et 4,58%.**

**Les critères des indicateurs de la fonction Conception du système en cause :**

**a) Les critères de l'indicateur Identification des indicateurs :**

Pour l'indicateur Identification des indicateurs, les critères en causes sont la définition des indicateurs de façon consensuelle et la qualité des indicateurs (sensibles, valides, fiables, utiles).

Au niveau du PNAR, les indicateurs sont généralement définis au niveau des décideurs uniquement. Ils ne sont issus d'un consensus entre eux et les autres partenaires. Et depuis leur définition au début du projet dans le cadre logique global du projet, aucun changement ou modification par rapport aux résultats n'a eu lieu à notre connaissance pour la sous-composante Petite Irrigation. Donc non adaptés à l'évolution du contexte, par conséquent non sensible au changement des résultats et ne demeurant pas cohérent dans le temps.

En plus ces indicateurs ont été définis de façon globale dans le cadre logique pour tout le programme et non pas été redéfinis pour la sous-composante Petite Irrigation ainsi que pour les autres composantes.

Donc des indicateurs globaux mais pas spécifiques aux différentes composantes. Raison pour laquelle ces deux critères ont enregistré respectivement **35%** et **25%** lors de cette étude de cas.

**b) Les critères de l'indicateur Collecte, traitement, analyse et stockage des données :**

En ce qui concerne cet indicateur, tous les critères sont en cause excepté la source des données avec un score de **66,66%**. Notamment la collecte des données **(38,33%)**, les outils de collecte des données **(21,26%)**, les outils de traitement des données **(40%)**, fréquence de collecte des données **(25%)** et le dispositif de circulation des données **(41,66%)**.

Pour la sous-composante Petite Irrigation du PNAR, aucune méthode de collecte des données n'est définie (comment) tant au niveau des décideurs qu'aux utilisateurs, pas d'outil de collecte des données sur terrain (pas de fiches de suivi sur terrain pour la PI) sauf la présence d'un logiciel de stockage des données (VIPS) au niveau de la DNGR (disponible à la DNGR uniquement) possédant des fiches vierges qu'on peut tirer et envoyer sur terrain. Cette fiche n'était pas opérationnelle sur terrain car très difficile à remplir comme fiche de suivi et ne sont jamais présentes sur terrain.

Ce VIPS ne permettait pas aussi un traitement efficace des données, d'où l'existence d'une masse d'information mais pas d'analyse de l'information afin de prendre des décisions pour l'atteinte des résultats escomptés.

Nous remarquons aussi l'irrégularité de la collecte des données, car elle faite seulement au besoin. Ceci ne permet pas une disponibilité effective et régulière de l'information au niveau des décideurs, affectant ainsi l'exécution de la sous – composante dans les délais et occulte à l'atteinte des résultats assignés. Ce qui justifie un mauvais de score de 25% à la suite de notre enquête.

Le dispositif de circulation de l'information ne fonctionne pas tel qu'il est élaboré car on a remarqué que les chargés de l'exécution de la sous – composante ne sont pas liés aux chargés de suivi-évaluation, donc il y'a de l'information mais pas d'échange.

**c) Les critères de l'indicateur Système de gestion des risques :**

L'une des grandes failles de la conception du système se trouve au niveau de l'indicateur Système de gestion des risques. Il a enregistré le plus mauvais score **(4.58%)** parmi les autres dû essentiellement à l'inexistence d'aucun système de gestion des risques pour la sous-composante petite irrigation du PNAR, sauf quelques indicateurs de risque dans le document d'évaluation du PNAR à l'appui de la première phase qui ne sont même pas spécifiques à sous – composante petite irrigation.

Ce qui se justifie par les scores de **0%** pour l'existence d'un système de gestion des risques, analyse des risques, les outils d'analyse des risques et **18,33%** pour les indicateurs de risque. Ce manque de gestion des risques nuit à l'atteinte des résultats car il n'existe aucun réajustement vis à vis des risques encourus par le projet, donc pas de capitalisation pour les phases précédentes.

***ii. Fonctionnement du système :***

Selon les résultats de notre enquête, le taux d'appréciation de cette fonction est **39,02%,** largement en dessous de la performance moyenne de **50%** qu'indique notre code d'appréciation. Tous les indicateurs de la variable fonctionnement du système sont en cause excepté la gestion des interfaces (partenariat) avec un score de **62,4%** dépassant la moyenne.

Les indicateurs en cause sont : la planification **(30,55%),** l'organisation **(42,77%),** la direction **(39,44%)** et enfin le contrôle avec **41,66%.**

**Les critères des indicateurs de la variable Fonctionnement du système en cause :**

**a) Les critères de l'indicateur Planification :**

Les critères les plus en cause pour l'indicateur Planification du système sont : les critères d'évaluation de la performance, le planning de réalisation des tâches, le planning des ressources, le planning des tâches et des ressources partagés, le suivi régulier des plannings et les outils de base de la planification.

Ces critères ont enregistré respectivement les notes suivantes : **18/60, 15/60, 20/60, 13/60, 54/240** soit un taux d'appréciation respectif de : **3,33%, 30%, 25%, 33,33%, 21,60% et 22,50%.**

Au cours de cette enquête, nous n'avons remarqué aucun planning formel de réalisation des tâches et des ressources, encore moins un suivi des plannings. Aucun outil de base de planification n'existe sauf le cadre logique du programme qui n'est même pas spécifique à la sous –

composante Petite Irrigation. C'est surtout l'absence de ces outils et plannings qui rendent difficile le fonctionnement du système de suivi-évaluation.

**b) Critères de l'indicateur Organisation :**

En ce qui concerne l'organisation, les critères en cause sont : la description des tâches, l'affectation des tâches à des responsables de tâches et les moyens suffisants. Ces critères ont comme taux d'appréciation **41,66%, 31,66% et 40%.**

Ces taux sont dus à :

- L'insuffisante de moyens logistiques qui limite les efforts des cadres et fait que les missions de suivi-évaluation ne sont pas systématiques ;
- L'insuffisance de moyens humains et de compétents au niveau régional pour l'exécution des activités de suivi ;
- La limitation des personnels qui pour la plupart n'a pas reçu de formation appropriée en suivi-évaluation des projets surtout au niveau régional ;
- L'inexistence de fiches de poste déterminant les missions de chaque cadre pour son poste ;

Bien que le critère Organigramme de la structure a enregistré un taux de **63,33%,** il faut savoir que cet organigramme a été défini depuis le début du projet et jusque-là, il n'y a eu aucun changement de ce dernier. En plus cet organigramme n'est pas formalisé au niveau de la sous – composante Petite Irrigation.

**c) Les critères de l'indicateur Direction :**

Les critères de l'indicateur Direction du système en cause sont le climat de travail et l'existence d'un dispositif de motivation avec un score de 26/60 et 11/60 soit un taux de **43,33% et 18,33%.**

Pour la sous-composante Petite Irrigation, l'impératif n'était pas d'allouer un montant pour les missions, mais de créer des conditions pour pallier les facteurs de démotivation de manque d'animation de l'équipe chargée du suivi-évaluation.

Avoir le moyen nécessaire permettant à un cadre de s'acquitter correctement de son devoir est la meilleure source de motivation et d'animation d'un cadre consciencieux. Se trouvant dans l'incapacité de s'acquitter d'un service qui lui incombe par faute de moyen, le met dans une situation de frustration à l'heure du bilan des activités du projet.

**d) Les critères de l'indicateur Contrôle :**

Tous les critères de cet indicateur sont en cause puisque ne dépassant pas le niveau de performance moyenne selon notre code d'appréciation. Ces critères sont l'existence d'un manuel de procédure **(50%)** le bilan des activités **(33,33%).**

Bien vrai que le critère « existence d'un manuel de procédure » a atteint un taux de 50%, il faut savoir que ce manuel n'est pas connu par tous les utilisateurs du système de suivi-évaluation et depuis le début du projet jusqu'à nos jour ce manuel n'a pas été mis à jour en fonction des changements / réorganisation du système. En plus il existe un bilan des activités du système, mais ce bilan n'est pas régulier sauf généralement à la demande des bailleurs ou des décideurs.

***b. Performance globale du Système***

En plus des indicateurs beaucoup plus quantitatifs, nous avons mesuré aussi l'analyse de la performance avec des indicateurs beaucoup plus qualitatifs comme la pertinence, l'efficacité, l'efficience et le succès. Ceci pour faire ressortir les forces et faiblesses du système à travers les discussions de groupe et aussi les interviews avec les acteurs clés du système. Au regard des résultats de notre analyse, beaucoup de faiblesses sont ressorties qui confirmaient les mauvais résultats des deux fonctions.

***i. Pertinence :*** l'information constituait une des grandes défaillances du système car elle ne répondait pas au besoin et n'étant pas collectée au moment opportun pour répondre au besoin des parties prenantes. Au cours de cette étude de cas, nous avons remarqué que l'information n'est pas disponible à temps, car la collecte des données n'est faite qu'à la demande des bailleurs. L'information est très souvent collectée par téléphone et les visites sur terrain pour les missions de suivi-évaluation sont très rares voire inexistantes. Aussi l'outil de collecte des données (VIPS) n'est pas disponible au niveau des régions ce qui ne facilite en rien la disponibilité de l'information au niveau national. Donc en somme, le système ne répond pas aux besoins et ne serait pas aligné sur les orientations stratégiques du projet.

**ii.** ***Efficacité :*** Au regard des failles de conception et de fonctionnement du système, tout porte à croire qu'il n'est efficace et cela se justifie par le programme de suivi-évaluation qui n'est effectué selon le planning et son but n'est pas réalisé comme planifié. Donc le système enregistre un écart considérable entre les activités et la planification. Les missions de suivi n'étant pas systématiques, cela ne permettait pas au système de suivi en place de contribuer objectivement à l'atteinte des buts et d'informer à temps les décideurs sur les dérives de réalisation pour des réajustements éventuels.

**iii.** ***Efficience :*** L'irrégularité des missions de suivi-évaluation et la non-maîtrise des budgets alloués aux missions par les chargés et utilisateurs du système ne permet de déterminer le rapport qualité de l'information produite et le coût de production de ces informations. Cependant à l'analyse du budget alloué comparé au standard (3 à 5% du budget total), le rapport cout efficacité et cout bénéfice du système de suivi-évaluation est très faible.

**iv.** ***Succès :*** Au niveau de la sous-composante Petite Irrigation du PNAR, les missions ne sont pas effectuées comme prévu mais en fonction de la demande des bailleurs ou des décideurs. Donc l'irrégularité de ces missions affecte lourdement la régularité des comptes rendus de suivi-évaluation et de surcroît les rapports du projet en suivi-évaluation. Ce qui justifie en partie la faiblesse du succès du système selon les parties prenantes.

En somme, nous pouvons dire que dans l'ensemble le système de suivi-évaluation de sous – composante Petite Irrigation du PNAR doit être revue dans ses aspects conceptuels et fonctionnels. D'où l'intérêt de formuler un certain nombre de recommandations en vue d'une amélioration future du système.

### *x. Propositions / Recommandations*

Au regard de l'analyse et des résultats, la conception et fonctionnement constituaient le goulot d'étranglement de la performance d'un système de suivi-évaluation. Ce qui nous a conduit à bâtir nos propositions et/ou recommandations autour de l'amélioration du cadre conceptuel et de fonctionnement afin de rendre performant le système de suivi-évaluation de la sous – composante Petite Irrigation du PNAR.

## A. Amélioration du cadre conceptuel du SSE du PNAR/PI :

Cette amélioration était basée sur la démarche de mise en place d'un cadre de suivi-évaluation axée sur les résultats. Comme indiqué dans la démarche conceptuelle d'un système de suivi, cette élaboration consiste en des étapes suivantes :

### *1. Faire participer les partenaires et concevoir des programmes adaptés à la réalité du terrain et aux besoins des groupes cibles,*

Il s'agissait d'identifier l'ensemble des partenaires ou utilisateurs du Système de S&E et de déterminer leurs besoins.

***Identification des partenaires et de leurs besoins :***

L'un des premiers principes d'un bon système de S&E est le partenariat, c'est à dire une collaboration entre les intervenants : les groupes ou institutions qui bénéficieront directement ou qui seront affectés par les résultats du projet. Donc directement considérés comme utilisateur du SSE. Ils sont : les décideurs, les responsables, les exécutants et les bénéficiaires.

***Au niveau des décideurs :***

A ce niveau se situent le maître d'ouvrage, le maître d'ouvrage délégué et les bailleurs de fonds.

- **Le maître d'ouvrage : le ministère de l'agriculture**

Le ministère de l'agriculture, en tant qu'autorité hiérarchique la plus élevée, doit être régulièrement informé par le maître d'ouvrage délégué de l'états d'exécution de la sous-composante. Ses besoins portent sur les informations relatives à l'atteinte des objectifs de la politique sectorielle du gouvernement à savoir la contribution de la sous – composante Petite Irrigation à l'amélioration du niveau de vie de la population rurale et surtout à la réduction de la pauvreté en milieu rural (l'atteintes des effets et impacts du programme). Par exemple augmentation du revenu de X familles depuis l'avènement de la sous-composante Petite Irrigation en milieu rural.

- **Le maître d'ouvrage délégué : AGETIER**

Pour le maître d'ouvrage délégué, il doit transmettre régulièrement au maître d'ouvrage les informations relatives à l'atteinte des objectifs de la politique sectorielle. Il a surtout besoin des informations pertinentes sur l'état d'exécution de la sous-composante afin de tirer les enseignements sur les écarts de réalisation et de faire des réajustements à temps opportun.

- **Les bailleurs de fonds :**

Ils ont besoin des informations sur :

- L'utilisation des fonds ;
- La transparence des informations ;
- Les bénéficiaires réels ;
- L'état d'exécution de la sous – composante.

***Au niveau des responsables :***

Ce niveau de suivi-évaluation à la sous composante concerne : l'organe de contrôle, la DNGR et ses DRGR ainsi que leurs agents.

- **L'organe de contrôle : CeC – PNAR**

Au niveau de la CeC – PNAR, on distingue le coordinateur et son adjoint. Ils jouent un rôle de supervision qui comme le suivi porte sur le degré des performances individuelles et institutionnelles par rapport aux objectifs fixés, aux activités prévues, aux calendriers d'exécution, aux stratégies de mise en œuvre. Ils ont besoin des informations pertinentes sur l'état d'exécution de la petite irrigation surtout sur les écarts et les recommandations formulées afin de suivre la prise en charge de ces recommandations par la DNGR et le niveau de l'exécution.

- **La DNGR : le directeur et les agents de la cellule suivi-évaluation**

Ils ont besoin des informations sur le niveau opérationnel, c'est-à-dire savoir quotidiennement ce qui a été fait par rapport à ce qui devrait être fait afin d'apporter des ajustements nécessaires au fur et à mesure pour la performance des résultats.

- **Les DRGR : les directeurs régionaux et leurs agents de suivi-évaluation**

Sous leur autorité sont les activités de la Petite Irrigation, donc sont de droit investis, par leur mission de suivi de mise en œuvre de la dite politique dans leur ressort, pour recevoir ou accueillir toutes les informations sur les intervenants dans le domaine de la petite irrigation en vue d'un appui-conseil conforme aux principes de gestion de la sous-composante.

Leurs besoins en information peuvent porter sur le cahier de charge des différentes exécutions, le dossier de passation des marchés, les superficies à aménager pour chaque périmètre, le nombre d'organisations villageoises constitué, les conditions d'exploitation et le respect des normes d'exploitation des périmètres irrigués villageoises.

***Au niveau de l'exécution : les ONG, les bureaux d'étude etc.***

A ce niveau, nous avons les ONG travaillant dans les communes et chargés de l'encadrement des villages cibles, les bureaux d'étude et les prestataires chargés de la réalisation des activités de la petite irrigation. Ils ont besoin des informations sur les recommandations formulées lors des missions de suivi, de contrôle et de supervision en vue de les intégrer dans leur processus opérationnel.

***Au niveau des bénéficiaires***

Pour favoriser une plus grande adhésion aux objectifs définis et par conséquent une plus grande participation à la gestion des réalisations, les populations cibles ont besoin des informations sur l'état de mise en œuvre des aménagements les concernant. Ces informations que doit produire le système de suivi-évaluation instaurent une confiance entre ces populations cibles, les agents d'exécution, les responsables et les décideurs.

***2. Définir les objectifs du système de manière opérationnels***

Tout le succès du système dépend de cette étape. Il s'agira donc de parvenir à un commun accord entre les principaux intervenants dans l'exécution de la sous – composante Petite Irrigation. Comme objectifs du SSE de sous-composante Petite Irrigation du PNAR, nous proposons :

- Assurer la réussite de la sous – composante,
- Suivre et évaluer la performance de la performance de la sous – composante,
- Dégager les effets et impacts de la petite irrigation,
- Eclairer le gouvernement dans sa prise de décision stratégique par rapport aux objectifs de sa politique sectorielle,
- Capitaliser les expériences de la sous – composante pour la conception des projets d'irrigation futurs.

### 3. *Définir des résultats anticipés en fonction d'analyses appropriées*

Cette étape nous permet de voir réellement les relations de cause à effet existant entre les différentes interventions d'un projet. Ce qui fait la spécificité de la GAR par rapport aux autres méthodes de suivi-évaluation. Il s'agit de déterminer un paquet de résultats dit intermédiaires entre les activités et les objectifs stratégiques du projet (effets et impact) permettant de voir non les relations directes entre les différents objectifs mais aussi de suivre facilement l'atteinte des objectifs à travers ces résultats intermédiaires situé à plusieurs niveaux. Pour le cas de la petite irrigation, nous proposons un exemple de résultats intermédiaires clés et résultats intermédiaires simples :

- Résultat intermédiaire clé : Aménagement / réhabilitation des terres irriguées à petite échelle dans les trois régions.
- Résultats intermédiaires simples de niveau 1 :
    - Renforcement des capacités de la DNGR et des DRGR,
    - Renforcement des capacités des différentes catégories de partie prenante au développement de l'irrigation à petite échelle.
- Résultats intermédiaires simples de niveau 2 :
    - Mise en place des infrastructures d'irrigation à petite échelle,
    - Mesure d'atténuation socio-environnementale dans les trois régions.

Les résultats intermédiaires de niveau 2 permettent d'atteindre ceux du niveau 1. Les résultats de niveau 1 servent à atteindre le résultat intermédiaire clé et celui-ci à tour permet l'atteinte des objectifs à long terme de première phase de la sous-composante.

4. ***Suivre les résultats à l'aide indicateurs appropriés (spécifiques, mesurables, réalistes, pertinents, et assortis de délais), pour mesurer les progrès réalisés en vue d'atteindre chaque objectif ou résultats anticipés,***

A cette étape, il s'agit de faire une liste exhaustive en répondant à la question « quels sont les éléments quantifiables que l'on peut identifier pour les points les plus pertinents (les objectifs et résultats anticipés) ? ». Analyser les indicateurs en commençant avec l'indicateur quantifiable le plus facile à mesurer, grâce au « check-list » puis formuler un indicateur avec les caractéristiques suivantes : Définition, quantité, groupe cible, lieu, temps.

Concernant les activités de la petite irrigation, il sera proposé cinq indicateurs pour le suivi de la sous-composante : indicateurs de ressources, indicateurs d'activité, indicateur des résultats, indicateurs d'effets et les indicateurs d'impact.

- **Indicateurs de ressources :** concernent le budget alloué à chaque niveau d'intervention. Ils peuvent être :
  - Le montant versé par période pour les aménagements,
  - Le matériel nécessaire pour les activités d'irrigation à petite échelle,
- **Indicateurs d'activité :** concernent les réalisations effectives, on les mesure en unité physique. On peut retenir :
  - Le nombre de périmètre à aménager,
  - Le nombre de bénéficiaires qui doivent appliquer les nouvelles techniques,
  - Nombre de partie prenante dont les capacités doivent être renforcées.
- **Indicateurs de résultats :** concernent les résultats anticipés et immédiat induit par l'intervention au niveau de la petite irrigation. On peut citer :
  - Le nombre de périmètre aménagé ou réhabilité,

- Le nombre de bénéficiaires appliquant les nouvelles techniques,
- Nombre de partie prenante dont les capacités sont renforcées.

- **Indicateurs d'effets :** ils doivent mesurer l'évolution du niveau de vie des bénéficiaires grâce aux activités de la petite irrigation, cela par catégorie sociale et par genre. On retrouve :
  - Le niveau de consommation,
  - L'augmentation de la production,
  - Le niveau d'emplois,
  - Les conditions de vie des bénéficiaires.
- **Indicateurs d'impacts :** ce sont les conséquences de la sous – composante au-delà des effets immédiats sur les bénéficiaires directs. En un mot c'est la synthèse des effets non seulement sur la population cible mais aussi sur une population plus vaste.

5. ***Fixer des tâches précises auxquelles s'appliquera chaque indicateur (responsabilités)***

Cette étape définit pour chaque donnée les responsabilités correspondantes : Qui collectera les données ? Qui traitera les données ? Quel outil de collecte ? Qui transmettra les informations au décideur ?

***Collecte des données :***

Pour la collecte des données, nous proposons une collecte des données participative selon l'approche GAR, c'est à dire des bénéficiaires jusqu'au décideurs. La cellule de suivi-évaluation de la DNGR étant déjà en place, nous proposons la mise en place d'une cellule de suivi-évaluation au niveau des DRGR. Ces deux cellules assuraient la collecte permanente de l'information avant, pendant et après l'exécution de la sous – composante. Donc ils fourniront l'état de mise en œuvre, évaluer les résultats par rapport à l'atteinte des effets et impacts escomptés. Donc une auto – évaluation continue par les agents même de la sous – composante.

La collecte des données sur terrain sera faite par les agents de suivi des différentes DRGR mais en impliquant les bénéficiaires sur terrain (notamment les chefs d'organisation villageoise et de coopérative etc.) et un agent par ONG dans chaque zone. Nous proposons aussi une implication large du chargé de l'exécution de la sous-composante. L'ensemble des informations peut être centralisé au niveau des DRGR et envoyées à la cellule de suivi de la DNGR. Aussi pour une fiabilité des données, une mission périodique de suivi-évaluation est organisée chaque trimestre au niveau de la DNGR.

***Traitement des données :***

Le traitement des données peut être manuel sur le terrain au niveau des bénéficiaires et ONG mais informatique au niveau de la DNGR et des DRGR. Pour le stockage des données, le logiciel VIPS peut servir d'outil et doit être installé au niveau de la cellule de suivi des différentes DRGR. Ce logiciel peut être renforcé par d'autres logiciels statiques spécifiques au traitement des données et informations. L'essentiel du traitement des données par l'outil informatique peut être effectué par les chargés de suivi-évaluation de la DNGR et des DRGR.

***Outils de collecte des données :***

Comme outil de collecte des données, nous proposons des fiches de suivi qu'on peut enregistrer comme outil de collecte électronique. Ces outils électroniques comme les tablettes avec des logiciels comme **Comcare/Iformbuilder** sont plus praticables pour la collecte des données sur terrain mais permet aussi une évaluation directe et facile par les agents de suivi-évaluation par rapport à l'atteinte des effets et impact. Elle assure donc une auto-évaluation continue des activités jusqu'aux résultats à long terme.

Les données recueillies sur ces outils seront compilées dans le VIPS pour un stockage et une analyse éventuelle de ces données.

***Transmission des données :***

Le dispositif de circulation de l'information tel que conçu à la Petite Irrigation est parfait. Mais pour assurer une fluidité de l'information, ce dispositif doit intégrer le chargé de l'exécution de la sous-composante.

6. ***Recueillir périodiquement des données sur les résultats pour contrôler le niveau d'exécution des tâches,***

Une fois les sources des données identifiées, la méthode de collecte des données est l'Évaluation Rural Participative (ERP), Apprentissage et Actions Participatives (AAP), auto-évaluations, témoignages personnels, groupes de discussion, observation participative, études de cas, entrevues individuelles et en groupe, sondages, analyse documentaire du contenu (rapports mensuels ou trimestriels) etc.

C'est aussi un examen continu de l'information sur le rendement à la lumière des hypothèses faites sur les liens causaux entre les activités, les produits, les résultats et les répercutions. Donc la fréquence de collecte est continue.

7. ***Examiner, analyser et présenter les résultats obtenus par rapport aux tâches définies.***

Cette étape consiste à :

- faire une synthèse des informations à chaque niveau d'intervention (commune, village, cercle et région) afin d'obtenir une vue globale de la situation qu'une connaissance détaillée de certains aspects pris isolement ;
- la comparaison des informations afin de mettre en évidence les similitudes ;
- organiser l'information selon des formats simples mais « signifiants » afin de mettre en évidence les différences entre les unités relativement homogènes (sites, communes, cercle, régions etc.)
- disséminer l'information ;
- restituer les résultats aux populations et partenaires ;
- rechercher du « feed-back » ;
- identifier les sources d'information.

8. ***Regrouper les évaluations de façon à assurer un suivi complémentaire des résultats,***

Il s'agit de regrouper les différentes évaluations de chaque zone afin de voir des complémentarités ou des failles éventuelles entre les différents résultats et d'assurer un suivi complémentaire.

9. ***Tirer parti du suivi des résultats en vue d'une responsabilisation, d'un apprentissage et de la prise de décisions***

C'est un examen du suivi des résultats afin de garantir un milieu de travail où la responsabilité pour l'obtention des résultats est partagée et clairement définie ainsi que la prise des décisions futures.

***10. Prendre en compte lors de la prise de décision les leçons tirées des expériences menées auparavant lors de la mise en œuvre des projets et des programmes de développement,***

C'est l'une des étapes importantes de l'approche de suivi-évaluation sur la GAR. Il s'agit d'un suivi capitalisation, c'est à dire tirer les leçons des expériences passées et les intégrer dans les décisions futures de suivi-évaluation.

***11. Identifier et gérer le risque***

L'introduction de la gestion des risques dans le suivi-évaluation de l'exécution des projets permet un réajustement des activités en cours en fonction des risques identifiés afin d'atteindre les résultats escomptés. Pour gérer les risques, il faut définir :

- les indicateurs de risque ;
- un dispositif de gestion des risques ; et
- les outils d'analyse des risques.

➢ ***Indicateurs de risque :***

Cette partie consiste à identifier les conditions externes et internes nécessaires pour que se réalise comme prévu la relation de cause à effet entre les niveaux de résultats ainsi que les conditions nécessaires pour s'assurer que les activités se transforment en résultats.

Une fois les conditions identifiées, il est important de préciser le niveau de risques par des indicateurs bien définis. Pour la sous-composante Petite Irrigation, nous pouvons avoir :

- o bonne gestion des ressources ;
- o disponibilité d'intrants agricoles pour la petite irrigation ;
- o services d'appui satisfaisant ;
- o connaissances acquises effectivement utilisées par les parties prenantes etc.

➢ ***Dispositif de gestion des risques***

Il ne peut pas y avoir de gestion de risque sans la mise en place d'un système de gestion de risque composé de ressources humaines compétentes en matière de gestion des risques. Ce dispositif doit fonctionner régulièrement de telle sorte que chaque fois qu'un risque est identifié, qu'on le gère systématiquement. L'analyse du risque consiste à évaluer le niveau de risque par des outils appropriés, mesurer l'ampleur du risque sur l'atteinte des résultats (extrants, effets et impact) et faire des réajustements éventuels pour l'atteinte des résultats.

Pour notre cas, nous proposons un dispositif composé d'agents de suivi-évaluation sur terrain (agents de SE DRGR, Agents de SE ONG et bénéficiaires) sous la responsabilité de la cellule de suivi-évaluation de la DNGR et des DRGR, le tout coordonné par le coordinateur adjoint de la CeC – PNAR.

Le fonctionnement du dispositif est le suivant :

1. identification de risque par les agents de SE sur terrain au niveau régional ;
2. analyse du risque et résolution possible par la cellule de suivi-évaluation de la DRGR ;
3. sinon, informer la cellule de suivi-évaluation de la DNGR ;
4. analyse du risque et résolution par la cellule de suivi-évaluation de la DNGR et le coordinateur adjoint de la CeC – PNAR ;
5. sinon, informer les décideurs (ministère de l'agriculture, bailleurs etc.).

- ***Outil d'analyse de risque :***

Un dispositif de gestion des risques ne peut fonctionner sans la présence d'un outil d'analyse de risque adéquat et maîtrisé. L'outil le plus adapté à la gestion des risques dans les projets est la cartographie du risque. C'est une carte sous forme de matrice carré permettant de déterminer le niveau de risque d'une part (probabilité) et sa répercussion de l'autre. A partir de cet outil, le niveau de risque peut être élevé, modéré ou faible. Il est associé également à cette matrice, une fiche de suivi continu du risque afin d'assurer une stratégie de gestion continue du risque.

**Remarque :** pour un meilleur fonctionnement du dispositif de gestion des risques, une formation des agents de suivi-évaluation en gestion des risques s'avère nécessaire.

### *12. Préparer des rapports sur les résultats obtenus et les ressources déployées*

Après avoir survolé toutes ses étapes le suivi-évaluation selon la GAR aboutit sur un rapport appelé rapports axés sur les résultats. Ce rapport doit contenir le nombre d'éléments possibles parmi les suivants :

1. les résultats réels obtenus par rapport aux résultats escomptés pour les différents niveaux de la chaîne de résultats, dans la mesure du possible (extrants ou résultats à court terme, effets

ou résultats à moyen terme, impact ou résultat à long terme) ;

2. une description des principales activités entreprises pendant la période visée, qui ont favorisé l'obtention des résultats, et tout écart par rapport au plan de travail approuvé ;
3. le bilan des risques recensés et des plans d'atténuation pour les risques élevés ;
4. le recensement des nouveaux risques qui ont des effets ou qui peuvent avoir des effets (de moyens à élevés) sur l'obtention des résultats ;
5. des renseignements sur les modifications à apporter aux résultats escomptés du projet ou programme, et au plan d'affectation des ressources ;
6. les modifications recommandées au plan de travail annuel approuvé ;
7. le recensement des résultats réels par rapport aux résultats escomptés, et les fonds décaissés, accompagné d'une explication des écarts ;
8. les leçons tirées en fonction des principaux facteurs de réussite ;
9. les mesures correctrices recommandées etc.

**B. Amélioration du cadre fonctionnel du SSE du PNAR/PI :**

Toujours dans l'optique d'améliorer le système de suivi-évaluation de la sous – composante Petite Irrigation par l'approche de la gestion axée sur les résultats qui est un modèle de planification ayant une logique qui facilite la gestion, l'apprentissage, la responsabilisation et la transparence tout au long d'un programme ou projet.

Après avoir proposé une démarche conceptuelle du système de suivi-évaluation de la sous – composante, celle-ci doit être complétée par un management efficace afin de garantir la performance dudit système. L'amélioration de la gestion de tout système passe par la participation, la responsabilisation et la responsabilisation dans les activités de planification, d'organisation, de direction et d contrôle. Partant de cette démarche et par rapport aux failles de fonctionnement décelées par notre étude, nous proposons un planning de suivi permettant de voir qui fait quoi, quand le faire et comment ?

Le dispositif d'intervention pour la bonne marche de ce planning peut être une structure composée de :

- la cellule de coordination PNAR ;

- la cellule nationale de SE au sein de la DNGR ;
- la cellule régionale de SE au sein de la DRGR ;
- les agents de SE des ONG au niveau régional ;
- les agents régionaux de SE de la sous – composante au niveau des cercles, villages ou communes ;
- les bénéficiaires.

Les agents régionaux, les ONG et les bénéficiaires fourniront les données et informations sur les réalisations en cours par la collecte d'informations. La compilation et l'analyse de l'état de mise en œuvre des informations issues des sites d'aménagement seront faites par les agents régionaux des cercles, villages ou communes.

La cellule de SE de la DRGR fait la compilation des informations venant du niveau des agents régionaux et dégage le degré de réalisation des sites par cercles, villages, communes et transmet les informations au niveau national.

La cellule de SE de la DNGR procèdera à une analyse approfondie des informations provenant de la DRGR, diffusent et publient les résultats à la cellule de coordination. Entre autres elle aura pour mission de :

- coordonner les activités de SE de tous les sites rattachés à la DNGR ;
- définir les canaux de diffusion des résultats ;
- initier des sessions de formation, en matière de SE afin de renforcer les capacités des agents de SE ;
- appuyer la cellule de coordination dans la préparation et l'organisation des évaluations en continue de la sous-composante.

La DNGR a une intervention transversale par rapport à l'ensemble des DRGR des trois régions, avec lesquelles elle entretient une collaboration. Ainsi de façon continuelle elle mettra à la disposition de la cellule de coordination les informations concernant l'état d'exécution du projet. Elle formule des recommandations pertinentes à la cellule de coordination, pour les décisions nécessaires à prendre.

A la fin de chaque semestre sous la présidence du coordinateur des réunions seront organisées entre les différents niveaux de suivi, ces rencontres enregistreront la participation des responsables du suivi-évaluation au niveau des bailleurs, de la cellule de coordination, de la DNGR et des DRGR.

Ces séances de travail qui permettront de préparer efficacement les rencontres tripartites (Etats, bailleurs, responsables de la sous – composante Petite Irrigation) doivent :

- faire le point des activités de la Petite Irrigation ;
- valider l'état d'avancement, et
- harmoniser les recommandations à formuler pour le bon achèvement de la sous-composante ou la consolidation des effets et impacts positifs.

Ainsi le planning de fonctionnement du système de suivi aura comme organigramme suivant

**Figure 2 : Organigramme de fonctionnement proposé**

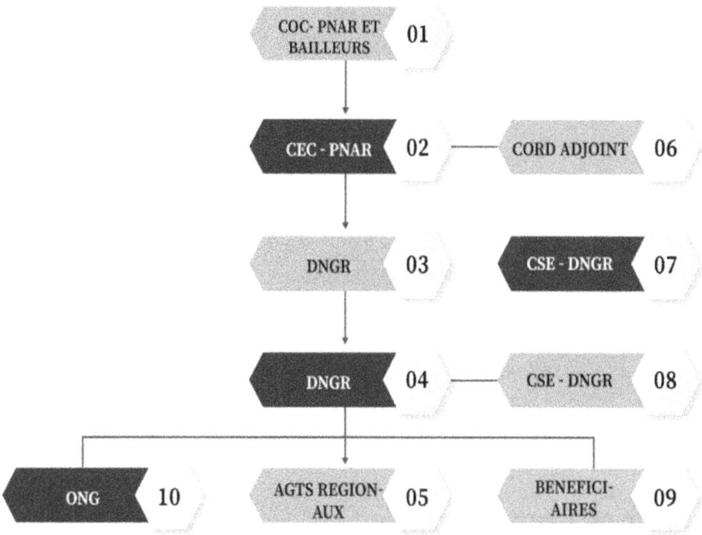


Pour chaque poste de la cellule des fiches de poste seront élaborées afin de permettre à chacun de s'orienter et de s'auto-évaluer. Il peut aussi être défini des primes de responsabilités. Au regard du programme d'activité chaque année la cellule procédera à l'établissement du bilan d'activités. Le schéma ci-dessous résume le planning de fonctionnement du système de suivi proposé à la sous – composante Petite Irrigation du PNAR.

**Figure 3 : Planning de fonctionnement du système de suivi proposé**

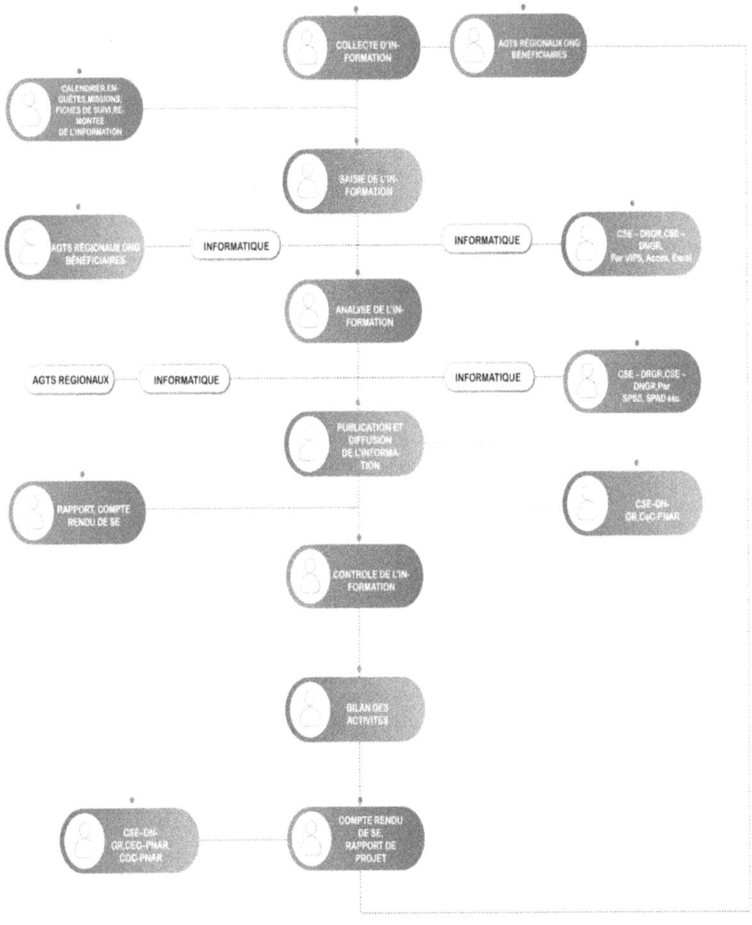


**Plan de mise en œuvre :**

Pour permettre à la structure de SE proposée d'apporter une réponse satisfaisante aux préoccupation soulevées par les résultats et l'analyse du système en place, certaines recommandations s'imposent :

1. Garantir un milieu de travail où la responsabilité pour l'obtention des résultats est partagée et clairement définie ;
2. Meilleure partage de l'information et meilleure consignation des résultats ;
3. Recruter des agents de suivi-évaluation afin d'assurer le bon fonctionnement du système proposé ;

4. Créer une cellule de suivi-évaluation dans les différentes DRGR.
5. Renforcer la capacité des agents de SE par leur formation en matière de suivi-évaluation pour répondre aux attentes des missions de suivi-évaluation ;
6. Répertorier tous les intervenants et ONG en matière de petite irrigation ;
7. Organiser des comptes rendu réguliers de suivi-évaluation entre la CoC – PNAR, la CSE – DNGR et informer régulièrement la CSE – DRGR des décisions prises ;
8. Organiser des missions de suivi sur terrain pour la CSE – DNGR chaque trimestre afin d'assurer une fiabilité des données ;
9. Mettre en place une équipe chargée de la gestion des risques composé d'agents de suivi-évaluation comme proposé dans le plan de conception du système et leur former en gestion des risques ;
10. Animer l'équipe chargée de suivi-évaluation en les motivant d'avantage (primes de responsabilité convenables, formation de cadre etc.)
11. Organiser des séances de réunion pour valider les recommandations su évoquées.

# CHAPITRE CINQ – MISE EN PLACE D'UN SYSTÈME SÉRA DANS LES ORGANISATIONS ET LES PROJETS/PROGRAMMES DE DÉVELOPPEMENT

## 5.1 MISE EN PLACE D'UN SYSTEME SÉRA DANS LES ORGANISATIONS

Pour assurer la redevabilité, une prise de décision éclairée et un apprentissage continu, toute organisation doit disposer d'un cadre rigoureux de SÉRA qui intègre le suivi proactif, l'adaptation dynamique et l'évaluation de la performance. Ce cadre de SÉRA doit être conçu pour favoriser une participation active, garantir une rigueur méthodologique, soutenir l'apprentissage à tous les niveaux de l'organisation ou de la structure, et optimiser l'utilisation des données pour des décisions bien informées. En outre, il assure une transparence totale dans la gestion et l'évaluation des performances et de l'impact, permettant ainsi à toutes les parties prenantes de bien comprendre leurs rôles et responsabilités.

Le cadre de SÉRA doit permettre de documenter et mesurer l'impact des interventions de l'organisation tout en évaluant les relations de causalité établies par la théorie du changement (TdC) globale de l'organisation et les théories de changement individuels des interventions de l'organisation (programmes et projets) ainsi que les hypothèses critiques. À travers des évaluations régulières, une équipe dédiée au suivi et à l'évaluation collabore avec les partenaires et les parties prenantes pour garantir l'efficacité et l'efficience de la gestion des données. Cette équipe fournit également des analyses basées sur des preuves à l'équipe de gestion du programme, facilitant ainsi une prise de décision fondée sur des données fiables et actuelles.

Pendant la mise en œuvre des interventions de l'organisation, le cadre SÉRA de l'organisation et les différents plans individuel SÉRA des interventions (programmes et projets) doivent être continuellement révisés et affinés pour rester pertinent et réactif aux besoins en évolution. En termes de gestion des coûts, le budget destiné au SÉRA est intégré au budget global du système SÉRA de l'organisation mais ce budget doit tenir compte des budgets individuels SÉRA des autres interventions de l'organisation, assurant ainsi une gestion financière cohérente et harmonieuse.

Le cadre de SÉRA dans une organisation doit être conçu de manière à inculquer la culture de SÉRA au sein de l'Organisation entière. Pour ce faire, mettre en place un Cadre de SÉRA dans une organisation est une démarche structurée qui implique plusieurs étapes essentielles communément appelées les Sept Ps (7Ps) dont :

- **Politiques**
- **Procédures**
- **Performance**
- **Produits**
- **Plateformes**
- **Publication**
- **Partenariat**

Ces 7Ps peuvent être adaptés en fonction des besoins spécifiques de chaque organisation et de son contexte particulier. L'implication des parties prenantes et la flexibilité dans l'application des 7Ps sont cruciales pour la réussite du cadre SÉRA. Les paras subséquents nous donnent plus de détails sur le concept des 7Ps

### 5.1.1 Les Politiques

Les politiques SÉRA doivent être les points de départ de ‘application d'un système SÉRA dans une organisation. Elles définissent les principes et les procédures que l'organisation adopte pour garantir une gestion efficace de ses interventions (Plan stratégique, programmes et projets). Ces politiques établissent un ensemble de règles systématique et constamment appliquées en termes d'exigences pour l'élaboration, la conduite, la gestion et l'utilisation de résultats du système SÉRA de qualité. Elles visent à promouvoir la transparence, la responsabilité et l'amélioration continue en intégrant des mécanismes de suivi, d'évaluation, de redevabilité et d'apprentissage systématiques. Les politiques reflètent la vision à long et moyen terme de l'organisation pour faire appliquer et progresser le SÉRA. Cela permet d‘avoir un système SÉRA qui soit constamment de bonne qualité et qui participe à l'excellence de la performance et de l'assurance de la qualité de la programmation qui, avec le temps, enrichit l'impact de l'organisation sur les populations cibles et les autres parties prenantes.

Une remarque importante à ce niveau, est que pour chaque organisation, les politiques SÉRA doivent être basées sur les normes et standards internationaux en matière de SÉRA, reflétant les bonnes pratiques de SÉRA (e.g. un système SÉRA sensibles au genre), et aux valeurs et missions de l'Organisation.

En fonction des normes internationales, en matière de SÉRA nous pouvons avoir des politiques comme : ***(i) la politique de conception du système SÉRA, (ii) la politique de suivi, (iii) la politique de l'évaluation, (iv) la politique de redevabilité, (v) la politique de l'apprentissage, (vi) la politique de budget, (vii) la politique des ressources humaines en MEAL*** etc… D'autres politiques peuvent s'ajouter aussi bien en fonction des valeurs, missions et principes directeurs spécifiques de chaque organisation. Par exemple la **politique genre dans le SÉRA**.

Un exemple de politique de conception du system SÉRA dans l'Organisation peut être ***« L'organisation xxx travaille avec les partenaires pour développer, pour chaque intervention (programme, projet), un système de SÉRA qui maximise la participation équitable des bénéficiaires et réponde aux besoins d'information des bailleurs et autres parties prenantes, afin d'améliorer les interventions et satisfaire les attentes des parties prenantes »***

Les politiques SÉRA s'appliquent à tous les programmes et projets de l'organisation et avec une extension aux parties prenantes notamment les partenaires d'exécution des programmes et projets. À long terme, une revue de l'application des politiques notamment les succès, les échecs, les leçons apprises et recommandations, doit être documentée et partagée activement pour améliorer de façon continue les programmations futures. Il est recommandé de toujours comme simple et souple et les améliorer de façon continue.

### 5.1.2 Les Procédures :

Les procédures SÉRA sont des documents opérationnels qui détaillent les étapes spécifiques, les méthodes et les processus à suivre pour mettre en œuvre la politique de SÉRA au quotidien. L'énoncé de chaque politique est accompagné d'une série de procédures spécifiques qui guideront les équipes de l'Organisation pour qu'ils arrivent à une approche plus solide et plus constante de SÉRA, c'est à dire, une « façon de faire de l'Organisation pour le SÉRA ». En d'autres termes plus simples, les politiques constituent les objectifs à long et moyen termes et les procédures des actions pratique pour atteindre les politiques et leurs objectifs. Donc, les procédures fournissent des instructions opérationnelles détaillées sur la manière de mettre en œuvre les principes de la politique de SÉRA. Ceci peut être les méthodologies et procédures, les outils, formulaires et modèles utilisés ainsi que leur conception et utilisation. De ce fait, pour chaque procédure, des directives sont élaborées séparément, avec des canevas et des exemples, pour aider à leur opérationnalisation pratique.

Quelques exemples de procédures en lien avec la politique de conception du system SÉRA dans l'Organisation, ci-dessus mentionnée, peuvent être :

- ***Pour chaque intervention (programme ou projet), dès la phase de conception, il est essentiel de développer la théorie du changement, le cadre logique des résultats, ainsi que l'ébauche du système SÉRA. Ces éléments garantissent une base solide pour la gestion et l'évaluation de l'intervention, en assurant une approche cohérente et intégrée.***

- ***Dans un délai de [xxx jours/ mois] suivant le démarrage des interventions (programme ou projet), un plan de SÉRA complet SÉRA élaboré. Ce manuel précisera les procédures et les responsabilités nécessaires pour assurer une mise en œuvre efficace et une gestion rigoureuse du système SÉRA.***

- ***Le plan SÉRA comprend les objectifs, la structure, les outils SÉRA, les méthodes de suivi et d'évaluation, les approches de redevabilité et d'apprentissage et le budget détaillé. Et ce plan SÉRA revue par les experts de l'Organisation en matière de SÉRA. Cette revue vise à garantir la qualité, la précision et la conformité des documents aux exigences des bailleurs.***

En résumé, la politique de SÉRA définit le cadre général et les objectifs stratégiques, tandis que les procédures SÉRA fournissent les détails opérationnels nécessaires pour mettre en œuvre ce cadre de manière pratique et cohérente dans l'Organisation.

### 5.1.3 Performance

La performance se réfère aux différents critères que l'Organisation va identifier pour mieux mesurer la performance du système de SÉRA. Comme su-évoqué, les aspects à considérer pour mesurer l'efficacité d'un tel système peuvent être la qualité de la conception, de son fonctionnement et utilisation (voir **Tableaux 08 et 09** ci-dessus). Les principaux critères de la qualité de la conception sont : ***(i) la clarté des objectifs du Système SÉRA, (ii) la qualité et diversité de l'équipe de travail de SÉRA, (iii) la qualité des documents clés du projet, (iv) la sélection et précision des besoins en information, (v) la qualité des outils de collecte, et de diffusion, (vi) Efficacité du Suivi, qualité de l'évaluation, des mécanismes de redevabilité et d'apprentissage, (vii) le système de gestion des risques, et (viii) la disponibilité des ressources nécessaires à la mise en œuvre du système***.

Les principaux critères de la qualité du fonctionnement sont : ***(i) la qualité du système de planification du système, (ii) la qualité de l'organisation et exécution des activités SÉRA, (iii) le système de management, (iv) le contrôle de qualité du système, et (v) la qualité Gestion des interfaces (partenariat, les parties prenantes du système)***.

Les principaux critères de la qualité du l'utilisation sont : ***(i) la Fonctionnalité des systèmes de gestion des connaissances, et (ii) l'utilisation effective des Connaissances.***

L'ensemble de ces critères sont expliqués dans les **Tableaux 08 et 09** ci-dessus. Ces critères de performance ne sont pas exhaustifs, les organisations peuvent ajouter d'autres critères en fonction des spécificités de l'organisation et de son contexte.

### 5.1.4 Produits

Un autre point essentiel en SÉRA est de biens définir les produits que le système va utiliser en fonction du contexte de l'organisation. Ces produits constituent les livrables ou résultats spécifiques générés par le système SÉRA pour faciliter la gestion, l'analyse et l'amélioration des interventions (projets, programmes) de l'organisation. Ils jouent un rôle crucial dans la supervision et l'évaluation des projets, la gestion des relations avec les parties prenantes, et l'apprentissage organisationnel. Ces produits aident aussi à mesurer, analyser et améliorer les performances des interventions. Selon les standards internationaux, au-delà des politiques et procédures, les produits SÉRA d'une organisation, peuvent être :

#### 5.1.4.1 Les Rapports SÉRA :

Les rapports SÉRA sont des documents clés utilisés dans les organisations pour suivre et évaluer l'organisation ainsi que ses interventions (projets et programmes). Ils fournissent des informations essentielles sur les progrès réalisés par rapport aux objectifs fixés, identifient les défis rencontrés et proposent des recommandations pour améliorer les interventions. Les rapports sont aussi des moyens pour les organisations d'informer sur la gestion des interventions, la responsabilité envers les parties prenantes, et l'amélioration continue des pratiques. Dans la mise en place du système SÉRA dans les organisations, les types de rapport doivent être définis et leur périodicité, notamment les rapports trimestriels, semestriels et annuels. Au niveau organisationnel on s'en tient le plus souvent aux rapports semestriels et annuel de l'organisation. Au niveau des interventions (projets, programmes), les types de rapport et leurs périodicités sont définis en fonction de chaque projet/programmes et leurs bailleurs spécifiques de chaque projet/programme. Les rapports de l'organisation constituent la synthèse globale des interventions (projets et programmes) et informent sur l'état d'avancement du plan d'action global de l'organisation. On distingue :

- ***Rapports de Suivi :*** Un rapport de suivi est un document périodique qui évalue l'avancement des activités d'un projet en comparant les réalisations aux objectifs et indicateurs établis. Il comprend un résumé des principaux résultats, une description des activités effectuées, une analyse des progrès réalisés, des données sur les indicateurs de performance, des chronogrammes pour suivre les délais et les échéances, les ressources utilisées et les résultats obtenus, ainsi que les défis rencontrés et les solutions proposées.

- ***Rapports d'Evaluation :*** Ces rapports sont plus approfondis et sont généralement produits à des moments clés du cycle de vie du projet (mi-parcours, fin de projet). Ils examinent l'efficacité, l'efficience, l'impact et la pertinence des projets ou programmes à des moments clés, comme à mi-parcours ou à la fin. Il comprend un résumé exécutif des conclusions et recommandations, une analyse des résultats par rapport aux objectifs, une évaluation de l'impact et de la performance des interventions, ainsi que des leçons apprises et des recommandations pour les futures interventions. Son objectif est de fournir une analyse détaillée pour orienter les décisions stratégiques globale de l'organisation et des interventions.

- ***Rapport de Redevabilité :*** Un rapport de redevabilité documente la manière dont l'organisation a répondu aux plaintes, feedbacks et préoccupations des bénéficiaires et des parties prenantes. Il inclut un résumé des plaintes reçues, les actions entreprises pour les traiter, les réponses fournies, une analyse des tendances et des problèmes récurrents, ainsi que les améliorations apportées en réponse aux feedbacks. Ils peuvent aussi inclure les détails sur l'utilisation des ressources financières, y compris les budgets et les dépenses et une vérification que les activités respectent les normes et les réglementations en vigueur. L'objectif est d'assurer la transparence et la redevabilité envers les parties prenantes, tout en répondant efficacement aux préoccupations pour améliorer la satisfaction des bénéficiaires.

- ***Rapports d'Apprentissage :*** Un rapport d'apprentissage compile les leçons apprises, les bonnes pratiques et les recommandations issues des activités de suivi et d'évaluation. Il comprend un résumé des leçons tirées des projets, des bonnes pratiques identifiées, et des recommandations pour améliorer les futures interventions. L'objectif est de partager les connaissances acquises pour optimiser les pratiques futures et promouvoir une culture d'apprentissage et d'amélioration continue au sein de l'organisation. Par la suite, l'organisation prépare un plan d'amélioration sous forme de stratégies pour intégrer les leçons apprises dans les futures interventions.

Les **leçons apprises** constituent des observations tirées de l'expérience d'un projet ou d'un programme, qui peut être traduite en connaissances pertinentes et bénéfiques en établissant clairement les facteurs de causalité et les effets (OIT, 2014). Les leçons peuvent porter sur la conception, une activité, un processus ou une pratique spécifique qui peut fournir des indications positives ou négatives sur l'efficacité et l'efficience opérationnelles, l'impact sur l'obtention des résultats ou la durabilité. En résumé, c'est une synthèse des connaissances acquises au cours du projet/programme, qui peuvent être appliquées à d'autres interventions futures. Selon la note d'orientation de Banques Multilatérales de Développement (MDBs), les éléments clés des leçons tirées sont les suivants :

- Une leçon tirée peut se référer à une expérience positive, dans le cas de résultats positifs, ou à une expérience négative, dans le cas de processus défectueux, de faiblesses ou d'effets indésirables.
- Une leçon apprise doit préciser le contexte dans lequel elle est tirée, établir sa pertinence potentielle au-delà de ce contexte et indiquer où elle pourrait être appliquée et par qui.
- Une leçon apprise explique comment ou pourquoi quelque chose a fonctionné ou n'a pas fonctionné en établissant clairement les facteurs de causalité et les effets. Qu'il s'agisse d'une pratique ou d'un processus à reproduire ou à éviter, l'objectif global est de tirer des leçons que l'organisation pourra utiliser dans des contextes futurs pour améliorer les projets et les programmes.

Au-delà de ces différents rapports standards, dans l'organisation on peut avoir d'autres rapports spécifiques en lien avec différentes activités entreprises comme les études de cas, les études spécifiques de l'organisation.

#### 5.1.4.2 Tableaux de Bord :

Les tableaux de bord sont des outils visuels interactifs utilisés pour afficher en temps réel ou périodiquement les indicateurs de performance clés des projets/programme. Ils comprennent des données sur les performances, des graphiques et visualisations pour une compréhension rapide des informations, ainsi que des alertes et notifications pour signaler les écarts ou problèmes importants. L'objectif principal des tableaux de bord est de faciliter la prise de décision rapide en fournissant des données actuelles et d'offrir une vue d'ensemble sur la performance des projets à différents niveaux de l'organisation. Cela permet de suivre les performances et d'identifier rapidement les domaines nécessitant des améliorations.

L'organisation définit et identifie les différents types de tableaux de bord (suivi des indicateurs de performance, activités et ressources, gestion des risques etc..) à utiliser par les projets et programmes ainsi que leurs caractéristiques.

#### 5.1.4.3 Mécanisme de Redevabilité :

Comme susmentionné, les mécanismes de redevabilité se réfèrent aux documents, procédures et outils établis pour garantir la transparence et la responsabilité dans la gestion des ressources et des résultats. Ces mécanismes comprennent des rapports financiers, des audits, et des systèmes de feedback (Voir **Tableau 02** dessus pour les types de mécanismes de feedback). Leur principale utilité est de renforcer la confiance des parties prenantes en assurant que la gestion des ressources est claire et que les actions et décisions sont responsables.

#### 5.1.4.4 Les autres produits de gestions et de partage des connaissances :

Au-delà des rapports, les organisations peuvent avoir d'autres outils de gestion et de partage des connaissances comme les Newsletters, les bulletins d'information (K-séries), les journaux et articles d'information etc.

En conclusion, ces outils sont essentiels pour assurer une gestion efficace des connaissances, améliorer la collaboration et garantir que les informations sont accessibles et utilisables par tous les membres de l'organisation. Chacun de ces produits joue un rôle crucial dans la mise en œuvre effective d'un système SÉRA dans l'organisation, en assurant une gestion rigoureuse, une transparence accrue, et une amélioration continue des pratiques dans l'organisationnelle et ses interventions (projets/programmes).

### 5.1.5 Plateformes :

Les plateformes SÉRA sont des outils essentiels pour gérer efficacement les interventions (projets, programmes) au sein d'une organisation. Ces plateformes SÉRA intègrent des systèmes ou outils intégrés qui facilitent la mise en œuvre des principes de Suivi, Évaluation, Redevabilité, et Apprentissage. Elles offrent des solutions technologiques pour gérer, centraliser, automatiser, et optimiser ces processus liés aux suivi, évaluation, redevabilité et apprentissage.

Ces plateformes permettent de suivre les progrès en temps réel grâce à des tableaux de bord et des systèmes de collecte et de reporting automatisés. Elles facilitent l'évaluation en fournissant des outils pour collecter, analyser les résultats et l'impact des projets, tout en générant des rapports détaillés. Pour la redevabilité, elles assurent la transparence par le biais de rapports financiers, d'audits, et de mécanismes de feedback, renforçant ainsi la confiance des parties prenantes. Enfin, elles soutiennent l'apprentissage en capturant et partageant les leçons apprises et les meilleures pratiques à travers des systèmes de gestion des connaissances comme bases de données et des forums de discussion etc.

Les plateformes SÉRA les plus couramment utilisés, **KoboToolbox, ComCare, Iformbuilders, CSPRO** se distinguent pour la collecte de données sur le terrain, particulièrement dans les contextes humanitaires. **DHIS2** est largement adopté pour la gestion des informations de santé, permettant une analyse approfondie des données de santé publique. Les **Tableaux** sont également des outils puissants pour créer des visualisations interactives, facilitant ainsi l'analyse des données et la prise de décision. Des plateformes comme **Power BI** offrent des fonctionnalités robustes pour le suivi des interactions avec les parties prenantes et la visualisation des données en temps réel.

En matière d'évaluation, des outils tels que **EvalBase** permettent de gérer les enquêtes et d'analyser les résultats, facilitant la production de rapports détaillés sur les performances et l'impact des projets.

Pour les projets de développement, **DevResults** et **TolaData** sont spécifiquement conçus pour le suivi et l'évaluation, offrant des outils pour gérer les indicateurs de performance et générer des rapports détaillés. Ces plateformes centralisent les données, assurent la transparence et la redevabilité, et favorisent l'amélioration continue des projets. Des outils d'analyse statistiques comme **SPSS, STATA, SPAD ou R, MAXQDA** sont utilisés pour l'analyse et l'interprétation des données.

Pour assurer la redevabilité, des plateformes comme **Open Data Kit (ODK)** et **FiscalNote** garantissent la transparence et la responsabilité par la gestion des données financières, des audits, et des mécanismes de rétroaction.

Enfin, en ce qui concerne l'apprentissage, des systèmes de gestion des connaissances tels que **SharePoint** de Microsoft et **Confluence** d'Atlassian, ainsi que des systèmes de gestion de l'apprentissage comme **Moodle** et **TalentLMS**, facilitent la capture et le partage des leçons apprises et des meilleures pratiques au sein de l'organisation.

Ces plateformes permettent aux organisations de gérer efficacement leurs processus SÉRA en offrant des solutions adaptées à différents besoins en matière de collecte de données, d'analyse, de transparence, et de gestion des connaissances.

### 5.1.6 Publication :

La publication implique la diffusion formelle des résultats d'évaluation, des rapports de suivi, et d'autres documents importants. Cela peut inclure la publication de rapports, d'articles, ou de résumés exécutifs dans des formats accessibles très souples et accessibles. Il s'agit d'informer les parties prenantes internes et externes sur les actions de l'organisation notamment les progrès réalisés, les résultats obtenus, et les enseignements tirés. Elle vise également à promouvoir la transparence et à renforcer la crédibilité de l'organisation.

Souvent la publication est assimilée à la dissémination, cependant tandis que la publication est faite à travers des canaux formels (Rapports annuels, bulletins d'information, études de cas publiées sur le site web de l'organisation ou dans des revues spécialisées, articles scientifiques, les rapports techniques et les livres blancs etc..), la dissémination vise plutôt à rendre les résultats accessibles à un public plus large. Cela inclut des ateliers, des conférences, des webinaires, des formations en ligne, et l'utilisation des réseaux sociaux et des sites web. Les bases de données publiques jouent également un rôle crucial en permettant à d'autres chercheurs et praticiens d'accéder aux données de l'organisation et ses interventions (programmes, projets).

En SÉRA, et sous cette section, la publication et la dissémination seront traitées ensemble dans le sens qu'elles sont cruciales pour garantir que les résultats et les leçons apprises sont accessibles aux parties prenantes et largement diffusés. L'objectif est de maximiser l'impact des informations publiées et d'encourager une meilleure compréhension et utilisation des données, tout en permettant de recueillir des retours d'information

Pour une Organisation plus efficace, les activités de communication et de dissémination doivent être bien planifiées et ciblées. Il est important d'identifier le public cible, d'utiliser plusieurs canaux de communication et d'évaluer l'impact des activités de dissémination pour s'assurer qu'elles atteignent les objectifs fixés. Ces pratiques garantissent que les résultats des projets SÉRA sont largement diffusés et utilisés pour informer les politiques, améliorer les pratiques et renforcer les capacités des parties prenantes.

Au tout début l''Organisation doit toujours définir un plan de Publication qui accompagnes le processus de mise en place du SÉRA au sein de l'organisation. La publication et la dissémination des informations en SÉRA utilisent divers moyens pour garantir que les résultats, rapports et leçons apprises atteignent efficacement les parties prenantes. Les **publications imprimées** incluent des **rapports annuels, des brochures, des fiches d'information et des études de cas**, qui résument les activités et les résultats de l'organisation et de ses intervention (programmes, projets). Les **publications numériques** utilisent des sites web, des blogs, des articles en ligne et des documents téléchargeables pour partager les informations de manière accessible.

Les **présentations et événements** tels que les **ateliers, séminaires, conférences et webinaires**, **formations en ligne** et les **évènements d'apprentissage** permettent de présenter les résultats et d'interagir avec les participants. Les **médias sociaux** comme **X (Twitter), Facebook, LinkedIn et YouTube** sont utilisés pour atteindre un large public avec des résumés et des vidéos explicatives. Les **communications directes** via **newsletters et courriels personnalisés** assurent que les informations parviennent directement aux parties prenantes clés. Les **Bases de données publiques** mettent à disposition des données de l'organisation et ses interventions pour une utilisation par d'autres chercheurs et praticiens.

Les **plateformes collaboratives et internes** comme **SharePoint et Confluence et autre plateformes internes spécifiques de l'organisation** facilitent le partage de documents et de discussions au sein de l'organisation. Enfin, les **réunions, forums de partenaires** et permettent de coordonner les actions futures et de recueillir des feedbacks. Ces méthodes assurent que les informations SÉRA sont accessibles, compréhensibles et utiles pour améliorer la transparence, la responsabilité et l'apprentissage au sein des projets.

Au début de la mise en place du système SÉRA de l'organisation, les approches et moyens de publication doivent être bien définis en fonction des missions, visions et objectifs de l'Organisation.

### 5.1.7 Partenariat :

Les partenariats en SÉRA sont essentiels pour maximiser l'impact des projets et assurer une gestion efficace des ressources. Les partenariats en SÉRA présentent plusieurs avantages significatifs. Tout d'abord, ils permettent le **renforcement des capacités** en facilitant le partage des connaissances et des compétences entre les organisations impliquées, ce qui améliore globalement leur efficacité et leur expertise. Ensuite, les partenariats offrent un **accès à des ressources diversifiées**, incluant des ressources financières, humaines et techniques supplémentaires, ce qui peut être crucial pour la mise en œuvre réussie des projets.

De plus, les partenariats contribuent à **l'amélioration de la transparence** et de la **redevabilité**. En impliquant plusieurs parties prenantes dans le suivi et l'évaluation des organisations et de ses interventions (programmes, projets), ils encouragent une gestion plus **transparente et responsable**, assurant que les interventions sont bien documentées et que les résultats sont partagés de manière ouverte. Ces avantages combinés rendent les partenariats essentiels pour maximiser l'impact et la durabilité des interventions de l'organisation.

Les partenariats en Suivi, Évaluation, Redevabilité et Apprentissage (SÉRA) sont essentiels pour optimiser l'efficacité des projets et garantir leur succès. Un partenariat efficace commence par **l'alignement des objectifs communs** et la **définition d'indicateurs de performance pertinents** pour mesurer les progrès et l'impact. Il est crucial de définir clairement les **rôles et responsabilités** de chaque partenaire pour éviter les chevauchements et assurer une bonne coordination et synergie des activités de suivi et d'évaluation.

La collecte et l'analyse de données doivent être rigoureuses, utilisant des méthodes fiables et adaptées aux besoins des interventions de l'organisation. La **transparence et la redevabilité** sont assurées par des rapports réguliers et des mécanismes de feedback pour intégrer les retours des parties prenantes. L'apprentissage continu est favorisé par des évaluations intermédiaires et le partage des leçons apprises pour améliorer les approches et les méthodes.

Le renforcement des capacités à travers la formation et le support technique est essentiel pour que les équipes des partenaires maîtrisent les pratiques de SÉRA. Le partage des ressources, qu'elles soient financières, techniques ou en expertise, permet une mise en œuvre efficace du SÉRA. Enfin, l'adaptabilité et la flexibilité sont nécessaires pour ajuster les stratégies en fonction des résultats et des défis rencontrés, garantissant ainsi la pertinence et l'efficacité des projets.

Dans la mise en place du système SÉRA au sein de l'organisation, l'on tâche de définir les types de partenariats en fonction des besoins et objectifs recherchés par le partenariat. Il existe différents types de partenariat dont :

- ***Partenariat avec les institutions gouvernementales :*** ce type de partenariat apporte un soutien en termes de politiques et régulations, garantissant que les interventions de l'organisation sont conformes aux normes et alignés avec les stratégies nationales. Elles fournissent également un soutien institutionnel et légal, facilitant l'accès à des financements publics et à des infrastructures nécessaires à la mise en œuvre des interventions (programmes, projets). Travailler avec les gouvernements permet une meilleure coordination et alignement avec d'autres initiatives publiques, évitant les duplications et maximisant les synergies. Les agences gouvernementales contribuent aussi à la collecte de données et à l'évaluation, renforçant la rigueur méthodologique et la qualité des analyses. Enfin, ces partenariats accroissent la légitimité des interventions (programmes/projets), renforcent leur acceptabilité au sein des communautés et peuvent améliorer leur impact global. En somme, les collaborations avec les institutions gouvernementales jouent un rôle clé dans la gestion efficace des projets, leur intégration dans les politiques publiques et leur succès à long terme.

- ***Partenariats avec des Organisations Locales ou Internationale à but non lucratif tels que les Organisations Non Gouvernementales (ONG), le système des Nation Unies (UN)*** : ces collaborations permettent de bénéficier de l'expertise locale et de renforcer la mise en œuvre des projets et programmes sur le terrain. Ces organisations jouent un rôle clé dans le renforcement de la mise en œuvre des projets sur le terrain, grâce à leur connaissance approfondie des communautés et des défis spécifiques auxquels elles font face. L'avantage d'être en partenariat avec les ONGs, est qu'ils interviennent au niveau micro, donc apportent une expertise locale considérables et des connaissances approfondies des communautés locales et leur défis spécifiques. Leur compréhension des contextes locaux et leur réseau étendu sont essentiels pour adapter les interventions et maximiser leur impact.

- ***Partenariats avec des Institutions Académiques :*** Les universités et les instituts de recherche apportent des compétences spécialisées en collecte et analyse de données, ainsi que des évaluations indépendantes des projets. Leur contribution garantit une rigueur scientifique et une objectivité dans l'évaluation des projets, ce qui permet d'obtenir des résultats fiables et de haute qualité. Leur expertise est également précieuse pour développer des méthodologies robustes et innovantes.

- ***Partenariats avec le Secteur Privé*** : Les entreprises offrent des ressources financières importantes, des technologies de pointe, et des compétences en gestion des organisations et des projets. Leur implication peut considérablement améliorer la durabilité des projets en intégrant des approches commerciales efficaces. Dans cette dernière catégorie, on retrouve les institutions financières telles que les Banque et les microfinances. Les entreprises peuvent aussi apporter des solutions innovantes et une perspective pratique qui enrichit la mise en œuvre des projets, facilitant ainsi une approche plus intégrée et durable.

Ces différents types de partenariats jouent un rôle complémentaire dans le renforcement du système SÉRA, chacun apportant des atouts spécifiques qui contribuent au succès global.

## 5.2 Mise en Place d'un Système SÉRA dans les interventions (projets et Programmes) de l'Organisation

Le Système SÉRA est un cadre essentiel pour améliorer la gestion et l'efficacité des projets et programmes au sein des organisations. Il permet non seulement de mesurer les performances et les résultats, mais aussi d'apprendre continuellement et de s'adapter pour atteindre les objectifs stratégiques. Le système SÉRA des interventions (projets/programmes) de l'organisation dérive de celui du système SÉRA général de l'organisation. En d'autres termes, il doit suivre les politiques et procédures SÉRA ainsi que le reste du concept des sept (7) Ps évoqué ci-dessus pour assurer une cohérence globale du système SÉRA au sein de l'organisation. Ainsi le Système SÉRA des projets fournit des informations au Système SÉRA des programmes/secteurs et de même le système SÉRA des programmes fournit les informations au système SÉRA de l'Organisation basé sur son plan stratégique. Ceci est illustré dans la Figure 04 ci-dessous.

**Figure 4 : Approche intégré du Système SÉRA**

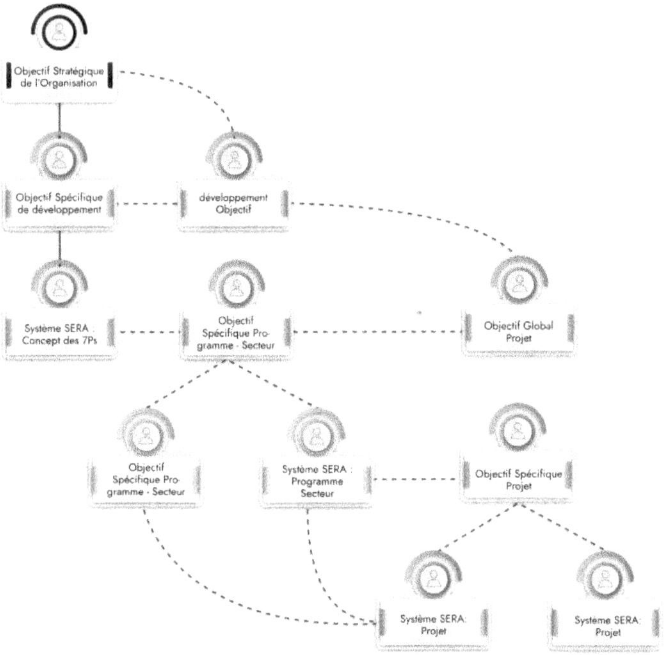


Pour mettre en place un SÉRA efficace des interventions (projets/programmes), il est crucial de suivre plusieurs étapes clés pour les quatre composantes principales dont :

- Composante 1 : Système de Suivi-évaluation
- Composante 2 : Système de Redevabilité
- Composante 3 : Système d'Apprentissage
- Composante 4 : Fonctionnement

### 5.2.1 Composante 1 : Mise en Place du Système de Suivi-évaluation

Pour mettre en place un système de Suivi efficace, il est crucial de suivre plusieurs étapes clés dont :

***Etape 1 : Définir l'objectif et la portée du système de Suivi-évaluation***

L'objectif du système de suivi et évaluation (S&E) détermine le cadre global et répond à la question fondamentale : pourquoi mettre en place ce système ? Les politiques et procédures établies précédemment peuvent guider l'équipe dans la réflexion sur les buts et objectifs du système de S&E. Cette étape permet également d'identifier les justifications évidentes pour la mise en place du système. Les raisons évidentes pour mettre en place un système de suivi et évaluation (S&E) incluent :

- Assurer un suivi régulier et opportun de l'avancement des activités et des produits.
- Adapter la mise en œuvre du projet en fonction des besoins identifiés.
- Garantir l'atteinte des objectifs stratégiques de l'organisation.
- Répondre aux exigences des bailleurs de fonds et des obligations organisationnelles.
- **Suivi régulier et opportun des activités et des résultats** : Assurer un suivi précis et en temps réel des progrès réalisés permet d'identifier rapidement les écarts et de prendre des mesures correctives appropriées.
- **Ajustement dynamique de la mise en œuvre :** Permettre des modifications réactives et basées sur les données collectées, afin d'adapter le projet aux besoins émergents et aux défis rencontrés.
- **Atteinte des objectifs stratégiques de l'organisation :** Garantir que les résultats obtenus sont en adéquation avec les objectifs de haut niveau définis par l'organisation, afin d'assurer une cohérence et une efficacité maximales.
- **Conformité aux exigences des bailleurs de fonds :** Répondre aux attentes et obligations spécifiques des bailleurs de fonds pour maintenir leur soutien et garantir la transparence des financements.

Les raisons moins évidentes, mais tout aussi importantes, comprennent :

- **Renforcement des compétences en S&E :** Développer les capacités des membres du personnel et des partenaires pour améliorer la qualité et l'efficacité du suivi et de l'évaluation au sein de l'organisation.
- **Encouragement de l'engagement communautaire** : Intégrer les retours des communautés pour favoriser un meilleur alignement des interventions avec les besoins locaux et renforcer la participation communautaire.

- **Expérimentation et évaluation des innovations en S&E :** Tester de nouvelles approches et méthodologies pour améliorer les pratiques de suivi et d'évaluation et en tirer des enseignements précieux.
- **Harmonisation des outils et formats :** Standardiser les formulaires et les rapports entre les différents partenaires pour faciliter la collecte et l'analyse des données, et garantir la cohérence des informations.
- **Contribuer au dialogue sur les politiques publiques :** Utiliser les données et les résultats du S&E pour influencer et enrichir les discussions sur les politiques pertinentes et les pratiques sectorielles.
- **Promotion de l'apprentissage organisationnel :** Favoriser le partage des connaissances et des expériences avec d'autres acteurs de la région et agences pour améliorer les pratiques et renforcer les capacités collectives.

Pour définir efficacement le but de votre système de S&E, il est important de se concentrer sur les objectifs clés. Une liste exhaustive n'est pas nécessaire ; quatre à cinq déclarations claires suffisent pour refléter les principaux objectifs du S&E. Idéalement, chaque objectif devrait se rapporter aux quatre composantes du SÉRA (Suivi, Évaluation, Redevabilité et Apprentissage) pour couvrir pleinement les aspects du SÉRA. Voici quelques exemples d'objectifs :

1. Renforcer les compétences en suivi et évaluation (S&E) des équipes au sein de l'organisation.
2. Établir un système de S&E cohérent à l'échelle de l'organisation, en intégrant les interventions aux niveaux sectoriel, programme, projet et stratégique, tout en offrant aux partenaires la flexibilité nécessaire pour l'adapter à leurs besoins spécifiques.
3. Encourager l'expérimentation et l'apprentissage à partir des innovations en S&E pour en tirer des enseignements précieux.
4. Mettre en place un système structuré de gestion des feedbacks et des connaissances afin de documenter, partager et appliquer efficacement les leçons apprises.
5. Utiliser les résultats du système pour éclairer la prise de décision et guider les actions du personnel des partenaires et des volontaires.

Il est également pertinent, à ce stade, de définir la portée du système de S&E, en précisant les délimitations et l'envergure du système. La portée d'un système de suivi et d'évaluation (S&E) se réfère à son envergure ainsi qu'à son niveau de détail, ce qui détermine l'étendue des activités menées et les ressources nécessaires à leur exécution. Un système de S&E peut être complexe s'il englobe une variété d'activités et nécessite des compétences spécialisées ainsi que des ressources considérables pour son bon fonctionnement.

La complexité inhérente à la conception d'un projet joue un rôle déterminant dans la portée et la sophistication du système de suivi et d'évaluation. En effet, des projets plus complexes peuvent nécessiter des approches de S&E plus élaborées pour saisir l'ensemble des dimensions de l'intervention.

Par ailleurs, les exigences des bailleurs influencent également la portée du système. Ces exigences peuvent imposer des niveaux de précision et de rigueur méthodologique qui augmentent considérablement les ressources et les efforts nécessaires pour le S&E. Plusieurs facteurs doivent être pris en compte lors de la définition de la portée du système de suivi et d'évaluation :

- **Portée Géographique :** Cela inclut l'étendue des régions où le projet ou le programme est mis en œuvre, ainsi que l'accessibilité de ces zones. Un projet mené dans des zones reculées ou difficiles d'accès peut nécessiter des adaptations dans la méthodologie de suivi.
- **Ampleur Démographique :** Il est crucial d'identifier les populations cibles spécifiques et de prendre en compte leur accessibilité. Comprendre la diversité des groupes démographiques permet de concevoir des méthodes de S&E adaptées aux différents besoins et contextes.
- **Calendrier :** La durée du projet a une incidence sur les besoins en matière de suivi et d'évaluation, notamment en ce qui concerne les activités à mener avant, pendant et après le projet. Cette planification temporelle est essentielle pour garantir un suivi continu et rigoureux.
- **Ressources Disponibles :** Les ressources humaines et financières allouées au système de S&E influencent directement sa portée et sa capacité à fournir des analyses pertinentes. Un budget limité peut restreindre les types d'activités pouvant être mises en œuvre.

En résumé, définir clairement la portée d'un système de suivi et d'évaluation permet de recenser le contour et les activités essentielles à son bon fonctionnement. Cette démarche contribue à établir une base solide pour mesurer l'efficacité et l'impact des projets, garantissant ainsi la pertinence et la durabilité des interventions mises en place.

***Etape 2 : Analyse des besoins d'information des parties prenantes***

L'analyse des besoins d'information des parties prenantes est une étape fondamentale pour la mise en place et l'optimisation d'un système SÉRA. Cette analyse vise à garantir que toutes les parties concernées reçoivent des informations pertinentes et adaptées à leurs besoins décisionnels.

Pour concevoir un système SÉRA efficace et pertinent, il est crucial de comprendre les attentes, les intérêts et les exigences spécifiques de chaque partie prenante. Une analyse approfondie permet non seulement d'identifier ces besoins, mais aussi d'assurer que les données collectées répondent précisément aux attentes des parties prenantes tout au long du cycle du projet.

Si une analyse des parties prenantes a été déjà réalisé lors de la phase de conception de votre projet, il est essentiel de la réexaminer et de la mettre à jour régulièrement, car durant la conception l'analyse se focalise beaucoup plus sur les rôles et responsabilités. Cela permet de s'assurer que les besoins d'information sont toujours bien compris et pris en compte, et que le système SÉRA reste aligné avec les attentes évolutives des parties prenantes. Cette étape est indispensable pour garantir la pertinence et l'efficacité du système SÉRA, et pour promouvoir une gestion transparente et responsable du projet/programme. Le cadre d'analyse pour effectuer l'analyse des parties prenantes est le suivant :

**1. Identification des Parties Prenantes**

Avant d'analyser les besoins d'information, il est crucial d'identifier et classer toutes les parties prenantes impliquées. Elles peuvent inclure :

- **Parties Prenantes Primaires :** Directement concernées par le projet, comme les bénéficiaires, les communautés locales, les organisations de la société civile et les Gestionnaires de Programme/Responsables de Projet.

- **Parties Prenantes Secondaires :** Indirectement touchées, telles que les fournisseurs, les partenaires, les autorités locales, les médias.
- **Parties Prenantes Clés :** Incontournables pour le succès du projet, comme les bailleurs de fonds, les décideurs politiques, et les organisations partenaires

De façon globale, chaque type de partie prenante aurait des besoins d'information comme par exemples :

- **Bailleurs de Fond :** Besoin d'informations sur l'utilisation des fonds, les résultats obtenus, et le progrès des indicateurs exigés.
- **Gestionnaires de Programme/Responsables de Projet :** Besoin de données pour la prise de décision opérationnelle et stratégique.
- **Bénéficiaires :** Besoin d'informations sur les services offerts et les opportunités de feedback.
- **Partenaires :** Besoin de coordination et de partage d'informations pour assurer l'alignement des objectifs.
- **Gouvernements/Autorités Régionales :** Besoin de données pour la conformité aux politiques et régulations locales.
- **Organisations de la Société Civile/Médias** : Besoin d'informations pour promouvoir la transparence et la redevabilité.

**2.Détermination des Besoins d'Information**

Pour chaque groupe de parties prenantes, il est important de déterminer leurs besoins spécifiques en information, le format de partage de l'information (déjà défini dans section « Publication » ci-dessus évoqué). Il serait intéressant d'utiliser le Tableau 13 suivant :

**Tableau 11 : Analyse des parties prenantes**

| Partie Prenante | Type d'information | Fréquence | Format |
|---|---|---|---|
| **Bailleurs de Fond** | Rapports financiers, résultats des interventions, impact global. | Semestrielle, annuelle | Rapports détaillés, résumés exécutifs, le Tableau de Suivi des Indicateurs actualisé |

| Tableau 11 : Analyse des parties prenantes | | | |
|---|---|---|---|
| **Partie Prenante** | **Type d'information** | **Fréquence** | **Format** |
| | | | notamment pour les indicateurs exigés |
| **Gestionnaires de Programme/ Responsables de Projet** | Indicateurs de performance propres et exigés, avancement des activités, défis rencontrés, les leçons et recommandati on | Mensuelle, trimestrielle et semestrielle. | Tableaux de suivi des indicateurs, rapports de progrès, alertes sur les anomalies. |
| **Bénéficiaires** | Informations sur les services disponibles, procédures de recours. | Selon les besoins du programme | Flyers, réunions communautaire s, plateformes numériques |
| **Partenaires** | Coordination des activités, partage des meilleures pratiques, résultats communs. | Mensuelle, trimestrielle. | Réunions de coordination, bulletins d'information, rapports communs |
| **Gouvernement s/ Autorités Régionales** | Conformité réglementaire, impacts sociaux et économiques | Annuel ou selon les exigences légales. | Rapports formels, statistiques. |

| Tableau 11 : Analyse des parties prenantes | | | |
|---|---|---|---|
| **Partie Prenante** | **Type d'information** | **Fréquence** | **Format** |
| **Organisations de la Société Civile/Médias** | Transparence, résultats des programmes, impact des interventions. | Selon les événements majeurs ou périodiqueme nt | Communiqués de presse, rapports d'impact, études de cas. |

L'analyse des besoins d'information des parties prenantes dans le cadre du SÉRA est un processus dynamique qui exige une compréhension approfondie des différents groupes et de leurs attentes spécifiques. Une communication efficace et adaptée contribue non seulement à améliorer la transparence et la redevabilité, mais aussi à soutenir l'apprentissage et l'amélioration continue des programmes et projets. En suivant ces étapes, les organisations peuvent garantir que leur système réponde aux besoins particuliers de chaque partie prenante, tout en favorisant la transparence, la redevabilité et l'apprentissage continu.

***Etape 3 : définition de la structure de gestion du système SÉRA***

La structure de gestion d'un système SÉRA est essentielle pour assurer son efficacité et sa durabilité. Elle doit être un cadre organisé qui permet de planifier, coordonner, et gérer les activités de suivi et d'évaluation d'un programme, projet ou politique. Cette structure assure que les processus de collecte, d'analyse, et d'utilisation des données sont systématiques et cohérents afin d'atteindre les objectifs fixés.

1. **Types de Structure :**

En fonction de ce qui est définit dans les politiques et procédures SÉRA en lien avec la structure de gestion du système, on peut avoir une **structure de SÉRA indépendante ou dépendante**. Une **structure indépendante** signifie qu'une entité autonome, souvent extérieure à l'organisation ou ne dépendant pas du management de l'organisation, est chargée de mener les activités SÉRA. Cette indépendance permet de garantir une plus grande objectivité et impartialité dans l'évaluation des programmes et projets. Quant à une **structure dépendante**, les activités SÉRA sont intégrées au sein de l'organisation, souvent sous la supervision directe de l'équipe de gestion des programmes ou des projets. Cette approche permet une plus grande fluidité et réactivité dans la collecte et l'utilisation des données, facilitant ainsi l'ajustement rapide des stratégies et des activités en fonction des résultats obtenus. Cependant, elle peut être perçue comme moins objective et pourrait susciter des préoccupations en matière de biais ou de conflits d'intérêts.

La décision d'opter pour une structure indépendante ou dépendante dépend des besoins spécifiques de l'organisation, des exigences des parties prenantes, et du contexte dans lequel les programmes et projets sont mis en œuvre. Une approche hybride peut également être envisagée, combinant les avantages des deux modèles pour répondre aux diverses exigences de transparence, d'objectivité et de réactivité. Dans tous les cas, au moment d'établir les Politiques et Procédures SÉRA de l'organisation, une analyse détaillée sera faite pour choisir la meilleure option. Et l'option définit par les 7Ps sera celle suivie au moment de définir la structure de gestion du S&E.

2. **Équipe de Gestion de SÉRA :**

Composée généralement de professionnels spécialisés en S&E, cette équipe supervise l'ensemble du système. Elle définit les méthodes de suivi, d'évaluation et de collecte des données, et assure la qualité et la fiabilité des informations recueillies. Sa mise en place est cruciale pour assurer la qualité et la pertinence des activités de suivi et d'évaluation. En fonction des différent standards, quelques principaux éléments à considérer pour définir cette structure en termes de rôles clés sont :

- Le **Coordinateur SÉRA** supervise l'ensemble du système de SE, élabore le plan stratégique, et veille à la qualité des données collectées et analysées, tout en communiquant les résultats aux parties prenantes. Une autre de ses responsabilités majeures est de superviser et de former les équipes de terrain sur les méthodes de suivi et d'évaluation. Le Coordinateur veille également à ce que les rapports soient bien rédigés, fournissant des informations claires sur l'impact des projets et les leçons apprises, ce qui favorise la transparence et la redevabilité. En outre, Il encourage une culture d'apprentissage en intégrant les leçons tirées des évaluations dans la conception de futurs projets. Enfin, il collabore avec d'autres organisations et parties prenantes pour partager les meilleures pratiques, renforçant ainsi l'efficacité des systèmes SÉRA.
- Les **Spécialistes en S&E** se concentrent sur la supervision des activités en cours et la collecte des données liées aux indicateurs de

performance, tout en menant des évaluations approfondies pour mesurer les résultats et l'impact du programme ou du projet. Après l'analyse des données, ces spécialistes préparent des rapports qui détaillent les résultats et les leçons apprises, assurant ainsi la transparence vis-à-vis des parties prenantes. En se basant sur ces informations, ils formulent des recommandations pour l'amélioration continue des projets, favorisant une culture d'apprentissage au sein des organisations. En outre, les spécialistes en S&E sont également impliqués dans la formation des équipes et des partenaires sur les principes et méthodes de suivi et évaluation, renforçant ainsi les compétences internes. Ils contribuent ainsi à une gestion proactive des risques et à l'assurance que les projets atteignent leur plein potentiel d'impact sur les bénéficiaires.

- Les **Spécialistes Redevabilité et Apprentissage (R&A)** garantissent que les bénéficiaires sont informés et impliqués dans les décisions les concernant, en mettant en place des mécanismes pour recueillir leurs retours et plaintes. En outre, ils promeuvent une culture d'apprentissage au sein de l'organisations en collectant et analysant des données, et en intégrant les leçons apprises des évaluations dans de futurs projets. Ils forment également les équipes aux bonnes pratiques en matière de redevabilité. Ces spécialistes collaborent avec des experts en suivi et évaluation et établit des partenariats pour améliorer les systèmes de redevabilité. Par ses actions, il contribue à renforcer l'efficacité et l'impact des interventions d'aide.

- Les **Spécialistes ICT4D** (Technologies de l'Information et de la Communication pour le Développement) jouent un rôle clé dans l'intégration des technologies numériques dans les interventions de l'organisation. Leur principale responsabilité consiste à concevoir et mettre en œuvre des solutions technologiques adaptées aux besoins du système et des communautés, notamment par le développement d'applications mobiles et de plateformes web. En parallèle, ces spécialistes renforcent les capacités des équipes et des partenaires en formant les utilisateurs sur l'utilisation des outils technologiques. Ils mettent également en place des systèmes efficaces pour la collecte et l'analyse de données, permettant ainsi d'obtenir des informations utiles sur les bénéficiaires et l'impact des projets. Les spécialistes ICT4D sont également engagés dans l'innovation, en explorant de nouvelles technologies qui peuvent être intégrées aux initiatives de développement. Ils collaborent avec divers acteurs, y compris d'autres organisations et le secteur privé, pour développer des solutions conjointes et partager des ressources. Enfin, ils évaluent l'impact des technologies déployées, s'assurant qu'elles contribuent efficacement à l'atteinte des objectifs de développement. En somme, leur rôle est essentiel pour améliorer l'accès à l'information et l'efficacité des interventions.

Au-delà de ses rôles clés, en fonction des spécificités de chaque organisation et de ses interventions, on peut ajouter d'autres positions comme **Analystes de Données**, qui traitent et interprètent les données collectées, fournissant des rapports et des visualisations essentielles pour la prise de décision. Les **Chargés de Communication** qui assurent la communication des résultats et des leçons apprises aux parties prenantes. Ils préparent des rapports de synthèse, organiser des ateliers de partage des connaissances, et gérer les canaux de communication. Les **Chargés de Formation et Renforcement des Capacités** qui assurent que l'équipe et les parties prenantes sont formés aux méthodes et outils de S&E. Enfin, le **Gestionnaire Administratif** qui gère les aspects logistiques et financiers, et les **Coordonnateurs de Terrain** qui facilitent la collecte de données sur le terrain, particulièrement dans les zones difficiles d'accès.

### 3. Groupe de Travail SÉRA

Un Groupe de Travail dédié au Suivi, à l'Évaluation, à la Redevabilité et à l'Apprentissage (SÉRA) est essentiel pour coordonner et renforcer les efforts dans ces domaines cruciaux. La conception et la mise en œuvre d'un système de Suivi et d'Évaluation (S&E) impliquent une multitude d'activités, y compris le suivi et l'évaluation du système lui-même, ce qui constitue l'une des fonctions clés du groupe de travail.

Le Groupe de Travail agit comme une plateforme collaborative réunissant divers acteurs et parties prenantes impliqués dans ces domaines. L'objectif principal de ce groupe est d'assurer une mise en œuvre efficace et appropriée des activités de SÉRA, tout en favorisant le partage de connaissances et des meilleures pratiques entre ses membres. Cela contribue à améliorer non seulement l'exécution des interventions, mais aussi à surmonter les défis liés au suivi et à l'évaluation.

En tant que comité de pilotage du système SÉRA, le groupe facilite la coordination des efforts entre différentes organisations, ce qui permet d'éviter les doublons dans la collecte des données et d'encourager une culture de redevabilité.

Lors de la formation initiale du groupe, il est conseillé de constituer une équipe de quatre à cinq personnes bien placées pour superviser le développement et la mise en œuvre du système de S&E. À mesure que le système SÉRA mis en place, des défis spécifiques et des opportunités émergeront, permettant d'identifier les personnes susceptibles de rejoindre le groupe et de définir les responsabilités qui leur seront attribuées. Ce groupe de travail SÉRA composé de membres du personnel de l'organisation, de partenaires intéressés, ainsi que de parties prenantes ayant un intérêt particulier ou une expertise en matière de S&E. Ce cadre collaboratif sera ainsi déterminant pour garantir le succès des initiatives de SÉRA et leur impact positif sur les interventions en cours.

Une fois le groupe mis en place on doit ensuite travailler à définir ses rôles et responsabilités des membres ainsi que la fréquence des réunions du groupe et les lieux de rencontre.

***Etape 4 : Identifier les Besoins en Informations***

Avant de commencer cette étape, il est impératif que l'équipe de mise en place s'assure que les éléments fondamentaux du système de suivi et d'évaluation (S&E) sont bien établis. Les composantes clés du système incluent principalement : la théorie du changement (TdC), le cadre logique (CL), le tableau de suivi des indicateurs de performance (TSIP), ainsi que les outils et documents spécifiques exigés par les bailleurs de fonds, tels que les formats de rapports.

Si ces éléments ont été élaborés durant la phase de conception du projet ou du programme, l'équipe devra procéder à une révision détaillée pour les peaufiner et les améliorer, en s'assurant de leur cohérence logique. Cette étape est cruciale pour revoir les indicateurs et les méthodes de mesure afin de garantir une liste définitive d'indicateurs pertinents et mesurables.

En revanche, si ces éléments essentiels n'ont pas été développés lors de la conception, la première tâche de l'équipe de mise en place du système sera de les créer. Cela permettra d'établir des fondations solides pour l'ensemble des étapes à venir dans le processus de suivi et d'évaluation. En s'assurant que ces composantes sont bien en place, l'équipe facilitera une mise en œuvre efficace et rigoureuse des prochaines phases du SÉRA.

Après avoir franchi cette étape, on commence l'activité proprement dite de la phase d'"identification des besoins en informations pour garantir que les équipes disposent des données nécessaires pour prendre des décisions éclairées et mesurer l'impact des interventions. Ce processus implique plusieurs étapes clés :

- **Déterminer les indicateurs clés :** Examiner les indicateurs déjà définis pour déterminer s'ils répondent aux exigences de suivi et d'évaluation. Il peut être nécessaire de les ajuster ou d'en ajouter de nouveaux pour mieux refléter les besoins en informations. Il est important à ce stade de sélectionner des indicateurs qui peuvent quantifier le progrès vers les objectifs. Les indicateurs peuvent être de différentes natures : quantitatifs (chiffres) ou qualitatifs (opinions, perceptions) ou combinés (mixte) et doivent refléter les résultats attendus.
- **Définition des indicateurs clés :** La définition et la détermination des méthodes de calcul des indicateurs sont des étapes essentielles dans le système. Un processus bien structuré garantit que les indicateurs choisis sont pertinents, mesurables et utiles pour évaluer l'impact des interventions. Les indicateurs sélectionnés doivent être très bien définis en fonction des objectifs et résultats auxquels ils sont liés. Cette définition doit offrir une description claire, facile et accessible, visant à éliminer toute ambiguïté ou risque de confusion. Il est essentiel que tous les utilisateurs partagent une compréhension uniforme de l'indicateur, ainsi que des termes associés qui pourraient prêter à confusion. Par exemple, l'indicateur ***« Pourcentage de ménages disposant d'un assainissement adéquat, dont les excréta sont gérés de manière sûre »*** est défini de la manière suivante : ***« Cet indicateur mesure la présence de pratiques appropriées d'élimination des déchets solides au sein des ménages. Un ménage est généralement défini comme un groupe de personnes vivant ensemble dans un même espace de résidence ».*** Cependant, la définition du terme **"ménage"** peut varier considérablement selon le contexte. Afin d'éliminer toute ambiguïté, il est donc crucial de préciser la définition du ménage en fonction des spécificités du

projet. Cela garantira que tous les utilisateurs interprètent l'indicateur et les données/information y afférentes de manière cohérente et appropriée, renforçant ainsi la validité et l'utilité de l'indicateur dans le cadre du système.

Une fois que l'indicateur a été clairement défini, la prochaine étape consiste à établir sa méthode de calcul. Cela implique de déterminer la manière dont l'indicateur sera mesuré, y compris la définition des formules de calcul nécessaires. Les méthodes de calcul doivent être simples, claires et adaptées à la nature des données collectées. Prenons, par exemple, l'indicateur mentionné précédemment. Puisqu'il s'agit d'un indicateur exprimé en pourcentage, la méthode de calcul sera définie comme suit :

1. **Numérateur** : Nombre de ménages qui éliminent correctement les déchets solides.
2. **Dénominateur** : Nombre total de ménages enquêtés au sein de la population cible.

Pour obtenir le pourcentage de ménages pratiquant une élimination correcte des déchets solides, il suffira de diviser le numérateur par le dénominateur, puis de multiplier le résultat par 100. Ainsi, la formule complète se présente comme suit :

**[Pourcentage de ménages ayant une élimination correcte des déchets= {(Nombre de ménages qui éliminent correctement les déchets solides) / (Nombre total de ménages enquêtés au sein de la population cible)} * 100]**

Cette approche garantit une représentation précise et rapide de la proportion de ménages suivant des pratiques adéquates d'élimination des déchets solides dans le cadre du projet. Avant de finaliser les indicateurs et leurs méthodes de calcul, il est essentiel de documenter clairement les indicateurs définis et les méthodes de calcul. Cela inclut la description des indicateurs, les formules, ainsi que toute autre information pertinente. Une bonne documentation garantit la transparence et facilite la reproduction des calculs lors des évaluations ultérieures.

- **Outils pour chaque indicateur clé :** La collecte de données constitue une étape cruciale dans le processus de suivi et d'évaluation (S&E), car elle permet d'obtenir des informations précises et fiables sur la performance et l'impact des programmes. Les outils utilisés pour les indicateurs clés sont donc indispensables pour la collecte, l'analyse et l'interprétation des données relatives à ces indicateurs. Ces outils facilitent la mesure de l'efficacité, de l'efficience et de l'impact des projets et programmes de l'organisation.

Parmi les outils couramment utilisés, on trouve des **fiches de suivi, des questionnaires, des guides d'entretien, des check-lists d'observation, et bien d'autres**. Chaque type d'outil est spécifiquement adapté à différents indicateurs, permettant ainsi une pertinence et une précision accrues dans la collecte de données.

L'utilisation d'une combinaison d'outils quantitatifs et qualitatifs est essentielle pour garantir une évaluation exhaustive et précise des performances des projets. Cela permet aux équipes de S&E d'obtenir des données complètes et fiables sur les indicateurs clés, favorisant ainsi une prise de décision éclairée et l'amélioration continue des interventions.

En intégrant ces outils de manière synergique, les équipes de suivi et d'évaluation peuvent générer des données non seulement fiables, mais également exploitables, qui soutiendront des décisions stratégiques et renforceront l'efficacité des interventions. Ce processus intégré assure une compréhension approfondie des résultats et des impacts des programmes, contribuant ainsi à maximiser les bénéfices pour les bénéficiaires et à renforcer la pérennité des interventions.

Avant de finaliser les indicateurs, leurs méthodes de calcul et les outils associés, il est fortement recommandé de procéder à des tests et validations préliminaires. Cette étape implique la collecte de données pilotes pour garantir que les indicateurs fournissent des mesures fiables et pertinentes. En fonction des résultats de cette validation, des ajustements pourront être effectués afin d'optimiser l'efficacité des indicateurs.

Une fois les indicateurs et leurs méthodes de calcul définis, il est essentiel de former les équipes de mise en œuvre à leur utilisation. Une formation adéquate assure que tous les membres comprennent non seulement les indicateurs, mais aussi les méthodes de collecte de données et les approches d'analyse associées. Cela renforce la compétence collective et garantit une application cohérente des outils dans le processus de S&E.

Cependant, le processus ne se limite pas à cette mise en place initiale. Il est crucial d'établir un mécanisme de suivi des indicateurs ainsi que des révisions périodiques pour garantir qu'ils restent pertinents et efficaces au fur et à mesure de l'évolution du projet et des besoins des parties prenantes.

En suivant ce processus structuré et itératif, les équipes de suivi et d'évaluation seront en mesure de développer des indicateurs robustes ainsi que des méthodes de calcul appropriées, facilitant ainsi une évaluation précise des résultats et de l'impact des interventions. Cette approche assurera une meilleure prise de décision et renforcera l'efficacité des programmes, contribuant ainsi à l'atteinte des objectifs souhaités.

***Etape 5 : Définir le Flux d'Information et les Responsabilités***

Pour assurcr unc gestion efficace des données dans un système de SÉRA, il est crucial de définir clairement le flux d'information et les responsabilités pour les recueillir. Le flux d'information est un processus structuré qui décrit la manière dont les données sont collectées, traitées et transférées au sein d'un projet, garantissant ainsi que les informations pertinentes sont accessibles aux bonnes personnes au bon moment pour faciliter une prise de décision éclairée. Ce processus passe par la réponse a quelques questions clés dont :

1. **Où seront collectées les données ?** Les données pour le système de SÉRA seront collectées à partir de trois principales sources. Premièrement, sur **le terrain, directement auprès des bénéficiaires et des communautés locales,** ce qui permet de recueillir des informations de première main sur les impacts et les besoins. Deuxièmement, dans **les locaux de projet, auprès des équipes de mise en œuvre et des partenaires locaux**, fournissant des données opérationnelles et des retours sur les activités en cours. Enfin, à partir de sources secondaires, telles que des **rapports existants, des bases de données publiques et des documents administratifs**, offrant un contexte supplémentaire et des informations complémentaires pour une analyse plus complète.
2. **Avec quelles méthodes ?** Les données pour le système SÉRA seront collectées à l'aide de plusieurs méthodes complémentaires.

Les **enquêtes et questionnaires** seront utilisés pour recueillir des données quantitatives auprès des bénéficiaires, permettant de mesurer des aspects spécifiques et de quantifier les résultats. Les **interviews et groupes de discussion** fourniront des données qualitatives et des insights approfondis, en permettant aux participants d'exprimer leurs opinions et expériences de manière détaillée. Les **observations directes** permettront de recueillir des informations sur le terrain en observant les activités et les interactions, offrant ainsi une perspective pratique et contextuelle. Enfin, **l'analyse de documents** permettra d'extraire des données pertinentes à partir de rapports et de documents existants, enrichissant ainsi l'analyse avec des informations déjà disponibles. En combinant ces différentes méthodes, les équipes SÉRA peuvent obtenir une vue d'ensemble complète et nuancée, essentielle pour un suivi-évaluation précis et pertinent des projets et programmes.

3. **Comment serez-vous informé ?** Les informations pour le système SÉRA seront communiquées de plusieurs manières. Tout d'abord, des **rapports périodiques** seront préparés par l'équipe S&E, incluant des **rapports mensuels, trimestriels et annuels**, pour fournir des mises à jour régulières sur les progrès et les résultats. Ensuite, des **tableaux de bord** interactifs et visuels seront utilisés pour suivre les indicateurs clés de performance en temps réel, permettant une visualisation claire et immédiate des données. Enfin, **des réunions de suivi régulières** seront organisées avec les parties prenantes pour discuter des progrès, des résultats et des ajustements nécessaires, assurant ainsi une communication continue et une prise de décision collaborative. Des systèmes de notification seront également utilisés pour alerter les parties prenantes sur des données importantes.

4. **Quand serez-vous informés ?** Ce processus définit la fréquence de collecte et de communication de l'information aux équipes opérationnelles et aux parties prenantes pour une prise de décision en temps réel. Les informations pour le système SÉRA seront communiquées à différents moments clés. Dépendant des indicateurs, on peut avoir une fréquence continue où la collecte des données sera régulière pour recueillir des données en temps réel, assurant un suivi constant des activités et des résultats. De fréquence mensuelle, trimestrielle ou annuelle avec la collecte et préparation des rapports mensuels/trimestriels/annuels détaillés à la fin de

chaque mois pour fournir des mises à jour régulières et précises. Des revues trimestrielles seront réalisées pour analyser les progrès et ajuster les stratégies en fonction des résultats obtenus. Enfin, des évaluations annuelles complètes seront effectuées à la fin de chaque année pour mesurer l'impact global et la durabilité des interventions, offrant ainsi une vue d'ensemble exhaustive et rétrospective des performances du projet.

5. **Qui collecte les données ?** La collecte des données pour chaque indicateur clé est effectuée par un ensemble d'acteurs identifiés et responsabilisés de manière claire. L'équipe de collecte de données, formée d'enquêteurs et d'agents de projet déployés sur le terrain, est chargée de recueillir des informations directement auprès des bénéficiaires et des communautés locales. Ce processus renforce la précision et la pertinence des données collectées.

   De plus, les partenaires de mise en œuvre, qu'ils soient locaux ou internationaux, jouent un rôle essentiel dans la collecte de données, en contribuant leur expertise et leurs ressources essentielles. Leur collaboration permet d'enrichir le processus par des perspectives variées et des méthodologies éprouvées, garantissant ainsi la qualité et la fiabilité des informations recueillies.

   Par ailleurs, dans certains cas, comme celui du S&E participatif, il est également prévu de former les bénéficiaires pour qu'ils puissent récolter des données. Cette approche non seulement engage la communauté, mais favorise également l'appropriation des projets par les concernés, renforçant ainsi leur sentiment d'inclusivité et de responsabilité envers les résultats obtenus.

6. **Qui analyse et interprète les données ?** Une fois les données collectées pour le système SÉRA, leur analyse et leur interprétation sont confiées à des acteurs clés clairement identifiés et responsabilisés. Les analystes en suivi et évaluation (S&E), experts en méthodes statistiques et analytiques, jouent un rôle central dans cette étape cruciale. Grâce à leur expertise, ils exploitent des outils avancés pour examiner les données et en tirer des enseignements pertinents.

   En complément, les spécialistes en redevabilité et en apprentissage s'engagent dans une analyse approfondie des données afin d'identifier les tendances significatives, les succès tangibles ainsi que les domaines nécessitant des améliorations. Leur rôle est essentiel pour favoriser l'apprentissage organisationnel, en intégrant les leçons tirées dans les pratiques futures et en ajustant les stratégies en conséquence.

Cependant, une excellente pratique consisterait à impliquer non seulement l'équipe de projet, mais également les partenaires, la communauté locale et les bénéficiaires dans le processus d'interprétation des données. Cette approche collaborative enrichit considérablement le processus d'analyse en intégrant des perspectives variées et en favorisant un dialogue constructif autour des résultats. En participant activement à cette étape, les parties prenantes renforcent leur sentiment d'appropriation des données et des conclusions qui en découlent, ce qui facilite leur utilisation et leur intégration dans les stratégies et les décisions futures. Cette démarche du partage d'expertise et d'expérience contribue également à améliorer la pertinence et l'impact des interventions mises en œuvre.

Enfin, l'équipe de gestion de l'information prend en charge la gestion des bases de données et des systèmes d'information. Elle développe également des tableaux de bord interactifs permettant une visualisation claire et accessible des données. Cet outil stratégique facilite une prise de décision éclairée et assure une communication efficace des résultats auprès des parties prenantes, renforçant ainsi la transparence et l'engagement dans le processus d'évaluation.

7. **Qui prépare les rapports ?** Les rapports relatifs au système SÉRA sont élaborés par plusieurs acteurs clés, chacun jouant un rôle essentiel dans la production de rapports de qualité. Le Coordinateur SÉRA est chargé de superviser l'ensemble du processus de préparation des rapports périodiques, y compris les rapports mensuels, trimestriels et annuels. Cette coordination garantit des mises à jour régulières sur les progrès réalisés et les résultats obtenus. Parallèlement, le Chargé de Communication SÉRA est responsable de la rédaction de rapports de synthèse et de la création de présentations adaptées pour communiquer les résultats de manière claire et concise aux parties prenantes. Sa capacité à rendre les informations complexes accessibles est cruciale pour informer et engager les différents acteurs concernés.

Enfin, les partenaires de mise en œuvre contribuent également à la préparation des rapports en fournissant des données et des analyses spécifiques. Leur participation enrichit le contenu des rapports, apportant des perspectives diversifiées et des informations supplémentaires qui renforcent la pertinence et la profondeur des analyses. Cette approche collaborative assure la création de rapports complets et informatifs, facilitant ainsi une meilleure compréhension des résultats et de leur impact.

En définissant clairement le flux d'information, les responsabilités, les méthodes de collecte et les mécanismes de communication, les organisations peuvent assurer une gestion efficace et transparente des données dans le cadre du système SÉRA. Une telle structuration permet non seulement de prendre des décisions éclairées et stratégiques, mais également d'ajuster les interventions en temps opportun en fonction des informations collectées. De plus, elle favorise une culture de redevabilité envers les parties prenantes, en garantissant que les résultats et les actions entreprises soient communiqués de manière transparente et accessible. En intégrant ces éléments clés, les organisations renforcent leur capacité à répondre aux besoins des communautés et à maximiser l'impact de leurs projets.

***Etape 6 : Conception des Outils de S&E***

Cette étape représente le travail principal de la première composante du système. Elle s'appuie sur les résultats des étapes précédentes, en particulier les besoins en information et les flux de données identifiés, pour concevoir un système efficace de collecte de données et de production de rapports. En outre, cette étape vise à développer des mécanismes permettant de soutenir l'utilisation appropriée des données, afin de favoriser l'apprentissage, d'orienter la prise de décision et de garantir des rapports pertinents et transparents. Cette approche holistique assure non seulement une gestion rigoureuse des données, mais également une intégration des enseignements tirés dans les pratiques futures, renforçant ainsi l'impact des initiatives mises en œuvre. À l'issue de cette étape, l'équipe sera chargée de produire les outils suivants :

- Le Plan de Mesure de la Performance (PMP)
- Le Tableau de Suivi des Indicateurs de Performance (TSIP)
- Les Cartes des Flux de Données (CFD)

- La Carte de Communication et de Rapport (CCR)
- Les Formulaires de Collecte de Données et rédiger leurs instructions
- Les Formats de Rapports et rédiger leurs instructions

Comme le démontre cette liste, cette étape implique une charge de travail significative et constituera la majeure partie du processus de mise en place du système SÉRA. Il est recommandé à l'équipe d'aborder la rédaction de ces documents étape par étape pour en faciliter le développement. Cette approche permettra de garantir que chaque outil soit élaboré de manière simple, flexible, compréhensible et fonctionnelle. En procédant de cette façon, l'équipe serait en mesure de s'assurer que les instruments produits répondent pleinement aux besoins du système tout en favorisant une utilisation efficace et appropriée des données.

**1. Le Plan de Mesure de la Performance (PMP)**

Le Plan de Mesure de la Performance (PMP) est un document stratégique qui décrit comment les performances d'un projet ou d'un programme seront mesurées, évaluées et rapportées. Il constitue un cadre pour assurer la collecte cohérente et systématique de données pertinentes, facilitant ainsi le suivi des résultats par rapport aux objectifs fixés. Il résume l'essentiel des informations produites dans les étapes 4, 5 et 6 précédentes en les mettant sous la forme des outils facile à utiliser et plus compréhensible. Il contient ainsi les objectifs les indicateurs clés de performance, la description claire des indicateurs, les méthodes de collecte de données, les sources et les responsabilités, le tout permettant de recueillir des données quantitatives et qualitatives pertinentes. Un PMP bien structuré permet de faciliter le suivi des progrès, d'évaluer l'impact des interventions et d'assurer la redevabilité envers les parties prenantes, améliorant ainsi la gestion et l'efficacité des projets et programmes. Le **Tableau 14** suivant donne un aperçu du PMP

**2. Le Tableau de Suivi des Indicateurs de Performance (TSIP)**

Le Tableau de Suivi des Indicateurs de Performance (TSIP) est un outil précieux qui intègre des indicateurs de performance à plusieurs niveaux : impact, objectifs et résultats, tous étroitement alignés sur les objectifs du projet ou du programme. Chaque indicateur clé est accompagné de valeurs de référence et de cibles définies, permettant ainsi d'évaluer de manière précise les progrès réalisés.

Le TSIP joue un rôle essentiel dans l'amélioration continue du programme, en fournissant des données exploitables qui aident à guider les décisions stratégiques. De plus, en répondant aux exigences en matière de rapportage, il assure la transparence des résultats auprès des parties prenantes, renforçant ainsi la confiance et l'engagement.

Enfin, le TSIP permet de mener des activités de suivi et d'évaluation de manière efficace, sans être trop coûteux ni contraignant. Grâce à une approche systématique, cet outil facilite un suivi régulier qui contribue à une compréhension approfondie des performances tout en allégeant la charge administrative liée au processus de collecte de données.

En résumé, le TSIP est non seulement un instrument clé pour le suivi des performances, mais aussi un catalyseur pour l'amélioration continue et la redevabilité au sein des projets/programs. Le **Tableau 15** suivant illustre un exemple de TSIP

### 3. Les Cartes des Flux de Données (CFD)

La carte des flux de données est un outil essentiel qui illustre le parcours des données, depuis leur source primaire jusqu'à leur utilisation finale dans les rapports. Il s'agit d'un diagramme complet qui répertorie tous les outils de collecte (tels que les fiches et formulaires) ainsi que les différents rapports intégrés dans votre système SÉRA.

Cette carte permet de visualiser clairement où les données sont initialement collectées au niveau communautaire (source primaire) et comment elles transitent à travers le système pour aboutir aux divers rapports (mensuels, trimestriels et semestriels). Elle met en évidence chaque outil et rapport, ainsi que les liens entre eux, illustrant ainsi le flux de données qui circule des formulaires et fiches de collecte vers les différents types de rapports.

Tous les indicateurs, qu'ils soient qualitatifs ou quantitatifs, présents dans la théorie du changement, le cadre logique ou le Plan de Mesure de la Performance (PMP) et le Tableau de Suivi des Indicateurs de Performance (TSIP), seront recueillis à l'aide de l'un des formulaires ou fiches représentés sur la carte des flux de données. Cela garantit une cohérence dans la collecte d'informations, tout en facilitant l'analyse et la communication des résultats.

Les Cartes des Flux de Données (CFD) offrent plusieurs avantages en SÉRA, elles aident à identifier les inefficacités et à améliorer les processus existants ou à en mettre en place de nouveaux (Miro, 2023). De plus, elles facilitent la communication entre les développeurs et les utilisateurs en représentant visuellement des systèmes et des processus complexes (Lucidchart, 2023). Enfin, les CFD permettent de définir clairement les limites d'un système, ce qui est essentiel pour une compréhension précise et une gestion efficace.

En résumé, la carte des flux de données est un outil stratégique qui non seulement clarifie le processus de gestion des données, mais également renforce la rigueur et l'efficacité de l'ensemble du système SÉRA. La **Figure 05** donne un exemple de carte des flux des données d'une composante d'un programme d'éducation.

Dans cet exemple, nous présentons une carte des flux de données pour la collecte et les rapports concernant la composante « amélioration de la qualité de l'éducation au niveau primaire » d'un projet d'éducation. Cette carte illustre le processus par lequel les données sont initialement collectées au niveau des écoles et comment elles sont ensuite transmises par les acteurs du projet, notamment les enseignants, le directeur d'école et les conseillers pédagogiques (CP), vers les divers rapports (mensuels, trimestriels et semestriels) destinés aux dirigeants de l'école, aux partenaires d'exécution (comme les superviseurs partenaires), à l'organisation chargée de la mise en œuvre incluant le gestionnaire de programme (GP) et les chargés SÉRA), ainsi qu'aux consultants et aux bailleurs de fonds.

Les cases situées sur le côté droit de la carte illustrent les études des données de base et les évaluations annuelles, ainsi que des études spécifiques, telles que l'évaluation de la capacité de lecture. Chaque case sur la carte représente soit un formulaire ou une fiche de collecte de données (case noire), soit un format de rapport (case orange), tous faisant partie intégrante du système de suivi et d'évaluation (S&E).

Les chiffres (1.1.43, 1.1.45, 1.1.52) renvoient aux numéros/codes des indicateurs clés déjà définis dans le Plan de Mesure de la Performance (PMP) et le Tableau de Suivi des Indicateurs de Performance (TSIP). Ceci est suivi par le nom ou le type de formulaire/fiche (Fiche de suivi de la formation) utilisé pour collecter les données sur l'indicateur clé. La mention de la personne et/ou de la fonction désignée en parenthèse dans chaque case indique clairement la responsabilité de la collecte, de l'utilisation du formulaire ou de la préparation du rapport associé.

Les cases bordées de lignes noires épaisses signalent que ces formulaires sont utilisés par les mêmes personnes, que les données sont collectées par les mêmes acteurs et qu'elles serviront de données d'entrée pour le même rapport. La flèche qui part de ces cases à bordure épaisse indique que ces données alimentent directement les rapports mensuels, trimestriels ou semestriels des différents acteurs impliqués.

Les rapports mensuels issus de tous les enseignants et conseillers pédagogiques sont consolidés par le directeur, qui est responsable de la rédaction des rapports en fin de mois et à la fin de chaque trimestre. Cette carte des flux de données permet ainsi de visualiser clairement le parcours des informations et de garantir la cohérence de leur collecte et de leur utilisation dans le processus de suivi et d'évaluation.

**Remarque :** En général, lorsqu'un projet ou un programme comprend plusieurs composantes ou secteurs, il est recommandé de développer une carte des flux de données distincte pour chaque composante ou secteur. Les cartes des flux fonctionnent de manière plus efficace lorsqu'elles sont spécifiquement conçues pour une composante ou un domaine particulier. Par exemple, si le projet/programme comprend trois domaines de changement (objectifs spécifiques) tels que la production, la nutrition et le revenu, il est judicieux d'élaborer trois cartes des flux de données, chacune dédiée à un domaine de changement particulier.

De plus, si une composante du projet, comme « la Production », génère deux ou plusieurs résultats distincts (par exemple, agriculture et élevage), il est approprié de créer une carte des flux de données dédiée pour chacun de ces résultats.

Pour débuter, concentrez-vous sur une composante ou un secteur spécifique et concevez sa carte des flux de données. En élaborant ces premières cartes, l'équipe pourra identifier plus clairement le nombre nécessaire de cartes et leur pertinence. Ce processus est hautement itératif ; à ce stade, les éléments peuvent évoluer à mesure que vous progressez dans le développement du système. Il est important d'être flexible et réactif face aux ajustements requis, garantissant ainsi que chaque carte des flux de données réponde aux besoins spécifiques de votre projet tout en facilitant une gestion efficace des informations.

## 4. La Carte de Communication et de Rapport (CCR)

Une carte de communication et de rapport dans le cadre du système SÉRA est un outil stratégique essentiel qui structure et visualise les flux de communication et de rapportage au sein d'un projet ou programme (Neologis, 2023). Son objectif principal est de clarifier les flux d'information, en précisant qui communique quoi, à qui, et à quelle fréquence. Ainsi, elle garantit que chaque partie prenante reçoit les informations pertinentes en temps opportun.

Cette carte identifie les canaux de communication, tant internes qu'externes, définit les parties prenantes clés ainsi que leurs rôles respectifs, et distingue les différents types de rapports nécessaires, y compris les rapports mensuels, trimestriels et annuels. Un calendrier de rapportage régulier est établi afin d'assurer une mise à jour continue des progrès et des résultats. Parmi les nombreux avantages, on retrouve une communication claire et transparente des résultats, ce qui renforce la redevabilité, tout en permettant l'identification d'inefficacités et d'opportunités d'amélioration dans les processus de communication et de rapportage.

En établissant une communication structurée et cohérente, la carte de communication et de rapport contribue à une gestion de projet plus efficace, facilite l'apprentissage organisationnel, et assure une transparence cruciale dans le suivi et l'évaluation des initiatives.

Les éléments clés de la carte incluent l'identification des parties prenantes, les types d'informations à communiquer, les formats de rapport, ainsi que les responsabilités associées à chaque étape du processus de communication. Ce travail a déjà été réalisé lors de **l'étape 2** de la mise en place du système, intitulée **« Analyse des Besoins des Parties Prenantes »**. À ce stade, une analyse approfondie des parties prenantes a été développée, énumérant les acteurs clés et leurs besoins en matière d'information. Sur la base de cette analyse, la carte de communication et de rapport documente le flux d'informations et de rapports destinés à chacune de ces parties prenantes.

De plus, des informations complémentaires utiles, telles que les dates de remise des rapports et les personnes responsables, ainsi que les opportunités de discussions d'apprentissage pour l'action. Cette dernière partie sera abordée dans la Composante 3 de la mise en place du Système SÉRA. Cette intégration assure une approche holistique et réactive face aux besoins d'information et renforce la performance globale du projet. La **Figure 06** présente un exemple de la carte de communication et de rapport pour la composante du programme d'éducation mentionnée précédemment. Ce tableau illustre clairement les flux de communication, mettant en lumière les interactions essentielles entre les différentes parties prenantes et leur rôle dans le processus de rapportage.

**Remarque :** Les cartes des flux de données et les cartes de communication et de rapport présentent des chevauchements partiels, notamment en ce qui concerne le flux de rapports, qui constitue un élément commun. Cependant, chacune de ces cartes remplit une fonction distincte et essentielle dans la gestion d'un projet.

Les différences significatives entre les deux réside principalement dans leurs objectifs et leur contenu. La carte des flux de données illustre comment les données sont recueillies et circulent au sein du système de suivi et d'évaluation (S&E). Elle détaille les parcours des indicateurs depuis les formulaires de collecte de données jusqu'à tous les rapports internes et externes, en identifiant les personnes responsables de chaque étape.

En revanche, la carte de communication et de rapport se concentre sur le plan de communication et de rapportage destiné à toutes les parties prenantes. Elle met en évidence les progrès réalisés et l'impact du projet, tout en spécifiant le flux des informations vers les parties prenantes identifiées dans l'analyse des parties prenantes, ainsi que la date d'échéance pour chaque rapport.

Bien qu'il soit possible de regrouper ces deux outils en une seule carte, l'expérience montre que cette approche peut rapidement devenir complexe. Pour cette raison, il est souvent préférable de les développer séparément, afin de clarifier leurs rôles respectifs et d'optimiser leur utilisation dans la gestion du projet.

### 5. Les Formulaires/Fiches de Collecte de Données, format de rapport et instructions

Chaque formulaire et format figurant sur la carte des flux de données représente un document distinct, et il est impératif qu'il existe un flot logique d'informations entre chacun d'eux. Vous devrez naviguer entre la carte et les formulaires, apportant éventuellement des modifications au fur et à mesure que vous développerez l'ensemble des documents nécessaires. Le processus débute par la création des formulaires ou fiches de collecte de données. Il est essentiel de concevoir ces formulaires de manière uniforme et accessible, en veillant à leur adéquation avec la nature des données à collecter et le contexte spécifique du projet.

Lors de la conception des fiches de collecte de données, il est primordial d'employer un langage simple et clair pour garantir la compréhension par tous les utilisateurs. Il est également conseillé de privilégier des formats à choix multiple, afin de faciliter le processus de collecte d'informations. Enfin, la protection des données des répondants est cruciale, ce qui implique de veiller à la confidentialité des informations sensibles.

Un formulaire ou une fiche efficace devrait inclure les éléments clés suivants : un **en-tête** avec les informations pertinentes, des sections pour les **données sur les répondants**, des **indicateurs à collecter et leur progression**, ainsi qu'un espace pour des **observations et des commentaires**, et une section de **validation et de signature**.

De même, les formats de rapport jouent un rôle essentiel dans la synthèse et la présentation des résultats de manière structurée et accessible. Ils permettent une communication transparente et informative des progrès réalisés au sein du projet à toutes les parties prenantes. Lors de la conception des rapports, il est essentiel d'opter pour un format clair et professionnel ; cela inclut l'utilisation d'une police lisible et de marges équilibrées pour assurer une meilleure lisibilité. Par ailleurs, l'inclusion d'éléments visuels tels que tableaux et graphiques est fortement recommandée, car elle facilite la compréhension des données présentées. Assurer la cohérence dans la présentation des informations est également fondamental, car cela contribue à une communication formelle et efficace des résultats.

Un rapport efficace doit comporter plusieurs éléments clés. La **page de garde** doit inclure le titre du rapport, le nom du projet, la période de rapport (qu'elle soit mensuelle, trimestrielle ou annuelle), ainsi que le nom et la fonction de la personne responsable de la rédaction, et la date de soumission. La **table des matières** doit lister les sections principales, accompagnées des numéros de page correspondants. Le **résumé exécutif** offrira une présentation concise des principaux résultats, conclusions et recommandations, ne dépassant pas une page. L'**introduction** clarifie les objectifs du rapport ainsi que le contexte et le cadre du projet. La **méthodologie** propose une brève description des méthodes et outils utilisés pour la collecte des données. Dans la section **des résultats**, les données doivent être présentées en fonction des indicateurs, enrichies de graphiques et de tableaux pour améliorer la visualisation, suivies d'une analyse des tendances et des comparaisons. La discussion interprète les résultats, identifiant les succès, les défis rencontrés et les leçons à tirer. Les **conclusions et recommandations** synthétisent les résultats en proposant des actions futures. Enfin, les annexes peuvent contenir les fiches de collecte de données, les outils employés, et d'autres plans d'action pertinents, le cas échéant.

Les instructions détaillées concernant l'utilisation des formulaires/fiches et des formats de rapport doivent être clairement incluses afin d'orienter efficacement les collecteurs dans leur démarche. Ces instructions servent de guide pratique, garantissant que chaque étape de la collecte de données soit réalisée de manière systématique et précise.

Par ailleurs, il est impératif de rappeler l'importance de réviser l'ensemble des documents afin de corriger les erreurs grammaticales et typographiques avant leur soumission. Cette étape est cruciale pour assurer la clarté et la fiabilité de l'information présentée.

Il est également essentiel d'adopter un format cohérent à travers tous les documents, en veillant à la police, à la taille de la police et aux marges, ce qui contribue à une présentation professionnelle et facilite la lisibilité.

Enfin, il est vital de garantir le respect de la confidentialité des données collectées et de suivre rigoureusement les normes éthiques en matière de recherche. Protéger les informations sensibles est non seulement une exigence légale, mais aussi une obligation morale envers les participants, renforçant ainsi la crédibilité et l'intégrité du processus de recherche. Les Figures **07** et **08** illustrent des exemples de formulaires et de format de rapport. **Remarque :** Si le projet intègre une collecte de données électronique à l'aide d'un système informatisé (par exemple, ComCare, IFormBuilder, Kobo, etc.), il est impératif que les formulaires/fiches soient conçus en tenant compte des exigences et des caractéristiques spécifiques de ces plateformes. Une fois la conception achevée, les formulaires/fiches devront être téléchargés et programmés dans leur version électronique. Ce processus garantira que la collecte de données soit fluide, efficace et conforme aux normes technologiques en vigueur, tout en facilitant l'analyse et le traitement des informations recueillies.

**Tableau 14 : Exemple of PMP**

| S.No. | Définition des Indicateurs et calcul | | | Collecte des Données | | | | Méthode d'Analyse | |
|---|---|---|---|---|---|---|---|---|---|
| | **Indicateurs** | **Définition** | **Méthode de Calcul** | **Source des données + Outils** | **Fréquence de collecte** | **Qui collecte les données** | **A qui parler** | **Fréquence d'analyse** | **Qui Analyse** |
| **SO.1** | **Une approche éprouvée et évolutive de l'assainissement durable mise en place pour la communauté** | | | | | | | | |
| **Ind 1.1** | Pourcentage de ménages disposant d'un assainissement adéquat dont les excreta sont gérés de manière sûre | Cet indicateur mesure la présence de pratiques appropriées d'élimination des déchets solides au niveau des ménages. Un ménage est généralement défini comme une ou plusieurs personnes vivant dans un espace | **Numérateur** = Nombre de ménages qui éliminent correctement les déchets solides. **Dénominateur** = Nombre total de ménages enquêtés dans la population cible. | Interview et observation directe à travers une enquête auprès des ménages + Outils : Questionnaire et Checklist d'observation | Annuel | S&E | Chef de ménage | | |
| **Ind 1.2** | Nombre de ménages ayant bénéficié du niveau d'amélioration des activités WASH réalisées par le projet | Cet indicateur évalue la satisfaction des ménages bénéficiaires quant au niveau de travail exécuté dans la communauté | Compter le nombre total de ménage ayant bénéficié | Rapport Projet + Fiche de supervision | Annuel | S&E | Chef de ménage | | |

**Tableau 15 : Exemple de TSIP**

**BUT : Réduire l'insécurité alimentaire chez les populations vulnérables de la province de l'Ouest**

**Objectif 1 : Amélioration de l'état de santé des enfants de moins de 5 ans**

| **Indicateur** | +/- | **REF** | **Cible (an 2)** | **Actuel** | **Cible (an 3)** | **Actuel** | **Cible (an 4)** | **Actuel** |
|---|---|---|---|---|---|---|---|---|
| Pourcentage d'enfants âgés de 0 à 5 mois vivant dans la zone de mise en œuvre qui sont nourris exclusivement au sein | (+) | 70 | - | | - | | 85 | |
| Pourcentage de nourrissons âgés de 0 à 5 mois faisant partie des bénéficiaires qui sont nourris exclusivement au sein | (+) | 70 | 90 | | 90 | | 95 | |

**Figure 5 : Carte des Flux des Données - composante « amélioration de la qualité de l’éducation » d’un projet**

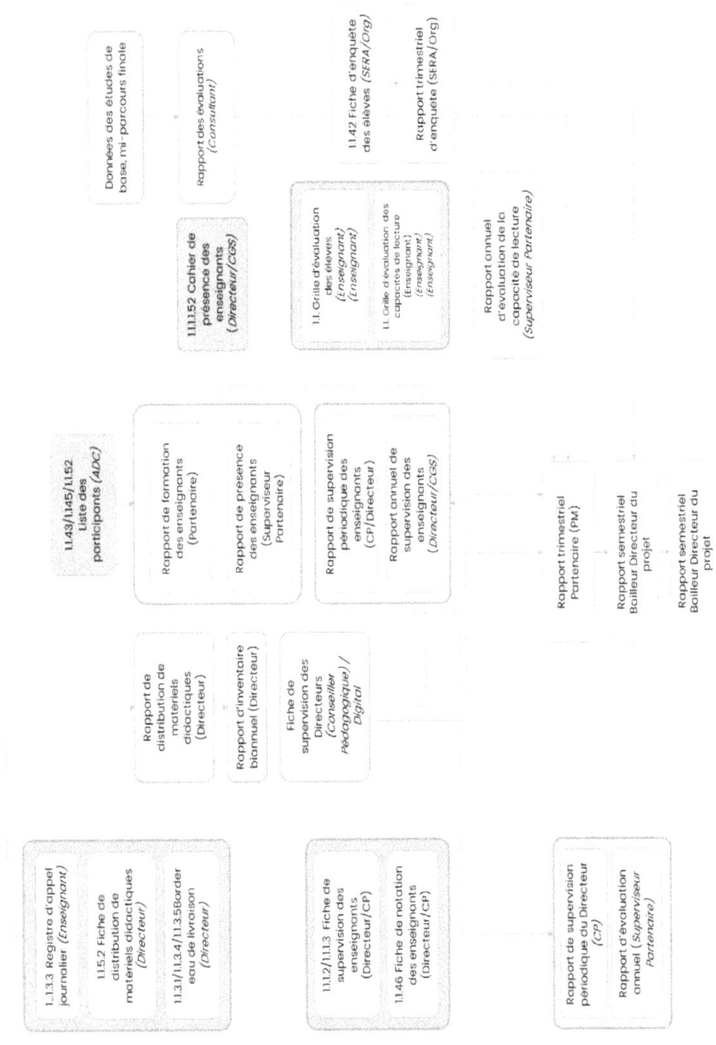

## Figure 6 : Carte de Communication et de Rapport - composante « amélioration de la qualité de l'éducation » d'un projet

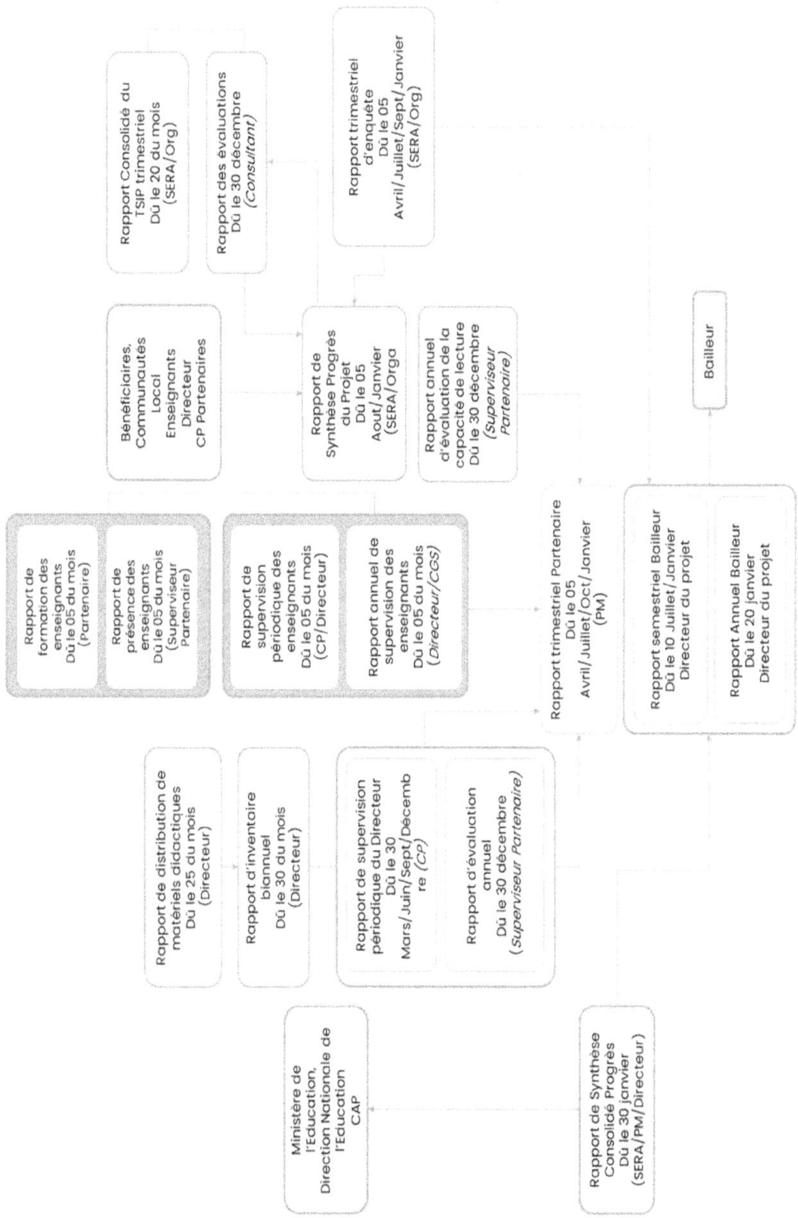

## Figure 7 : Exemple de Fiche De Collecte Enregistrement Des Partenaires Et Prestataires – Projet Education

PROJET EDUCATION XXXX

FICHE DE COLLECTE

ENREGISTREMENT DES PARTENAIRES ET PRESTATAIRES

SEAR XXX sur Ipad

| | |
|---|---|
| Region de residence | Mopti........................................☐<br>Koulikoro ..................................☐ |
| Cercle de residence | ........................................................................... |
| Commune | ........................................................................... |
| Village | ........................................................................... |
| Identifiant du partenaire/ prestataire | ........................................................................... |
| Emplacement du GPS | LONG......................................................<br>LAT:......................................................... |
| Localité du partenaire/ prestataire | Bamako................☐<br>Nara.......................☐<br>Kolokani...............☐<br>Sevaré..................☐ |
| Nom de l'organisation | ........................................................................... |
| Type d'organisation | ........................................................................... |
| Est-ce qu'un partenaire d'exécution de FFE3? | Oui................☐<br>Non...............☐ |
| Recevant des fonds de CRS ? | Oui................☐<br>Non...............☐ |
| Évaluation des risques | Faible ...........☐<br>Moyen..........☐<br>Fort................☐ |
| Niveau de paiement des sous-récipiendaires | /________________________________/ |
| Domaine de programme | ........................................................................... |
| Nom du contact de l'organisation | ........................................................................... |
| Téléphone du contact | /________________________________/ |
| Courrier électronique du contact | ........................................................................... |

**Figure 8 : Exemple de Format de Rapport de Formation des Enseignants**

Bailleur XXXX - Projet Éducation 2015- 2020

**PROJET EDUCATION (CODE XXXX)**

**RAPPORT DE FORMATION DES ENSEIGNANTS**

---

**Région: .......................................**

**AE: ............................................**

**Cercle: .......................................**

**CAP: ..........................................**

**Nom du partenaire; ..............................................**

**Période de la formation :.............../.............../..............**

**Thème de la formation : ....................................................**

**Lieu de la formation : .......................................................**

**Elaboré par : ............................................................**

---

**I.** **Introduction**

**II.** **Objectif de la formation**

**III.** **Méthodologie**

- **3.1.** **Déroulement de la formation**
- **3.2.** **Groupe-cible**

**IV.** **Résultats obtenus**

**V.** **Difficultés rencontrées et solutions**

**VI.** **Conclusion**

**VII.** **Annexes**

- **7.1.** **Termes de référence (TDR)**
- **7.2.** **Agenda de la formation**
- **7.3.** **Photo des participants**
- **7.4.** **liste de présence**

Projet xxx – SERA – Manuel d'Opération, version 09_Decembre 2015

*Etape 7 : Préparation du Plan d'Évaluation*

Le Plan d'Évaluation est un document stratégique crucial qui sert à structurer l'évaluation d'un projet ou d'un programme, permettant ainsi de mesurer de façon systématique son efficacité, son efficience, sa pertinence, son impact et sa durabilité. Ce plan doit intégrer tous les types d'évaluations envisagées pour le projet/programme, notamment l'évaluation de base, l'évaluation intermédiaire et l'évaluation finale. En tant que document évolutif, il doit s'adapter aux spécificités et aux contextes de mise en œuvre du projet.

Lorsque le projet/programme prévoit la réalisation de ces trois évaluations, le plan d'évaluation doit les prendre en compte de manière exhaustive. En revanche, si seules une ou deux évaluations (par exemple, l'évaluation de base et l'évaluation finale) sont programmées, le plan doit être ajusté en conséquence pour refléter cette approche. Les principales composantes du plan d'évaluation comprennent :

***1. Introduction :*** Cette section établit le contexte et les fondements de l'évaluation. Elle débute par une description succincte du projet ou du programme à évaluer, incluant ses objectifs principaux, les activités clés mises en œuvre et les parties prenantes impliquées (BTA, 2005). Ensuite, elle souligne la nécessité de cette évaluation en mettant en avant des objectifs spécifiques tels que l'amélioration des performances, la mesure de l'impact et la redevabilité envers les parties prenantes (BetterEvaluation, 2023). La portée de l'évaluation est également clairement définie, précisant les aspects du projet qui seront soumis à l'analyse, ainsi que les questions clés auxquelles l'évaluation s'efforcera de répondre. Cette clarté permet de guider le processus d'évaluation vers des résultats pertinents et significatifs.

Enfin, cette section énonce l'objectif principal du plan d'évaluation et fournit un aperçu des approches, méthodologies, ainsi que des méthodes de collecte et d'analyse des données qui seront utilisées. Il est impératif que cette présentation offre une vue d'ensemble claire et concise, permettant aux lecteurs de saisir rapidement le contexte et les objectifs de l'évaluation tout en soulignant son importance fondamentale pour garantir le succès et la durabilité des résultats à long terme.

***2. Vue d'Ensemble du Projet :*** La section Vue d'Ensemble du Projet d'un plan d'évaluation offre une description détaillée et complète du projet ou programme à évaluer. Elle commence par établir le contexte et la justification du projet, en explicitant les problèmes ou besoins spécifiques qu'il vise à résoudre et en soulignant son importance pour les différentes parties prenantes. Cette section définit ensuite les objectifs généraux et spécifiques du projet, qui doivent être clairs, mesurables et alignés sur les besoins identifiés dans le contexte initial. Une articulation précise de ces objectifs est essentielle pour une évaluation efficace.

L'exposition se poursuit par un aperçu des principales activités et interventions mises en œuvre, en détaillant les stratégies, méthodes et approches adoptées pour atteindre les résultats souhaités. Les principales parties prenantes, y compris les bénéficiaires, les partenaires de mise en œuvre, les bailleurs et les autres acteurs clés, sont également identifiées, ce qui permet de comprendre qui est impliqué et comment chaque acteur contribue au projet. Elle fournit des informations cruciales sur la localisation du projet, ainsi que sur le budget, le plan de financement, le calendrier de mise en œuvre et les arrangements spécifiques nécessaires pour assurer la réalisation efficace des activités prévues. Cette partie est essentielle pour comprendre les ressources allouées et les étapes à suivre pour le succès du projet.

Enfin, la section décrit les résultats attendus du projet, tant à court qu'à long terme. Elle inclut également le cadre logique ou la théorie du changement, illustrant la manière dont les activités et interventions mises en place sont censées conduire aux résultats escomptés.

En résumé, cette section fournit une vue d'ensemble exhaustive et cohérente du projet, permettant à l'équipe SÉRA et aux parties prenantes de saisir pleinement le contexte, les objectifs, les activités et les résultats escomptés. Ce niveau de compréhension est fondamental pour orienter efficacement le processus d'évaluation et garantir la pertinence des conclusions et recommandations formulées.

***3. Objectifs et portée de l'évaluations :*** La section "Objectifs et Portée de l'Évaluation" établit de manière explicite les intentions de l'évaluation ainsi que les limites de ce qui sera analysé. Les objectifs de l'évaluation englobent des aspects essentiels tels que l'amélioration des performances, la mesure de l'impact, la redevabilité vis-à-vis des parties prenantes, et l'apprentissage pour optimiser les interventions futures.

Lorsque le projet prévoit de réaliser les trois types d'évaluations, à savoir l'évaluation de base, l'évaluation mi-parcours et l'évaluation finale, il est primordial de spécifier clairement les objectifs et la portée de chacune de ces évaluations dans les sections dédiées respectives. Cela permet de souligner les contributions distinctes de chaque évaluation tout au long du cycle de vie du projet.

La portée de l'évaluation délimite les aspects du projet à analyser, en précisant les activités, les interventions, les périodes concernées, ainsi que les zones géographiques couvertes. En outre, elle identifie les principaux utilisateurs des résultats de l'évaluation, tels que les gestionnaires de projet, les bailleurs de fonds et les bénéficiaires, et décrit de quelle manière les résultats seront mobilisés pour améliorer les interventions et orienter les décisions stratégiques.

En résumé, cette section offre une vue d'ensemble claire et détaillée des objectifs et de la portée de l'évaluation. Cela permet aux parties prenantes de saisir précisément ce qui sera évalué, pourquoi cette évaluation est réalisée et comment les résultats obtenus seront utilisés pour renforcer l'efficacité du projet.

***4. Conclusions Préliminaires de l'Analyse Documentaire :*** La section "Conclusions Préliminaires de l'Analyse Documentaire" d'un plan d'évaluation résume les principaux résultats issus de l'examen des documents et des sources existants. Cette section revêt une importance particulière pour les évaluations à mi-parcours et finales, car elle synthétise les conclusions essentielles tirées de l'analyse documentaire, y compris les rapports d'exécution ou de fin de projet. Elle identifie les tendances observées, les théories dominantes, ainsi que les résultats pertinents des études et évaluations antérieures.

Cette section met également en lumière les lacunes présentes dans la littérature existante, en identifiant les domaines où les informations sont insuffisantes ou contradictoires. Cela peut orienter la formulation des questions clés pour les futures évaluations. De plus, elle aborde les débats ou les controverses non résolus au sein des études et évaluations antérieures, soulignant les divergences d'opinion entre chercheurs ou évaluateurs et les résultats contradictoires qui pourraient avoir des implications pour le projet évalué.

Les implications pour l'évaluation sont également explorées, démontrant comment les conclusions de l'analyse documentaire peuvent influencer la conception et la mise en œuvre de l'évaluation à venir. Des recommandations pour des recherches futures y sont proposées, ce qui aide à orienter les efforts de recherche et à combler les lacunes identifiées dans la littérature.

Cette revue constitue une occasion précieuse pour les équipes de S&E de développer une nouvelle théorie de changement ou un cadre logique rétrospectif, servant de référence pour les évaluations. En résumé, cette section offre une vue d'ensemble des connaissances actuelles sur le sujet, identifie les lacunes et les débats en cours, et propose des recommandations pour les recherches futures, établissant ainsi une base solide pour la poursuite de l'évaluation actuelle (étude de base, mi-parcours et/ou finale).

***5. Questions Clés de l'Évaluation :*** La section "Questions Clés de l'Évaluation" joue un rôle fondamental dans l'orientation du processus d'évaluation. Elle définit les questions spécifiques auxquelles l'évaluation doit répondre afin d'atteindre ses objectifs. Ces questions doivent être claires, précises et en adéquation avec les objectifs de l'évaluation, afin d'assurer la pertinence des résultats obtenus.

Les questions clés de l'évaluation peuvent être classées en trois catégories principales : descriptives, normatives et causales, chacune ayant une approche spécifique et un rôle distinct dans l'analyse des résultats et la mesure des progrès :

- **Questions Descriptives** : Ces questions s'interrogent sur « ce qui se passe », en décrivant les processus en cours, les conditions environnementales, les relations organisationnelles, ainsi que la pertinence, la durabilité et les points de vue des parties prenantes. Elles font référence aux sous-questions et critères de pertinence, englobant le processus de mise en œuvre, la cohérence des actions, ainsi que l'utilité et la durabilité des interventions.
- **Questions Normatives :** Ces questions comparent « ce qui se passe » à « ce qui devrait se passer », en évaluant les activités mises en œuvre par le projet pour déterminer si les objectifs fixés sont atteints. Elles se concentrent davantage sur les critères et sous-questions liés à l'efficacité, à l'efficience, ainsi qu'aux effets et impacts des interventions

- **Questions de Cause à Effet (Impact) :** Ces questions examinent les résultats et tentent d'évaluer l'écart que le projet crée en termes d'effets ou de résultats sur la population cible. Elles couvrent l'ensemble des critères mentionnés précédemment, permettant ainsi une compréhension approfondie de l'impact réel des activités sur les bénéficiaires.

Pour chaque question clé de l'évaluation, il est essentiel de définir des sous-questions qui explorent divers aspects tels que la pertinence, l'efficacité, l'efficience, la cohérence, l'impact et la durabilité du projet. Cela permet d'obtenir des réponses objectives et pertinentes, facilitant ainsi une analyse approfondie des résultats.

Impliquer les parties prenantes dans la formulation de ces questions est également une étape cruciale. Cette collaboration garantit que les questions restent pertinentes et utiles pour guider des décisions éclairées à l'avenir.

Il est primordial de formuler les questions principales et les sous-questions en tenant compte des différents types d'évaluation. Par exemple, une évaluation de base aura des questions, sous-questions et critères d'évaluation différents de ceux d'une évaluation à mi-parcours ou finale. En général, lors d'une évaluation de base, les critères à privilégier sont davantage axés sur la pertinence, la cohérence des interventions, et dans une moindre mesure, la durabilité. Cela positionne l'évaluation de base comme un outil fondamental pour établir une référence, mesurer la qualité de la conception du projet et définir un cadre qui servira de base pour les évaluations ultérieures, accompagnant ainsi le suivi des progrès réalisés au fil du temps. Enfin, cette section doit expliquer comment les réponses aux questions seront utilisées pour améliorer les interventions, informer les décisions stratégiques et renforcer la redevabilité vis-à-vis des parties prenantes. En résumé, cette section fournit une liste de questions bien formulées et alignées sur les objectifs de l'évaluation, accompagnées de sous-questions liées aux critères d'évaluation, guidant ainsi efficacement le processus d'évaluation et assurant que les résultats seront utiles et pertinents pour tous les acteurs concernés.

***6. Méthodologie de l'évaluation :*** La section "Méthodologie de l'évaluation" d'un plan d'évaluation revêt une importance capitale pour structurer et orienter le processus d'évaluation de façon systématique et rigoureuse. Elle répond à l'ensemble des questions méthodologiques et précise les méthodes et techniques à adopter pour atteindre les objectifs fixés.

Cette section débute par la définition de l'approche méthodologique générale, qui se fonde sur un cadre théorique global. Ce cadre établit les principes et concepts essentiels qui guident la conception et l'interprétation de l'évaluation.

Parmi les approches méthodologiques les plus couramment utilisées dans les évaluations contemporaines, on distingue principalement deux catégories : l'évaluation de la performance et les méthodes d'évaluation d'impact. Ces approches permettent d'obtenir une compréhension approfondie de l'efficacité et de l'impact des programmes ou projets évalués, en fournissant une analyse complète qui informe les décideurs et améliore la prise de décisions.

*L'**évaluation de la performance*** permet de déterminer l'efficacité de la mise en œuvre des programmes et s'il existe des écarts entre l'impact prévu et ce qui a été réalisé (Keita, 2021). Les évaluations de performance se concentrent sur des questions descriptives et normatives telles que les résultats d'un projet ou d'un programme particulier, la manière dont il est mis en œuvre, la manière dont il est perçu et apprécié, si les résultats attendus se produisent, et d'autres questions pertinentes pour la conception du programme, la gestion et la prise de décision opérationnelle (USAID, 2011). L'évaluation de la performance repose généralement sur deux types d'évaluation : l'évaluation par observation après la mise en œuvre et l'évaluation par comparaison avant/après. La principale stratégie de collecte de données est l'enquête. Ce type de recherche fournit une description quantitative ou numérique des tendances, des attitudes ou des opinions d'une population en étudiant un échantillon de cette population. Il comprend des études transversales et longitudinales utilisant des questionnaires ou des entretiens structurés pour la collecte de données, avec l'intention de généraliser d'un échantillon à une population (Creswell, 2013 ; Babbie, 1990).

Les ***méthodes d'évaluation d'impact*** étudient si les changements de bien-être sont effectivement dus à l'intervention du programme et non à d'autres facteurs (Keita, 2021). Elle mesure le changement dans un résultat de développement qui est attribuable à une intervention définie. Le principal défi pour les différentes méthodes d'évaluation d'impact est de trouver un bon contrefactuel, à savoir la situation qu'un sujet participant aurait connue s'il n'avait pas été exposé au programme (Khandker, Koolwal, & Samad, 2010).

L'évaluation d'impact mesure généralement les changements moyens apportés par un projet ou un programme sur le bien-être des bénéficiaires et des parties prenantes ciblés. L'évaluation d'impact évalue les changements dans le bien- être des individus qui peuvent être attribués à un projet, un programme ou une politique particulière (Gertler et al., 2011). Selon l'USAID (2011),

> Les évaluations d'impact mesurent le changement dans un résultat de développement qui est attribuable à une intervention définie ; les évaluations d'impact sont basées sur des modèles de cause et d'effet et nécessitent un contrefactuel crédible et rigoureusement défini pour contrôler les facteurs autres que l'intervention qui pourraient expliquer le changement observé. (P. 3)

Khandker et al. (2010) ont indiqué que,

> L'évaluation d'impact est un effort pour comprendre si les changements de bien-être sont effectivement dus à l'intervention du projet ou du programme. Plus précisément, l'évaluation d'impact tente de déterminer s'il est possible d'identifier l'effet du programme et dans quelle mesure l'effet mesuré peut être attribué au programme et non à d'autres causes. (P. 18)

L'évaluation d'impact implique du temps et des ressources, elle est coûteuse et doit donc être appliquée de manière sélective. Elle est "plus efficace lorsqu'elle est appliquée de manière sélective pour répondre à des questions politiques importantes et peut être particulièrement efficace lorsqu'elle est appliquée à des programmes pilotes innovants qui testent une approche nouvelle, non éprouvée mais prometteuse" (Gertler et al., 2011). Selon Khandker et al. (2010), les décideurs politiques peuvent décider de procéder à une évaluation d'impact sur la base des critères suivants : (a) l'intervention du programme est innovante et d'importance stratégique et (b) l'exercice d'évaluation d'impact contribue à combler l'écart de connaissances entre ce qui fonctionne et ce qui ne fonctionne pas. En outre, l'USDA (2013) a mentionné que,

> ...lors de la sélection des projets devant faire l'objet d'une évaluation d'impact, les organisations doivent prendre en compte : (1) les projets qui ont le potentiel ou l'espoir d'être étendus ou de recevoir un financement futur ;(2). Les projets qui proposent de nouvelles interventions, pour lesquelles il existe peu de preuves de leur efficacité ;(3). Les projets qui sont considérés comme des projets "pilotes" ; et (4). Les projets ou interventions qui reçoivent un montant important de fonds de l'USDA. (p.16)

La principale stratégie pour mener une évaluation d'impact est la méthode expérimentale, car les études expérimentales bien conçues et bien mises en œuvre permettent de bien mesurer l'impact d'un projet (White, Sinha et Flanagan, 2014). La recherche expérimentale cherche à déterminer si un traitement spécifique influence un résultat. Le chercheur évalue cela en fournissant un traitement spécifique à un groupe et en le refusant à un autre, puis en déterminant le score des deux groupes sur un résultat (Keita, 2021). Les expériences comprennent les véritables expériences, avec l'affectation aléatoire des sujets aux conditions de traitement, et les quasi-expériences qui utilisent des affectations non aléatoires (Creswell, 2013) (Keppel, 1991)

Au-delà des deux approches les plus couramment utilisées, il existe d'autres méthodes plus spécifiques, telles que les **approches basées sur les théories**. Ces approches d'évaluation sont particulièrement adaptées à des environnements et contextes souvent très complexes, permettant ainsi une analyse approfondie des dynamiques en jeu. Elles peuvent également être combinées avec les deux approches précédemment mentionnées pour renforcer la crédibilité et la validité des résultats de l'évaluation.

En intégrant ces approches théoriques, il est possible de mieux comprendre les mécanismes sous-jacents qui influencent les résultats des programmes ou projets évalués, offrant ainsi une perspective enrichie qui va au-delà de la simple mesure des performances. Cela contribue non seulement à l'élaboration de recommandations plus éclairées, mais aussi à une compréhension globale des impacts à long terme des interventions. D'après l'expérience de nombreux experts en évaluation, les approches théoriques ont démontré leur potentiel en aidant les évaluateurs à relever divers défis, tels que la complexité intrinsèque de certains types d'interventions, comme les approches expérimentales, et à surmonter les limites de l'attribution par rapport à la contribution. Selon Chen, 1990 ; Weiss, 1997 ; Rogers, 2007 ; et Funnell & Rogers, 2011, l'évaluation fondée sur la théorie est choisie comme approche d'évaluation parce qu'elle aide à déterminer si une intervention de développement telle que des projets, des programmes ou des politiques a contribué au changement. Il existe plusieurs approches différentes de l'évaluation basée sur la théorie, notamment l'approche basée sur la théorie du changement du programme, l'analyse de la contribution, l'évaluation réaliste, le suivi des processus, la méthode d'élicitation ou la méthodologie générale d'élimination, etc. et chacune possède sa propre terminologie. Une évaluation basée sur la théorie est généralement fondée sur une théorie explicite du changement ou un modèle logique qui explique la théorie d'une intervention de développement (INTRAC, 2017). En général, elle utilise une théorie explicite du changement pour tirer des conclusions sur la question de savoir si et comment une intervention a contribué aux changements/résultats souhaités. Selon (CADI, 2021), « l'évaluation fondée sur la théorie est une approche de l'évaluation (c'est-à-dire un modèle analytique conceptuel) et non une méthode ou une technique spécifique. Il s'agit d'une manière de structurer et d'entreprendre l'analyse dans le cadre d'une évaluation ». En outre, Rogers a déclaré que « les approches théoriques constituent une "logique d'enquête" qui complète et peut être utilisée en combinaison avec la plupart des conceptions d'évaluation et des techniques de collecte de données décrites dans Méthodes d'évaluation des programmes : Mesure et attribution des résultats des programmes » (2007). Il ressort clairement de toutes ces définitions que l'évaluation fondée sur la théorie se concentre sur la théorie explicite du changement élaborée depuis l'intervention (politiques, programmes, projets) afin de tirer des conclusions sur la question de savoir si et comment une intervention a contribué aux changements observés. En d'autres termes, elle tente de comprendre la contribution d'une intervention aux résultats observés par le biais d'une logique d'intervention du programme. Ainsi, « l'évaluation est conçue pour tester la théorie afin de voir si elle se vérifie. Si c'est le cas, la tâche de l'évaluateur est de produire un cas plausible, avec des preuves, qui montre ce qui a changé à chaque niveau de la théorie, et explore les liens entre ces changements » (INTRAC, 2017). ***Remarque :*** Si le projet/programme doit la conduire les trois types d'évaluation (base, mi-parcours et finale), la méthodologie d'évaluation doit être définit pour chacune des évaluations. De même, s'il y a lieu de faire des études spécifiques, cette section est mieux appropriée pour les inclure.

Après avoir défini le cadre global d'évaluation, l'équipe doit préciser les méthodes de collecte ainsi que les techniques ou stratégies pour chaque méthode. Il existe trois types de méthodes de collecte, les méthodes quantitatives, qualitatives et mixtes. Toutes ces approches d'évaluation su-citées, notamment les évaluations de la performance et les méthodes d'évaluation d'impact peuvent être menées à l'aide de méthodes quantitatives, de méthodes qualitatives ou de méthodes mixtes - une combinaison des deux méthodes, quantitative et qualitative. Selon Khandker et al. (2010), la méthode qualitative, par le biais des techniques ou stratégies comme les entretiens approfondis individuels avec les informateurs clés ou en groupe, les études de cas et observations indirectes, cherche à évaluer les impacts potentiels que le programme peut avoir générés, les mécanismes de ces impacts et l'étendue des bénéfices pour les bénéficiaires. Cette approche s'oppose directement à l'approche quantitative, avec comme techniques/stratégies l'analyse des données secondaires, les enquêtes et les observations directes/structurées, bien que les résultats de celle-ci puissent être généralisés, contrairement à ceux de la méthode qualitative. Néanmoins, la méthode qualitative est plus susceptible de générer le type d'informations qui sont essentielles pour comprendre les mécanismes par lesquels le programme aide les bénéficiaires (Khandker, Koolwal, & Samad, 2010, p. 4).

L'approche quantitative permet de faire des généralisations sur de grandes populations sur la base de l'utilisation d'échantillons représentatifs et, étant donné un ensemble de conditions d'identification, elle peut aider à établir la causalité de l'impact (Ilieç, Criçan, Mureçan, & Pleçcan, 2010). De ce fait, il faut préciser les stratégies/techniques d'échantillonnage pour mieux préciser comment les participants seront sélectionnés, en précisant la taille de l'échantillon et les critères de sélection. Ensuite, les procédures d'analyse des données, telles que l'analyse statistique et qualitative.

En résumé, cette section assure que l'évaluation est bien planifiée, méthodique, et capable de fournir des résultats fiables et utiles pour la prise de décision.

***7. Gestion de l'Evaluation :*** La section "Management/Gestion de l'évaluation" d'un plan d'évaluation est essentielle pour garantir une organisation et une coordination optimales tout au long du processus d'évaluation. Elle commence par définir de manière claire et précise les rôles et responsabilités des membres de l'équipe d'évaluation, comprenant les évaluateurs internes et externes, les gestionnaires de projet ainsi que d'autres parties prenantes. Cette clarification permet de s'assurer que chaque participant comprenne ses tâches et échéances, favorisant ainsi une synergie collective.

Ensuite, cette section décrit les mécanismes de coordination et de communication, incluant des réunions régulières et des rapports d'avancement, afin d'assurer une collaboration fluide entre toutes les parties impliquées. De plus, elle propose un calendrier détaillé des activités d'évaluation, marquant les dates clés pour la collecte de données, l'analyse et la rédaction du rapport, tout en intégrant des méthodes de suivi pour garantir le respect du plan établi.

Un autre aspect fondamental est la gestion des ressources. Cette section identifie les ressources humaines, financières et matérielles nécessaires pour mener à bien l'évaluation. Elle décrit également des procédures d'assurance qualité visant à s'assurer que l'évaluation est réalisée selon des normes élevées, par le biais de revues par des pairs et d'audits internes rigoureux.

Enfin, la section aborde la gestion des risques en identifiant les risques qui pourraient entraver le processus d'évaluation et en proposant des stratégies efficaces pour les atténuer.

En résumé, cette section assure que l'évaluation est soigneusement planifiée, coordonnée et exécutée de manière efficace. Elle définit clairement les rôles, les responsabilités et les ressources nécessaires tout en intégrant des mécanismes de suivi et d'assurance qualité, afin de produire des résultats fiables et pertinents qui répondent aux attentes des parties prenantes.

***8. Audiences Clés de l'Evaluation :*** La section "Audiences Clés de l'Évaluation" dans un plan d'évaluation est cruciale pour identifier les principaux destinataires des résultats et garantir que les informations fournies répondent à leurs besoins spécifiques. Cette section commence par décrire les groupes ou individus ayant un intérêt direct dans les résultats de l'évaluation, tels que les bailleurs de fonds, les gestionnaires de programme, les bénéficiaires, les partenaires de mise en œuvre et les décideurs politiques.

Ensuite, elle fait référence à l'étape 2, qui porte sur l'analyse des parties prenantes, notamment pour déterminer les types d'informations recherchées par chaque groupe. Par exemple, les bailleurs peuvent s'intéresser à l'efficacité et à l'efficience des fonds investis, tandis que les bénéficiaires souhaitent comprendre comment le programme a contribué à améliorer leur qualité de vie. Cette section précise également comment chaque groupe envisage d'utiliser les résultats de l'évaluation, que ce soit pour la prise de décision, l'amélioration des programmes, la justification des financements ou l'élaboration de politiques publiques.

En résumé, cette section garantit que les résultats de l'évaluation sont pertinents et utiles pour les diverses parties prenantes. Elle identifie leurs besoins en matière d'information et élabore des stratégies de communication adaptées pour délivrer les résultats de manière efficace et opportune.

***9. Plan de Diffusion/Dissémination de l'Évaluation :*** La section "Plan de Diffusion/Dissémination de l'Évaluation" dans un plan d'évaluation est cruciale pour garantir que les résultats de l'évaluation sont communiqués efficacement aux parties prenantes et utilisés de manière optimale. Cette section est guidée par le sixième concept des 7Ps « Publicité » ci-dessus définissant le cadre général de la dissémination. En se basant sur ces directives, elle commence par définir les objectifs spécifiques de la diffusion, tels que sensibiliser les parties prenantes, influencer les politiques, ou améliorer les pratiques de programme. Ces objectifs orientent l'ensemble des activités de diffusion et assurent que les résultats de l'évaluation ont un impact significatif.

Ensuite, cette section renforce et spécifie davantage l'identification des principaux destinataires des résultats de l'évaluation, comme les bailleurs, les gestionnaires de programme, les bénéficiaires, les décideurs politiques, et le grand public. En comprenant les besoins et les intérêts de chaque groupe, il est possible de formuler des messages clés adaptés et pertinents. Ces messages doivent être clairs, concis, et directement liés aux préoccupations de chaque groupe de parties prenantes.

La section décrit également les canaux de communication, spécifique à chaque intervention, qui seront utilisés pour diffuser les résultats, tels que des rapports écrits, des présentations, des ateliers, des résumés exécutifs, des médias sociaux, et des communiqués de presse. En utilisant une variété de canaux, il est possible de toucher un large public et de s'assurer que les informations sont accessibles à tous les intéressés. Un calendrier détaillé des activités de diffusion est également fourni, précisant les dates clés pour la publication des résultats et les événements de communication.

Enfin, cette section identifie les ressources nécessaires pour la diffusion, y compris le personnel, le budget, et les outils de communication, et définit les rôles et responsabilités des membres de l'équipe en charge de la diffusion pour chaque projet. En planifiant soigneusement ces aspects, il est possible de garantir une diffusion efficace et stratégique des résultats de l'évaluation, maximisant ainsi leur impact et leur utilisation pour améliorer les programmes et informer les décisions politiques. Enfin, la section décrit les stratégies de communication qui seront utilisées pour partager les résultats de l'évaluation avec chaque groupe de parties prenantes. Cela peut inclure des rapports écrits, des présentations, des ateliers, ou des résumés exécutifs.

En conclusion, un plan d'évaluation de projet/programme est un outil stratégique incontournable pour mesurer l'efficacité, l'impact et la pertinence des interventions. Un plan d'évaluation bien élaboré non seulement facilite l'amélioration continue des interventions futures, mais joue également un rôle clé dans le renforcement de la redevabilité. De plus, il assure une gestion transparente et responsable des projets, permettant ainsi de répondre aux attentes des parties prenantes et de maximiser les résultats pour les bénéficiaires. En investissant dans une évaluation rigoureuse, les organisations peuvent mieux orienter leurs actions et garantir que leurs efforts contribuent réellement au développement durable et à l'atteinte des objectifs fixés. Le **Tableau 16** suivant résume le plan d'évaluation et au **Chapitre six** un exemple pratique de plan d'évaluation ex-post d'un projet d'éducation dans un pays d'Afrique.

**Tableau 16 : Synthèse du Contenu d'un Plan d'Evaluation**

| Questions d'évaluation | Critères et sous-questions associés | Méthodes d'évaluation | Méthode de collecte | Stratégie de collecte |
|---|---|---|---|---|
| **Descriptives** « ce qui se passe et décrire les processus, les conditions, les relations organisationnelles, pertinence, durabilité et les points de vue des parties prenantes » | Critère et sous-question liés à la pertinence, au processus de mise en œuvre, à la cohérence, à l'utilité et à la durabilité | **Évaluation de Performance (Avant et après avec les mêmes bénéficiaires)** | **Qualitative**<br>Quantitative<br>Méthodes Mixtes | Données disponibles<br>Enquêtes avec des informateurs clés<br>Groupe de discussion |
| **Normatives** « ce qui se passe à ce qui devrait se passer ; il évalue les activités et indique si les objectifs sont atteints ou non ». | Critère et sous-question liés à l'efficacité, l'efficience, l'effet* et l'impact*<br>***Relation directe avec les indicateurs clés du projet** | | **Quantitative**<br>Qualitative<br>Méthodes Mixtes | Données disponibles<br>Études de cas<br>Enquêtes statistiques<br>Enquêtes avec des informateurs clés<br>Groupe de discussion<br>Analyse coût-efficacité<br>Analyse Coût-bénéfice |
| **Cause à effet (impact),** « examinent les résultats et tentent d'évaluer la différence que le projet fait en termes d'effets ou de résultats » | L'ensemble des critères cités plus haut | **Méthodes d'Évaluation d'Impact (groupe de traitement et de Contrôle)** | **Quantitative**<br>Qualitative<br>Méthodes Mixtes | Recherche de relations causales<br>Analyse statistique avancée<br>Analyse des prévisions |

### 5.2.2 Composante 2 - Mise en Place du Système de Redevabilité dans les Projets/Programmes

La mise en place d'un système de redevabilité dans un projet/programme est essentielle pour assurer la transparence et la responsabilité. Un système de redevabilité bien conçu contribue non seulement à la bonne gestion des ressources, mais également à la confiance et à l'engagement des partenaires et des bénéficiaires. En investissant dans la redevabilité, l'organisation place le projet/programme sur la voie du succès durable. Pour sa mise en place, il est crucial de franchir les étapes suivantes :

***Étape 1 : Identification des objectifs de redevabilité***

La première étape cruciale du système de redevabilité est de définir clairement les objectifs de redevabilité en précisant les attentes et les résultats à atteindre. Cela permettrait d'assurer la transparence et la responsabilité dans le projet ou programme. Déjà, dans **l'étape 1 de la composante 1**, cet exercice avait été déjà fait, ainsi, cette étape peut s'appuyer sur ce travail en examinant si certains des objectifs déjà définis incluent des éléments relatifs à la redevabilité. Si tel est le cas, ces objectifs seront révisés et renforcés ; sinon, de nouveaux objectifs clairs et mesurables seront identifiés et formulés. Ces objectifs doivent être spécifiques et quantifiables, permettant ainsi de suivre les progrès de manière précise. Par exemple, un objectif pourrait être d'augmenter le taux de participation des bénéficiaires de 20% en un an ou encore de contribuer à améliorer le S&E participatif et communautaire avec le feedback des bénéficiaires et des communautés locales.

La définition des objectifs de redevabilité s'inscrit dans le même processus que celui de l'**étape 1 de la première composante**, impliquant l'ensemble des parties prenantes dans cette démarche de définition ou de révision des objectifs. Ce processus collaboratif garantit que les objectifs reflètent véritablement les attentes et les besoins de tous les acteurs concernés, tout en favorisant l'adhésion et la coopération nécessaires à la réussite du projet.

***Etape 2 : établir des critères de succès du système de redevabilité***

Les critères de succès dans un système de redevabilité doivent être clairement définis en fonction des objectifs de ce système. Ces critères sont non seulement importants, mais également essentiels à la réussite du processus de redevabilité. Selon les objectifs fixés, les critères de succès les plus attendus d'un système de redevabilité peuvent inclure : la participation et l'engagement des parties prenantes, la transparence et la communication, la réactivité et la gestion des plaintes, l'efficacité du processus et l'impact ainsi que les résultats obtenus.

Une fois ces critères définis, il est crucial de développer des indicateurs clés de succès qui soient directement liés à ces critères préétablis. Ces indicateurs de succès sont incontournables pour évaluer l'efficacité et l'impact du système de redevabilité. Voici quelques exemples illustratifs d'indicateurs de succès qui peuvent être utilisés en fonction des critères définis dans le Tableau 17.

**Tableau 12 : Critères et Indicateurs de succès du système de redevabilité**

| **Critères** | **Indicateurs Clés** |
|---|---|
| Participation et Engagement | - Pourcentage de parties prenantes participant aux activités de redevabilité (réunions, consultations, etc.).<br>- Nombre de feedbacks reçus pendant une semaine |
| Transparence et Communication | - Pourcentage de parties prenantes ayant accès aux informations clés du projet<br>- Nombre de rapport publié par mois et par an |
| Réactivité et Gestion des plaintes | - Pourcentage de plaintes traitées dans un délai défini.<br>- Taux de satisfaction des Bénéficiaires par rapport à la gestion des plaintes et des retours. |
| Efficacité du processus | - Pourcentage des activités réalisées dans les délais prévus.<br>- Taux d'utilisation des Ressources (financières, physiques et/ou matérielles) |
| Impact et Résultats | - Pourcentage des objectifs du projct atteints grâce au système de redevabilité.<br>- Nombre et qualité des améliorations apportées à la suite des feedbacks des parties prenantes. |

Ces indicateurs, en quantifiant les critères de succès, permettront de mesurer de manière objective l'efficacité du système de redevabilité et d'orienter les actions à venir pour garantir son amélioration continue. En outre, il est essentiel de planifier des évaluations périodiques pour mesurer les progrès réalisés et ajuster les stratégies en fonction des résultats obtenus. Ces évaluations régulières garantissent que le système de redevabilité reste efficace et permet d'apporter des améliorations continues.

***Etape 3 : Concevoir les mécanismes de feedback et de réponse***

Les feedbacks de la communauté sont essentiels pour garantir la redevabilité envers les bénéficiaires d'un projet ou d'un programme. En mettant en place des mécanismes de feedback efficaces, l'équipe de mise en œuvre est en mesure de réagir rapidement aux défis et aux questions qui émergent durant la phase d'exécution. Cela permet d'adapter les interventions en fonction des besoins changeants des bénéficiaires, assurant ainsi un soutien approprié et efficace.

De plus, ces mécanismes facilitent l'identification d'opportunités d'amélioration, contribuant ainsi à l'optimisation des processus et des services. En intégrant les feedbacks des bénéficiaires, l'équipe peut ajuster ses méthodes et ses stratégies pour garantir que les résultats obtenus soient plus pertinents et durables.

**1.** ***Analyse du contexte :*** Pour implanter un dispositif de feedback et de réponse efficace dans un projet, il est essentiel de réaliser une analyse de contexte approfondie. La première étape consiste à **évaluer les besoins** en fonction des objectifs préalablement fixés. Cela implique d'identifier les parties prenantes, de comprendre leurs attentes concernant le feedback, et de clarifier les objectifs du dispositif, tels que l'amélioration de la qualité des services, le renforcement de la transparence ou l'accroissement de la participation des bénéficiaires.

La deuxième étape est **l'analyse de l'environnement**. Il est important d'examiner les dynamiques socioculturelles et technologiques qui influencent la manière dont le feedback est donné et reçu. Cela inclut l'analyse des normes culturelles, des niveaux de littératie, ainsi que l'accès à des technologies comme Internet et les smartphones.

Enfin, la troisième étape consiste à **identifier les barrières** potentielles à la participation des parties prenantes. Les individus expriment des préférences variées quant aux canaux de communication qu'ils choisissent d'utiliser, ce qui rend impératif pour les équipes de bien comprendre ces préférences ainsi que les obstacles spécifiques à la communication. Cette compréhension est cruciale pour permettre un partage sécurisé et efficace des différents types de feedback et de plaintes.

Les préférences et obstacles peuvent considérablement varier selon le contexte, qu'il s'agisse d'un milieu rural ou urbain, d'une situation d'urgence ou de déplacement prolongé, ainsi que des facteurs culturels, d'âge et de genre. Les obstacles à la communication et à la participation peuvent se manifester sous diverses formes, notamment logistiques (comme l'accès aux transports), financiers (coûts de participation), technologiques (absence d'accès à Internet ou d'outils numériques), physiques (mobilité réduite), psychologiques (méfiance envers les institutions), ou culturels (normes sociales pouvant restreindre l'expression).

Identifier et surmonter ces défis est fondamental pour garantir une participation véritablement efficace et inclusive, permettant à tous les groupes de contribuer pleinement et de s'exprimer librement. Cela pourrait inclure des actions telles que la sensibilisation des communautés pour renforcer la confiance, l'adaptation des canaux de communication aux besoins spécifiques des bénéficiaires, et la mise en place d'espaces sécurisés pour l'expression de leurs préoccupations. En tenant compte de ces éléments, le dispositif de feedback sera non seulement mieux adapté au contexte particulier du projet, mais il favorisera également sa réussite et son acceptation par toutes les parties prenantes, contribuant ainsi à une collaboration durable et constructive.

**2. *Sélection d'un/des mécanismes de feedback :*** La démarche commence par le choix du type de mécanisme adapté aux bénéficiaires et au contexte spécifique de mise en œuvre du projet. Comme mentionné dans le **Tableau 02** ci-dessus, l'équipe doit sélectionner le/les type(s) de mécanismes les plus appropriés en fonction des préférences et des besoins des parties prenantes pour garantir une participation maximale. Ces mécanismes peuvent inclure des boîtes à suggestions, des réunions communautaires, ou des lignes téléphoniques dédiées, entre autres.

Il est également crucial de s'assurer que ces mécanismes soient accessibles à tous, y compris aux groupes marginalisés ou vulnérables. Cela peut nécessiter la mise en place de supports adaptés, tels que des formulaires en braille, des traductions dans plusieurs langues, ou des sessions de feedback en personne pour ceux qui n'ont pas accès à la technologie. L'objectif est de créer un environnement inclusif où chaque voix est entendue et valorisée. Enfin, il est recommandé de choisir au moins deux types de mécanismes qui répondent aux caractéristiques suivantes :

- **Confidentialité et anonymat** : garantir la protection des identités des personnes fournissant des retours.
- **Accessibilité pour tous** : s'assurer que tous les membres de la communauté, particulièrement les plus vulnérables, peuvent y accéder facilement.
- **Réponses rapides** : fournir des réponses promptes aux feedbacks reçus tout en intégrant des processus pour la gestion d'informations sensibles.
- **Information continue** : tenir la communauté informée des types de retours reçus et de la manière dont ceux-ci influenceront la mise en œuvre du projet.

3. ***Définir les Principes du/des mécanismes :*** selon plusieurs organisations internationales de développement, les principes directeurs des mécanismes de redevabilité doivent inclure les éléments suivants :

- **Sécurité** : le type de mécanismes choisi doit créer un environnement sécurisé permettant aux bénéficiaires de partager leurs feedbacks sans craindre de répercussions. Il est impératif que chacun se sente protégé et respecté dans l'expression de ses opinions.
- **Reconnaissance des droits** : il faut un/des mécanismes qui activement reconnaisse, promeuve et protège les droits des bénéficiaires, notamment leur droit d'exprimer librement leurs expériences et leurs préoccupations concernant les services qui leur sont fournis.
- **Système d'alerte précoce** : le(s) mécanismes doivent fonctionner comme un avertisseur précoce, facilitant la prévention, l'atténuation ou la résolution des tensions avant qu'elles ne s'intensifient. Cette approche proactive est essentielle pour maintenir l'harmonie au sein de la communauté.
- **Prévention des abus** : Il est crucial d'implémenter des mécanismes visant à prévenir, dissuader et réagir de manière appropriée et rapide face à toute forme d'abus ou d'exploitation, garantissant ainsi la protection des bénéficiaires.

- **Autonomisation des communautés** : Le(s) mécanismes doivent promouvoir activement l'engagement des communautés, leur permettant de participer de manière significative aux décisions qui les concernent. Favoriser leur autonomie contribue à renforcer leur sentiment de pouvoir et de responsabilité.
- **Confiance et transparence** : Le(s) mécanismes doivent contribuer à la construction, le maintien de relations solides, la confiance, la transparence et un dialogue ouvert entre le projet et les bénéficiaires. Une communication claire et honnête renforce la collaboration et la loyauté mutuelle.
- **Suivi et évaluation** : le(s) mécanismes doivent apporter un soutien considérable et fondamental au système de S&E du projet/programme pour identifier les faiblesses et les domaines nécessitant une amélioration, que ce soit dans les activités du projet ou dans les comportements de l'équipe en charge.
- **Réponse aux attentes** : le(s) mécanismes sélectionnés doit pouvoir identifier, reconnaître et répondre de manière adéquate aux attentes des bénéficiaires. Cette attention renforce leur engagement et leur satisfaction vis-à-vis du projet.
- **Conformité** : Enfin, il est impératif d'assurer la conformité vis-à-vis des exigences des bailleurs de fonds, afin de garantir la durabilité et la légitimité des interventions menées.

***Etape 4 : Définir le fonctionnement des mécanismes sélectionnés***

La mise en œuvre du dispositif de feedback et de réponse est centrée sur les processus de **collecte des feedback/plaintes, la gestion des feedbacks/plaintes, la réponse aux feedbacks/plaintes, les actions correctives et leur mise en œuvre, la communication et le suivi-évaluation**. Pour chacun des processus su-cités, l'équipe doit développer des procédures opérationnelles, claires et compréhensibles et cela pour chaque type de mécanismes sélectionné.

***1.Collecte des feedbacks :*** Une procédure claire et accessible doit être élaborée à ce niveau, accompagnée d'un protocole pour la collecte des feedbacks. Cette procédure précisera le flux des données, allant des sources primaires jusqu'à l'équipe projet, en identifiant les personnes responsables à chaque étape de la collecte. Elle expliquera également comment les communautés et les bénéficiaires fourniront leurs retours d'information, ainsi que la manière dont ces retours seront recueillis par l'équipe projet. En fonction des différents types de mécanismes, des outils de collecte des feedbacks devront être développés. Par exemple, pour les entretiens en face à face ou les réunions consultatives, il est impératif de préparer des outils/guides/formulaires contenant des instructions claires pour leur utilisation. De même, si un comité de bénéficiaires est mis en place pour recueillir les feedbacks, le protocole devra expliciter le processus de fonctionnement de ce comité ainsi que les étapes à suivre pour la collecte des retours d'information.

En résumé, cette approche garantira non seulement l'efficacité de la collecte des feedbacks, mais aussi la transparence et l'implication des bénéficiaires dans le processus, ce qui est essentiel pour renforcer la crédibilité et la pertinence des feedbacks/plaintes obtenus.

***2. Gestion des feedbacks/plaintes :*** cette section se concentre sur les processus d'enregistrement, de stockage et de traitement des feedbacks. Il est essentiel d'élaborer une procédure détaillée qui inclut les protocoles d'enregistrement, de stockage et de traitement des retours d'information. Il est essentiel d'enregistrer toutes les feedbacks et plaintes reçus de manière systématique dans une base de données ou un système de gestion dédié. Cette approche garantit une traçabilité complète et facilite l'accès aux informations pour un traitement efficace.

En pratique, la mise en place d'un registre manuel et/ou électronique serait idéale pour garantir cet enregistrement efficace des feedbacks, ainsi que pour leur stockage et leur catégorisation pour un traitement ultérieur. Parallèlement, il est recommandé de développer un système électronique adapté comme les logiciels de gestion des feedbacks, permettant une gestion optimale des données, accompagné d'un manuel de gestion qui fournira des directives claires pour son utilisation. Chaque feedback ou plainte doit être documenté de façon détaillée, en incluant des informations clés telles que la date de réception, la nature de la plainte, et les parties prenantes concernées. Une documentation précise est cruciale pour assurer la transparence et la responsabilité au sein du processus de gestion des feedbacks.

Par la suite, il est important d'analyser régulièrement les feedbacks et plaintes afin d'identifier les tendances émergentes, les préoccupations récurrentes et les suggestions d'amélioration. Cette analyse permet d'obtenir des informations précieuses pour ajuster les stratégies et les interventions en fonction des besoins des parties prenantes. Les plaintes et feedbacks doivent être classés par ordre de priorité en fonction de leur sensibilité, gravité et de leur impact potentiel sur le projet.

Une priorisation efficace permet de se concentrer sur les problématiques les plus critiques, assurant ainsi une réponse appropriée et rapide aux préoccupations des bénéficiaires. Selon plusieurs organisations internationales, les feedbacks/plaintes peuvent être regroupés en quatre (04) catégories en fonction de leur objet et de leur sensibilité. Le Tableau 18 ci-dessous illustre les différents types de feedbacks selon leur niveau de sensibilité, facilitant ainsi leur traitement approprié en fonction de la nature des préoccupations soulevées.

**Tableau 13 : Classification des feedbacks**

| **Types** | **Contenu** | **Sensibilité** |
|---|---|---|
| Type 1 – demande simple | - Demande d'informations | - Non sensible |
| | - Demande de doléances | - Non sensible |
| Type 2 – feedbacks/Plaintes liés à la gestion du projet | - Mise en œuvre des activités physique du projet | - Non sensible |
| | - Sélection des prestataires et des travaux de prestation | - Non sensible |
| | - Performance/comportement du staff de projet | - Sensible |
| Type 3 – feedbacks/plaintes liés à la violation du code de conduite | - Corruption, concussion, fraude ;<br>- Violence basée sur le genre : exploitation, abus, harcèlements sexuels<br>- Travail de mineurs ;<br>- Non-respect des us et coutumes de la localité | - Sensible |
| Type 4 – demande hors de portée du projet | - Questions politiques<br>- Gestion gouvernementale<br>- Les jugements ou procès d'un tiers | - Non sensible |

3. ***Réponse aux feedbacks/plaintes :*** des réponses spécifiques et appropriées doivent être préparées pour chaque type de feedback afin de satisfaire les requêtes des communautés locales bénéficiaires. Les

procédures de réponse aux feedbacks doivent établir des protocoles et des instructions claires concernant la façon de traiter chaque type de retour d'information, en précisant si la réponse sera faite de manière individuelle ou collective, ainsi que les délais de traitement et de réponse.

Les feedbacks et plaintes de nature sensible nécessitent un traitement particulier en raison de leur degré de sensibilité. Pour la plupart de ces feedbacks, il est impératif que les communautés locales et les bénéficiaires aient l'assurance que leurs préoccupations seront traitées de manière confidentielle et sans risquer leur sécurité. Ainsi, un mode de traitement spécifique sera appliqué à ce type de feedback, visant à préserver la confidentialité et l'intégrité des données.

De plus, une approche de réponse respectant la confidentialité est essentielle pour offrir des solutions qui protègent les intérêts de toutes les parties prenantes impliquées. La **Figure 09** ci-dessous résume le processus de gestion des feedbacks et plaintes, ainsi que le type de traitement approprié pour chaque catégorie dans le cadre d'un projet.

4. ***Actions correctives et recommandations de mise en œuvre :*** Pour traiter les plaintes et les feedbacks prioritaires, il est essentiel de développer un plan d'action détaillé. Ce plan doit inclure des actions spécifiques à entreprendre, les responsables désignés pour chacune des actions, ainsi que des délais clairs pour leur mise en œuvre. Un plan bien structuré garantit que chaque aspect des feedbacks des parties prenantes est pris en compte de manière efficace. En parallèle, il est important de formuler des recommandations basées sur l'analyse des feedbacks et des plaintes reçus. Ces recommandations doivent viser à améliorer les processus opérationnels et les résultats globaux du projet, en intégrant les leçons apprises pour renforcer la performance à l'avenir.

   Une fois le plan d'action élaboré, il convient de mettre en œuvre les actions correctives conformément aux directives établies. Il est crucial de s'assurer que les responsables désignés disposent de toutes les ressources nécessaires — qu'elles soient humaines, techniques ou financières — pour accomplir efficacement leurs tâches.

5. ***Communication et Suivi de la mise en œuvre des actions correctives*** **:** il est primordial d'informer les parties prenantes des actions entreprises en réponse à leurs feedbacks et plaintes. Pour ce faire, différents canaux de communication peuvent être utilisés, tels que des rapports réguliers, des réunions ou des plateformes en ligne,

afin de transmettre ces informations de manière claire et accessible. Faire preuve de transparence concernant les progrès réalisés et les défis rencontrés lors de la mise en œuvre des actions correctives est également essentiel. Une communication ouverte renforce la confiance des parties prenantes et favorise leur engagement continu dans le processus d'amélioration.

6. ***Suivi de la mise en œuvre des actions correctives :*** il est recommandé de suivre régulièrement l'avancement des actions correctives pour garantir qu'elles sont exécutées dans les délais impartis. Ce suivi permet de détecter d'éventuels retards ou obstacles et d'adapter le plan si nécessaire pour assurer la réussite des interventions. L'évaluation de l'efficacité des actions correctives mises en œuvre est essentielle pour déterminer si celles-ci ont véritablement résolu les problèmes identifiés. Cette évaluation permet non seulement de mesurer l'impact des interventions, mais également de comprendre quelles stratégies ont été les plus efficaces et où des ajustements pourraient être nécessaires.

### *Etape 5 : Rôles et Responsabilités dans le/les Mécanisme de Feedback*

Pour assurer l'efficacité d'un mécanisme de feedback, il est essentiel de définir clairement les rôles et les responsabilités de toutes les parties impliquées. De façon générale, les positions clés dans la gestion du mécanisme de feedbacks et de réponse peuvent être :

1. ***Management - chef/coordinateur de Projet :*** Le chef/coordinateur du projet joue un rôle clé dans la supervision générale du mécanisme de feedback. Il veille à ce qu'il soit correctement intégré dans le projet et fonctionne de manière efficace. Il est également chargé d'allouer les ressources nécessaires — qu'elles soient financières, humaines ou technologiques — pour la mise en œuvre et le fonctionnement optimal du mécanisme. De plus, il communique avec les parties prenantes, en les informant de l'importance du feedback et en les encourageant à participer activement.

2. ***Gestionnaire du Mécanisme*** : il gère les opérations quotidiennes du mécanisme, ce qui inclut la collecte, l'enregistrement, et l'analyse des feedbacks/plaintes. Il a également la responsabilité de former le personnel et les parties prenantes sur l'utilisation du mécanisme et de fournir un support continu. En outre, il prépare des rapports réguliers sur les feedbacks reçus et les actions entreprises en réponse.

3. ***Équipe de Collecte des Feedbacks*** : Cette équipe est responsable de la collecte des données, en recueillant les feedbacks et les plaintes par le biais des différents canaux de communication établis. Ils s'assurent également que tous les feedbacks/plaintes sont systématiquement enregistrés dans une base de données ou un système de gestion. Un autre aspect de leur rôle consiste à sensibiliser les parties prenantes à l'importance du feedback et à les encourager à utiliser les canaux disponibles.
4. ***Analystes de Données*** : Les analystes de données ont pour mission d'analyser les données recueillies afin d'identifier les tendances, les préoccupations récurrentes et les suggestions d'amélioration. Sur la base de cette analyse, ils formulent des recommandations visant à améliorer les processus et les résultats du projet.
5. ***Responsables de l'Action Corrective*** : Ces responsables développent des plans d'action pour traiter les feedbacks et plaintes prioritaires. Ils mettent en œuvre les actions correctives conformément aux plans d'action établis et assurent le suivi de l'avancement de ces actions. Leur rôle implique également d'évaluer l'efficacité des actions correctives et d'apporter des ajustements si nécessaire.
6. ***Parties Prenantes*** : Les parties prenantes ont une responsabilité active dans le mécanisme de feedback. Elles fournissent des retours d'information et des plaintes à travers les canaux de communication disponibles et participent activement aux sessions de feedback et aux consultations communautaires. Elles suivent également les actions entreprises en réponse à leurs retours et fournissent des commentaires supplémentaires si nécessaire.

En définissant clairement ces rôles et responsabilités, on garantit que le mécanisme de feedback est bien géré et fonctionne efficacement, contribuant ainsi à la transparence et à l'amélioration continue du projet.

***Etape 6 : Adhésion Communautaire aux Mécanismes de Feedback***

Pour garantir l'efficacité d'un mécanisme de feedback, il est crucial que les communautés locales y adhèrent. De ce fait, l'équipe passe par un processus d'information et de sensibilisation les communautés locales. Ceci peut être réalisé en franchissant plusieurs étapes clés.

1. ***Développement de Matériaux d'Information :*** Il est essentiel de développer des brochures et des affiches explicatives qui détaillent le(s)

mécanismes de feedback, y compris les canaux disponibles, les types de feedback attendus et l'importance de la participation communautaire. Par ailleurs, les médias sociaux et les sites web peuvent être exploités pour diffuser des vidéos explicatives, des infographies et des témoignages de membres de la communauté.

2. ***Sessions de Sensibilisation*** : Organiser des réunions communautaires est fondamental pour expliquer le mécanisme de feedback, répondre aux interrogations et encourager la participation. Ces réunions doivent se tenir dans des lieux accessibles et à des horaires qui conviennent aux membres de la communauté. De plus, des ateliers et des formations destinés aux leaders communautaires permettront à ces derniers de relayer l'information et d'inciter à l'utilisation du mécanisme.
3. ***Utilisation de Canaux de Communication Locaux*** : Les stations de radio locales peuvent être de précieux partenaires pour diffuser des messages informatifs sur le mécanisme de feedback, par le biais d'interviews et de discussions en direct. De plus, l'envoi de SMS et l'utilisation d'applications mobiles peuvent toucher des membres de la communauté qui ont un accès limité à Internet.
4. ***Engagement des Leaders Communautaires*** : Collaborer avec les leaders communautaires et les chefs religieux est crucial, car leur influence et leur crédibilité peuvent inciter une plus grande participation. Chercher et former des ambassadeurs du feedback parmi des membres respectés de la communauté peut également favoriser la sensibilisation et faciliter la collecte des feedbacks.
5. ***Revue et ajustement de la stratégie de sensibilisation*** : une revue régulière des activités de sensibilisation et de leur impact s'avère impératif afin d'identifier les points à améliorer. De plus, recueillir des feedbacks sur les initiatives de sensibilisation permettra d'ajuster les stratégies de communication avec la communauté et améliorer leur adhésion au système. Cette revue garantit que les communautés locales sont bien informées et engagées avec le mécanisme de feedback, favorisant ainsi une participation active et une amélioration continue du projet.

***Etape 7 : Formation et Renforcement de Capacité***

Il est essentiel d'offrir des formations régulières aux membres de l'équipe et les autres parties prenantes sur les principes et les pratiques de la redevabilité. Ces formations doivent inclure des modules sur les meilleures pratiques, les normes éthiques, et les méthodes de communication efficace, afin de garantir que chaque membre comprend l'importance de la redevabilité et son rôle dans le système.

En parallèle, le renforcement des capacités est une étape cruciale pour développer les compétences nécessaires à une mise en œuvre efficace du système de redevabilité. Cela peut inclure des ateliers pratiques, des sessions de coaching et le développement de ressources ciblées qui permettent aux membres de l'équipe de maîtriser les outils et techniques requis pour soutenir les objectifs de transparence et d'engagement avec les parties prenantes. Plusieurs étapes clés peuvent être suivies pour renforcer les compétences des parties prenantes impliquées.

1. ***Évaluation des Besoins en Formation :*** Il est crucial d'analyser les compétences existantes et de repérer les lacunes parmi le personnel et les autres parties prenantes. Cela comprend des compétences techniques, en communication et en gestion des données. Sur cette base, un plan de formation doit être développé, axé sur les compétences nécessaires pour gérer et utiliser efficacement le mécanisme de feedback.
2. ***Développement de Matériaux de Formation*** : comme précédemment évoqué, les procédures, guides, protocole et de manuels détaillés déjà développer sur le fonctionnement du mécanisme est essentielle pour assurer les formations. Ces ressources doivent inclure des procédures standardisées opérationnelles pour la collecte, l'analyse et la réponse aux feedbacks. En outre, des modules de formation interactifs, comprenant des présentations, des vidéos et des exercices pratiques, devraient être élaborés pour renforcer l'apprentissage.
3. ***Sessions de Formation et Ateliers*** : Il est recommandé d'organiser des formations en présentiel pour permettre des interactions et des discussions approfondies entre le personnel et les parties prenantes. De plus, la proposition de sessions de formation en ligne permet d'atteindre un public plus large tout en offrant une flexibilité d'apprentissage.
4. ***Mentorat et Coaching*** : La mise en place d'un programme de mentorat où des experts du système guidant les nouveaux utilisateurs du mécanisme de feedback est bénéfique. Un coaching continu doit également être proposé pour aider le personnel à surmonter les défis et améliorer progressivement leurs compétences.

5. ***Revue des Capacités*** *:* Il est important d'évaluer régulièrement les compétences des équipes pour mesurer les progrès réalisés et identifier les domaines nécessitant une formation supplémentaire. Recueillir des feedbacks sur les programmes de formation permet aussi d'améliorer continuellement les méthodes et contenus proposés.
6. ***Renforcement Institutionnel*** *:* Finalement, des politiques et des procédures claires doivent être établies pour soutenir le mécanisme de feedback et cela venant des Politiques et Procédures précédemment définies au niveau du concept des 7Ps. Cela inclut des lignes directrices pour la gestion des données et la confidentialité. Il est également nécessaire de fournir les ressources et les outils adéquats, tels que des logiciels de gestion des feedbacks (évoqué un peu plus haut), pour faciliter le travail du personnel.

En suivant ces étapes, on garantit que le personnel et les parties prenantes disposent des compétences et des ressources nécessaires pour mettre en place et gérer efficacement un mécanisme de feedback, contribuant ainsi à la transparence et à l'amélioration continue du projet.

***Etape 8 : Evaluation et Amélioration Continue du Dispositif de Redevabilité***

Pour garantir l'efficacité et la pertinence d'un dispositif de redevabilité, il est essentiel d'établir des processus d'évaluation et d'amélioration continue. L'évaluation de l'utilité et de l'efficacité de ce dispositif est cruciale pour déterminer s'il a véritablement contribué à l'amélioration de la mise en œuvre du projet et à l'atteinte des objectifs de redevabilité du système SÉRA. Ce processus commence par le suivi des critères et indicateurs de succès préalablement établis pour évaluer la performance du dispositif. En utilisant ces indicateurs de performance clés, il devient possible de mesurer régulièrement l'efficacité du système.

Cette évaluation permet non seulement de quantifier l'impact des interventions, mais également de comprendre quelles stratégies ont été les plus efficaces et où des ajustements peuvent être nécessaires. Il est impératif que cette évaluation s'intègre dans le plan global de suivi et évaluation (S&E) du projet afin de ne pas disperser les efforts déjà déployés dans ce domaine.

En parallèle, la réalisation d'audits internes et externes joue également un rôle essentiel. Ces audits permettent d'évaluer la conformité du dispositif par rapport aux normes et aux meilleures pratiques établies.

Grâce à l'identification des points forts et des domaines nécessitant des améliorations, les audits contribuent à renforcer le dispositif, garantissant ainsi qu'il reste efficace et pertinent face aux attentes des parties prenantes.

En outre, il est crucial d'adopter une approche d'amélioration continue. Les leçons tirées des feedbacks doivent être systématiquement utilisées pour perfectionner les mécanismes de feedback et de gestion des plaintes, ainsi que pour optimiser l'ensemble des processus du projet. En intégrant ces enseignements, l'organisation peut non seulement renforcer son efficacité et sa réactivité face aux besoins des parties prenantes, mais également garantir une amélioration durable et significative.

En conclusion de la composante 2 du système SÉRA, la mise en place d'un système de redevabilité est un levier essentiel pour la réussite et la durabilité d'un projet. En donnant une voix plus importante aux bénéficiaires dans le processus de décision, le projet renforce leur engagement et leur sentiment de valorisation, créant ainsi un environnement propice à des interventions adaptées à leurs attentes. La responsabilité et la transparence sont également fondamentales : en clarifiant les objectifs et les responsabilités et en publiant régulièrement des rapports sur les progrès réalisés, toutes les parties prenantes peuvent suivre l'évolution du projet et comprendre les défis rencontrés.

La redevabilité stimule également l'amélioration continue en facilitant la collecte régulière de feedbacks, permettant aux projets de s'ajuster rapidement aux retours d'expérience et aux évolutions du contexte. De plus, en renforçant la responsabilité des acteurs impliqués, chacun devient conscient de ses missions, instaurant ainsi une discipline nécessaire à la bonne exécution du projet. Cela entraîne une implication accrue des parties prenantes, qui voient leurs préoccupations prises en compte. Enfin, la redevabilité augmente significativement l'efficacité et l'efficience des projets. Grâce à un suivi rigoureux de l'utilisation des ressources et à une concentration sur des objectifs clairs et des indicateurs de performance, les projets peuvent maximiser l'utilisation de leurs ressources, atteignant ainsi des résultats et des impacts supérieurs.

**Figure 9 : Gestion du Dispositif de Feedbacks et de Réponse dans un Projet/Programme**

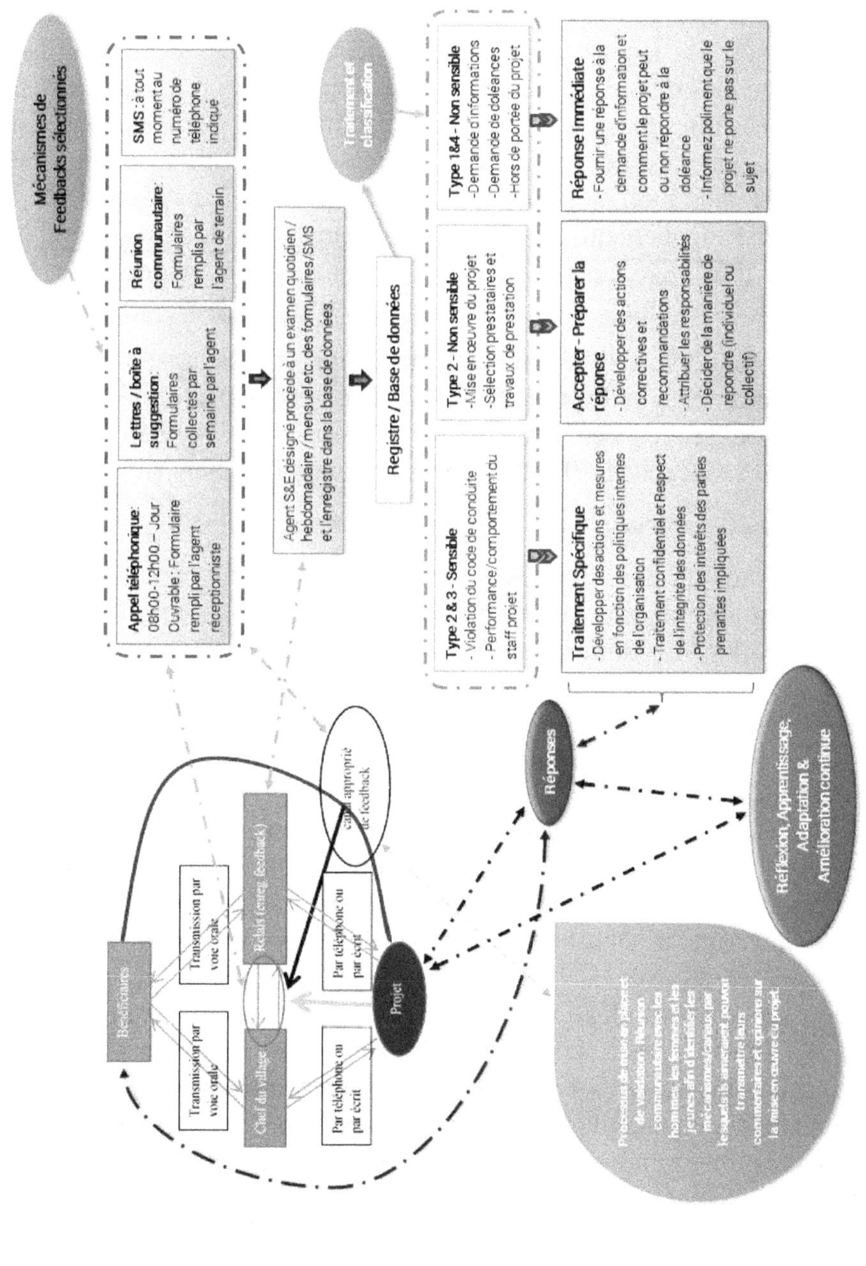

### 5.2.3 Composante 3 – Mise en Place d'un Système d'Apprentissage dans les Projets/Programmes.

La mise en place d'un système d'apprentissage dans un projet ou programme est cruciale pour encourager une culture d'amélioration continue, renforcer les capacités des parties prenantes et garantir l'intégration des leçons tirées des expériences passées pour optimiser les interventions futures. Un tel système représente un investissement stratégique qui dépasse la simple maximisation de l'impact. En cultivant une culture d'apprentissage, l'organisation peut non seulement améliorer ses processus et ses résultats, mais également renforcer l'engagement des parties prenantes et des membres de l'équipe, tout en créant une base de connaissances solide pour les interventions à venir.

Les étapes pour établir un système d'apprentissage sont souvent similaires à celles de la redevabilité et évolueront conformément aux politiques et procédures d'apprentissage définies par l'organisation, en lien avec le concept des 7Ps. Les étapes suivantes devraient être suivies :

***Etape 1 : Identification des Objectifs d'Apprentissage***

Il est essentiel d'identifier des objectifs d'apprentissage spécifiques qui répondent aux besoins du projet ou du programme ainsi qu'à ceux de l'organisation. En définissant des objectifs d'apprentissage clairs, on favorise une culture d'apprentissage continu, garantissant que chaque membre de l'équipe et chaque partie prenante puisse contribuer efficacement à l'atteinte des résultats escomptés.

Dans **l'étape 1 de la composante 1**, cet exercice a déjà été réalisé. Ainsi, cette étape peut s'appuyer sur ce travail antérieur en examinant si certains des objectifs déjà définis incluent des éléments relatifs à l'apprentissage. Si tel est le cas, ces objectifs seront révisés et renforcés ; sinon, de nouveaux objectifs clairs et mesurables devront être identifiés et formulés. Ces objectifs doivent être spécifiques et quantifiables, ce qui facilitera le suivi précis des progrès réalisés. Par exemple, un objectif pourrait être de promouvoir l'apprentissage organisationnel en collaboration avec les partenaires et d'autres parties prenantes, ou encore de contribuer à améliorer et adapter la mise en œuvre des projets en fonction des leçons tirées des feedbacks, du suivi, des études et des évaluations.

La définition des objectifs d'apprentissage s'inscrit dans un processus similaire à celui de **l'étape 1 de la première composante**, impliquant l'ensemble des parties prenantes dans cette démarche de définition ou de révision des objectifs. Ce processus collaboratif garantit que les objectifs reflètent véritablement les attentes et les besoins de tous les acteurs concernés, tout en favorisant l'adhésion et la coopération nécessaires à la réussite du projet au sein de l'organisation.

***Etape 2 : établir des critères de succès du système d'apprentissage***

Les critères de succès d'un système d'apprentissage doivent être formulés de manière claire et précise, en adéquation avec les objectifs spécifiques de ce système. Ces critères ne sont pas seulement importants, ils sont fondamentaux pour garantir l'efficacité du processus d'apprentissage. En fonction des objectifs établis, les critères de succès les plus attendus d'un système d'apprentissage peuvent inclure : la pertinence et la qualité de l'apprentissage, la participation et l'engagement des parties prenantes, l'acquisition de nouvelles connaissances, l'application pratique de ces connaissances, ainsi que leur impact mesurable et les résultats obtenus, sans oublier l'adaptabilité et l'amélioration continue du système.

Après avoir défini ces critères, il est impératif de concevoir des indicateurs clés de succès qui soient directement corrélés aux critères prédéfinis. Ces indicateurs constituent des outils indispensables pour évaluer l'efficacité et l'impact du système d'apprentissage. Voici quelques exemples d'indicateurs de succès qui peuvent être mis en œuvre, conformément aux critères établis dans le Tableau 19.

**Tableau 14 : Critères et Indicateurs de succès du système d'apprentissage**

| **Critères** | **Indicateurs Clés** |
|---|---|
| Pertinence et Qualité de l'apprentissage | - % de contenus d'apprentissage répondant aux besoins spécifiques des participants et pertinents pour le contexte du projet.<br>- # de matériels et approches d'apprentissage adaptés aux différents styles d'apprentissage |
| Participation et Engagement | - Pourcentage de parties prenantes participant aux sessions |

| **Tableau 14 : Critères et Indicateurs de succès du système d'apprentissage** | |
|---|---|
| **Critères** | **Indicateurs Clés** |
| | d'apprentissage (activités interactives, des discussions et des feedbacks etc..) |
| Efficacité du processus | - Pourcentage des activités réalisées dans les délais prévus.<br>- Taux d'utilisation des Ressources (financières, physiques et/ou matérielles) |
| Acquisition de Connaissances | - Nombre de connaissances (feedbacks sur le processus, pratiques et/ou les résultats du projets) reçus pendant un trimestre. |
| Application des Connaissances | - % de connaissances acquises appliquées ou utilisées par l'équipe dans leur travail quotidien |
| Impact et Résultats | - Pourcentage des objectifs du projet atteints grâce au système d'apprentissage.<br>- Nombre et qualité des améliorations apportées à la suite des sessions d'apprentissage avec les parties prenantes. |
| Adaptabilité et Amélioration Continue | - % de connaissances acquises appliquées ou utilisées pour améliorer ou adapter le projet<br>- Nombre d'activités, composantes ou stratégies du projet adapté dus aux activités d'apprentissage |

Ces indicateurs, en quantifiant les critères de succès, offriront une mesure objective de l'efficacité du système d'apprentissage et orienteront les actions futures en vue d'assurer son amélioration continue. De plus, il est crucial de planifier des évaluations périodiques afin de mesurer les progrès réalisés et d'ajuster les stratégies en fonction des résultats obtenus. Ces évaluations régulières garantissent non seulement que le système d'apprentissage demeure opérationnel et pertinent, mais elles facilitent également l'implémentation d'améliorations continues, renforçant ainsi la qualité et l'impact de l'apprentissage.

***Etape 3 : Mise en place des approches d'apprentissage***

Les approches d'apprentissage sont essentielles pour garantir l'amélioration et l'adaptabilité continue d'un projet ou d'un programme. En mettant en place des approches efficaces, l'équipe de mise en œuvre est en mesure de réagir rapidement aux défis et aux questions qui émergent durant la phase d'exécution. Cela permet d'adapter les interventions en fonction des besoins changeants des bénéficiaires, assurant ainsi un soutien approprié et efficace.

De plus, ces approches facilitent l'identification d'opportunités d'amélioration, contribuant ainsi à l'optimisation des processus et des services. En intégrant l'apprentissage, l'équipe peut ajuster ses méthodes et ses stratégies pour garantir que les résultats obtenus soient plus pertinents et durables.

1. ***Analyse du contexte :*** Pour mettre en place un système d'apprentissage efficace dans le cadre du système SÉRA, il est essentiel de réaliser une analyse approfondie du contexte. Cette démarche vise à identifier les besoins spécifiques des participants et à adapter les méthodes d'apprentissage en fonction de ces besoins.

Une attention particulière doit être apportée au **contexte socio-économique et culturel**. En évaluant la situation économique locale, les niveaux de revenu et la composition démographique, ainsi qu'en comprenant les valeurs culturelles et les structures sociales de la population cible, il est possible de garantir que les méthodes d'apprentissage sont respectueuses des normes locales.

En outre, il est important d'analyser le **contexte institutionnel et technologique**. Cela implique d'évaluer les capacités des institutions locales et les politiques en vigueur pour déterminer les soutiens nécessaires au renforcement des infrastructures éducatives. Il convient également d'examiner l'accès des participants aux technologies de l'information et de la communication (TIC) et leurs compétences numériques pour intégrer efficacement les outils technologiques dans le processus d'apprentissage.

Enfin, le **contexte environnemental** ne doit pas être négligé. Prendre en compte les conditions géographiques et climatiques, telles que l'accessibilité des lieux de formation, est crucial pour assurer une participation optimale aux activités d'apprentissage et les enrichir davantage.

En somme, une analyse contextuelle complète permettra de concevoir un système d'apprentissage adapté aux besoins et aux réalités des participants, garantissant ainsi la pertinence, l'accessibilité et la durabilité des activités d'apprentissage.

***2. Sélection d'une/des approches d'apprentissage :*** La démarche d'élaboration d'un système d'apprentissage commence par le choix de l'approche la plus adéquate, tenant compte des bénéficiaires et du contexte spécifique de mise en œuvre du projet. Comme indiqué dans les **Tableaux 03, 04, 05 et 06**, il est essentiel que l'équipe sélectionne les approches les plus appropriées en fonction des préférences et des besoins des parties prenantes, afin d'assurer une participation maximale.

Parmi les approches possibles, on peut citer les Revues Après Action (RAA), les Événements d'Apprentissage (EA), les Discussions d'Apprentissage pour l'Action (DAA), l'Apprentissage basé sur les Données de Suivi et Évaluation (ADP), la Pensée Évaluative (PE) et la Théorie du Changement (TdC). Chaque méthode doit être soigneusement choisie pour s'adapter aux caractéristiques du projet et aux attentes des participants.

Il est également crucial de garantir l'accessibilité de ces approches à tous, y compris aux groupes marginalisés ou vulnérables. Cela peut impliquer la mise en place de supports adaptés, comme des formulaires traduits en plusieurs langues ou des sessions de feedback en personne pour ceux qui n'ont pas accès à la technologie. L'objectif ultime est de créer un environnement inclusif où chaque voix est entendue et valorisée, favorisant ainsi une participation active et équitable.

***3. Mise en œuvre et fonctionnement des approches d'apprentissage :*** Après avoir sélectionné les approches appropriées, il est essentiel que l'équipe détermine les moyens et les stratégies nécessaires à la mise en œuvre de chacune d'entre elles. Ce processus implique d'identifier les opportunités spécifiques disponibles pour chaque approche, de définir la fréquence des activités d'apprentissage, ainsi que de choisir les participants adaptés pour les différentes sessions. Il est également crucial de formuler des questions ciblées à poser durant chaque activité afin d'approfondir le processus d'apprentissage et d'encourager une réflexion critique.

Pour mieux structurer cette démarche, un tableau synthétise les étapes à suivre pour chaque approche sélectionnée. Le Tableau 20 suivant fournit un exemple concret qui illustrent des plans de mise en œuvre méthodologique d'une démarche de Discussions d'Apprentissage pour l'Action (DAA), facilitant ainsi la compréhension et l'application des actions à entreprendre pour chaque approche.

**Tableau 15 : Exemple de Plan d'action des Discussions d'Apprentissage pour l'Action (DAA)**

| **Opportunités DAA** | **Fréquence** | **Participants** | **Questions de réflexion** |
|---|---|---|---|
| **Visites sur le terrain** | - Visites quotidiennes sur le terrain | - Enseignants principaux et stagiaires | - |
| **Réunions des parents d'élèves** | - Réunions mensuelles avec l'association des parents d'élèves (APE) | - APE, Enseignants et superviseurs | - |
| **Réunions de supervision du Comite de Gestion Scolaire (COGES)** | - Réunions mensuelles | - Superviseur de l'éducation, membre COGES et responsable de l'éducation | - |
| **Réunion de supervision des responsables de l'éducation** | - Réunions mensuelles<br>- Réunions trimestrielles | - Responsable de l'éducation et gestionnaire de programme | - |
| **Réunions avec les partenaires** | - Réunions mensuelles | - Directeur Centre d'Animation Pédagogique (CAP) et personnel des partenaires avec le chef de volet | - |

| **Tableau 15 : Exemple de Plan d'action des Discussions d'Apprentissage pour l'Action (DAA)** | | | |
|---|---|---|---|
| **Opportunités DAA** | **Fréquence** | **Participants** | **Questions de réflexion** |
| | | éducation du projet. | |
| **Réunion trimestrielle** | - Réunions trimestrielles | - Personnel du projet et des partenaires : gestion, personnel des opérations, responsables sectoriels, personnel de terrain, SÉRA, autres. | - |
| **Réunion annuelle** | - Annuelle | - Personnel du projet et des partenaires, DCAP, SÉRA, Gestionnaire du projet, autres | - |
| **Événement de réflexion** | - Évaluation à mi-parcours | - Personnel du projet et des partenaires, DCAP, SÉRA, Gestionnaire du projet, autres | - |

Cet exemple provient d'un projet d'éducation primaire, mais il peut également être répliqué pour des projets ou programmes dans divers secteurs. De plus, ce plan d'action est adaptable à toutes les autres approches d'apprentissage mentionnées, à l'exception de la Pensée Évaluative (PE) et de la Théorie du Changement (TdC), pour lesquelles il est nécessaire d'ajouter une colonne spécifique intitulée « Hypothèses possibles ».

Les questions spécifiques associées à chaque approche d'apprentissage ont déjà été définies dans la section 1.2.4 ainsi que dans les **Tableaux 03, 04, 05 et 06**. Ces questions sont conçues pour faciliter le remplissage de la dernière colonne du tableau. Il est également possible de les ajuster et de les adapter en fonction du contexte et de l'approche spécifique utilisée, offrant ainsi une flexibilité nécessaire pour répondre aux besoins variés des projets.

***Etape 4 : Rôles et Responsabilités dans le Système d'Apprentissage***

Pour assurer l'efficacité d'un système d'apprentissage, il est essentiel de définir clairement les rôles et les responsabilités de toutes les parties impliquées. En général, les positions clés dans la gestion de l'apprentissage incluent :

***1. Management - chef/coordinateur de Projet :*** Le chef ou coordinateur de projet joue un rôle fondamental dans la supervision générale du système d'apprentissage. Il veille à son intégration réussie dans le projet et à son fonctionnement optimal. En outre, il est responsable de l'allocation des ressources nécessaires — qu'elles soient financières, humaines ou technologiques — pour la mise en œuvre des activités d'apprentissage. Il communique également avec les parties prenantes, en les sensibilisant à l'importance du système d'apprentissage et en instaurant une culture axée sur l'apprentissage au sein de l'organisation. À ce titre, il doit être le principal acteur dans la création d'un environnement propice à l'apprentissage.

***2. Gestionnaire du système d'apprentissage*** : Ce professionnel est chargé de la gestion des activités d'apprentissage régulières, y compris la collecte et l'analyse des réponses aux questions spécifiques définies dans le plan d'action d'apprentissage (voir exemple dans le **Tableau 20**). Il a également pour responsabilité de former le personnel et les parties prenantes sur la démarche à adopter pour chaque approche, tout en fournissant un support continu. De plus, il élabore des rapports réguliers sur les retours reçus et les actions à mener pour garantir une amélioration continue du projet.

***3. Équipe de Collecte du Système d'apprentissage*** : Cette équipe est responsable de la collecte des données, recueillant les feedbacks lors des différentes activités d'apprentissage identifiées comme opportunités d'apprentissage dans le plan d'action (e.g., **Tableau 20**). Elle s'assure que toutes les réponses sont systématiquement enregistrées dans une base de données ou un système de gestion adéquat.

***4. Analystes de Données*** : Les analystes de données ont pour mission d'examiner les données collectées afin d'identifier les tendances, les préoccupations récurrentes et les suggestions d'amélioration. Sur la base de cette analyse, ils formulent des recommandations visant à adapter et à améliorer les processus ainsi que les résultats du projet.

***5. Responsables de l'Action Corrective*** : Ces responsables élaborent des plans d'action pour traiter les réponses prioritaires. Ils mettent en œuvre les actions correctives conformément aux plans établis et assurent le suivi de leur avancement. Leur rôle inclut également l'évaluation de l'efficacité des actions correctives et l'ajustement des stratégies si nécessaire.

***6. Parties Prenantes*** *:* Les parties prenantes jouent un rôle actif dans le système d'apprentissage. Elles fournissent des retours d'information lors des activités et opportunités d'apprentissage. De plus, elles suivent les actions mises en place en réponse à leurs retours et peuvent offrir des commentaires supplémentaires si besoin.

En définissant clairement ces rôles et responsabilités, on garantit une gestion efficace du système d'apprentissage, ce qui contribue à la transparence et à l'amélioration continue du projet.

***Remarque :*** Dans la pratique, les responsabilités liées au système d'apprentissage sont souvent combinées à celles du système de redevabilité du projet/programme, afin d'optimiser l'efficience et d'assurer une intégration harmonieuse des deux composantes au sein du système SÉRA.

***Etape 5 : Formation et Renforcement de Capacité***

Il est essentiel de fournir des formations régulières aux membres de l'équipe ainsi qu'aux autres parties prenantes sur les principes et les approches d'apprentissage. Ces sessions de formation doivent comprendre des modules sur les meilleures pratiques, les normes éthiques, la formulation de questions adaptées à chaque approche d'apprentissage, ainsi que sur les méthodes de communication efficaces. Cela garantit une collecte adéquate et appropriée des réponses, visant à améliorer la mise en œuvre du projet.

Parallèlement, le renforcement des capacités est une étape cruciale pour développer les compétences nécessaires à une mise en œuvre efficace du système d'apprentissage. Cela peut inclure des ateliers pratiques, des sessions de coaching et des ressources ciblées qui permettent aux membres de l'équipe de maîtriser les outils et techniques requis pour soutenir les objectifs d'apprentissage et d'engagement avec les parties prenantes. Plusieurs étapes clés peuvent être suivies pour renforcer les compétences des parties prenantes impliquées :

*1. **Évaluation des Besoins en Formation :*** Il est primordial d'analyser les compétences existantes et d'identifier les lacunes parmi le personnel et les autres parties prenantes. Cela inclut des compétences techniques en collecte de données, en formulation de questions, en communication et en gestion des informations. Sur cette base, un plan de formation doit être élaboré, axé sur les compétences nécessaires à la mise en œuvre efficace des approches d'apprentissage.

*2. **Développement de Matériaux de Formation*** *:* Avant toute formation, il est nécessaire de créer des guides, protocoles et manuels détaillés pour chaque approche d'apprentissage sélectionnée (RAA, DAA, PE, TdC etc..). Ces ressources doivent couvrir les méthodologies de collecte et d'analyse des réponses, la préparation de plans d'action, et le suivi de leur intégration. De plus, des modules de formation interactifs incluant des présentations, des vidéos et des exercices pratiques devraient être conçus pour favoriser l'apprentissage.

*3. **Sessions de Formation et Ateliers*** *:* Il est conseillé d'organiser des sessions de formation en présentiel afin de favoriser des interactions et des discussions approfondies entre le personnel et les parties prenantes. De surcroît, la mise en place de sessions de formation en ligne permettra d'atteindre un public plus large tout en offrant une flexibilité d'apprentissage.

*4. **Mentorat et Coaching*** *:* L'établissement d'un programme de mentorat, où des experts du système guident les nouveaux arrivants dans le système d'apprentissage, est bénéfique. Un coaching continu doit également être proposé pour aider le personnel à surmonter les défis rencontrés et à améliorer progressivement leurs compétences.

*5. **Revue des Capacités*** *:* Il est vital d'évaluer régulièrement les compétences des équipes afin de mesurer les progrès réalisés et d'identifier les domaines nécessitant une formation supplémentaire. La collecte de feedbacks sur les programmes de formation permettra également d'améliorer continuellement les méthodes et contenus proposés.

*6. Renforcement Institutionnel* : Enfin, des politiques et procédures claires doivent être instaurées pour soutenir l'apprentissage, en s'appuyant sur les Politiques et Procédures définies dans le concept des 7Ps. Cela comprend des directives pour la gestion des données et des réponses, ainsi que des considérations de confidentialité. Il est également impératif de fournir les ressources et outils adéquats, tels que des plateformes d'apprentissage et de gestion des connaissances, pour faciliter le travail du personnel.

En suivant ces étapes, on s'assure que le personnel et les parties prenantes disposent des compétences et des ressources nécessaires pour instaurer et gérer efficacement l'apprentissage au sein du projet. Cela contribue ainsi à renforcer la transparence et à promouvoir l'amélioration continue du projet.

### *Etape 6 : Evaluation et Amélioration Continue du Système d'Apprentissage*

Pour garantir l'efficacité et la pertinence d'un système d'apprentissage, il est essentiel d'établir des processus d'évaluation et d'amélioration continue. L'évaluation de l'utilité et de l'efficacité de ce type de système est cruciale pour déterminer s'il a véritablement contribué à l'amélioration de la mise en œuvre du projet et à l'atteinte des objectifs d'apprentissage du système SÉRA. Ce processus débute par le suivi des critères et des indicateurs de succès préalablement établis, qui serviront à évaluer la performance du dispositif. En utilisant ces indicateurs de performance clés, il devient possible de mesurer régulièrement l'efficacité du système.

Cette évaluation ne se limite pas à quantifier l'impact des interventions ; elle permet également de comprendre quelles stratégies ont été les plus efficaces et d'identifier les domaines nécessitant des ajustements. Il est impératif que cette évaluation soit intégrée dans le plan global de suivi et évaluation (S&E) du projet, afin d'optimiser les efforts déjà consacrés à ce domaine.

De plus, il est crucial d'adopter une approche d'amélioration continue. Les leçons tirées des évaluations doivent être systématiquement exploitées pour perfectionner le système d'apprentissage et optimiser l'ensemble des processus du projet. En intégrant ces enseignements, l'organisation peut non seulement renforcer son efficacité et sa réactivité face aux besoins des parties prenantes, mais également garantir une amélioration durable et significative des résultats.

### 5.2.4 Composante 4 : Fonctionnement Global du Système SÉRA

Le système SÉRA est un cadre intégré conçu pour assurer la transparence, l'efficacité et l'amélioration continue des projets. De ce fait, le système SÉRA doit fonctionner de manière intégrée, chaque composante (1, 2 et 3) soutenant les autres pour garantir que les projets ne se contentent pas de répondre aux exigences de financement, mais qu'ils apportent également des résultats significatifs et durables. En favorisant une approche d'amélioration continue et de transparence, le SÉRA permet à l'organisation de s'adapter aux défis émergents et d'accroître son impact. Son fonctionnement repose sur quatre étapes fondamentales :

***Etape 1 : Créer un Environnement Favorable pour le Système SÉRA***

Pour qu'un système SÉRA soit efficace, il faut un investissement généreux en temps et en ressources, notamment le budget, pour cultiver une culture organisationnelle qui encourage les comportements, les attitudes et les compétences nécessaires chez le personnel et le management. Sans ce niveau de soutien organisationnel, le système SÉRA peut-être négativement affecté par l'inefficacité, un manque de confiance pour le personnel et toutes les autres parties prenantes au système.

L'organisation ainsi que les projets/programmes doivent veiller à créer un environnement propice pour le fonctionnement de toutes les 3 composantes identifiées plus haut. Après avoir défini les besoins en ressources humaines et matérielles dans chacune des trois composantes ainsi que les responsabilités, l'étape ultime serait de définir un **budget adéquat** pour un fonctionnement optimum de chaque composante ; **l'engagement des parties prenantes** ; la **collaboration et le renforcement de capacité** ; la **culture organisationnelle incluant l'apprentissage et la transparence** ainsi que **l'adaptation et l'innovation**.

En ce qui concerne le **budget**, de nombreux bailleurs de fonds et organisations internationales de développement ont instauré des politiques formelles stipulant une proportion déterminée du budget du projet à allouer aux activités du système SÉRA. Selon la politique d'évaluation de l'USAID, il est essentiel d'élaborer une estimation budgétaire pour les évaluations à réaliser au cours de l'année fiscale suivante, avec un minimum de 3 % du budget du programme alloué à l'évaluation externe (USAID, 2016). Cette évaluation, commandée par l'USAID, doit être dirigée par un expert indépendant sans lien fiduciaire avec le partenaire de mise en œuvre, ce qui la distingue des ressources allouées au suivi.

De plus, les organisations proposantes doivent également anticiper les coûts pour la gestion des activités de suivi et d'évaluation. Cela inclut le personnel clé, avec une recommandation d'allouer au moins 3 % du budget du projet à ces activités (USDA, 2013, p. 10). Ces directives mettent en évidence l'importance accordée à une gestion efficace des ressources en matière de suivi et d'évaluation pour assurer la transparence et l'efficacité des projets.

Il n'existe pas de formule spécifique pour déterminer le budget alloué au système SÉRA, mais il est impératif que ce budget ne soit pas insuffisant au point de compromettre la précision et la crédibilité des résultats. Parallèlement, il ne doit pas non plus détourner des ressources essentielles du projet au risque de nuire aux objectifs globaux du programme. Inversement, une surbudgétisation des activités SÉRA pourrait affecter la rentabilité et le rapport coût-bénéfice du projet.

Idéalement, les activités liées au SÉRA devraient être planifiées et budgétisées pour représenter entre 3 % et 10 % du budget global du projet ou du programme. Bien qu'il puisse être difficile d'estimer le coût des activités SÉRA au stade initial de la planification du projet, il est judicieux d'inclure un coût estimatif lors de la conception des trois composantes du système SÉRA. Cela permettra d'établir une base solide pour les financements et d'assurer que les activités d'évaluation, de suivi et d'apprentissage soient menées efficacement, contribuant ainsi à l'amélioration continue des projets

Une fois le budget correctement établi, il est crucial de créer un **environnement qui favorise la transparence, la collaboration et l'engagement des parties prenantes**. Cela débute par l'implication des utilisateurs dès la conception du système. En communiquant clairement les avantages du SÉRA, on incite les parties prenantes à participer activement, renforçant leur sentiment de propriété et d'engagement tout au long du projet.

Le **renforcement des capacités** est également essentiel. Des formations régulières sur les principes et techniques du SÉRA permettent au personnel de saisir pleinement leurs rôles et responsabilités. En parallèle, il est primordial d'établir une **culture d'apprentissage continu et de transparence**, intégrant des moments de réflexion et des canaux de feedback. Cela crée un climat où défis et succès peuvent être partagés ouvertement. De plus, des **politiques claires** en matière de collecte de données et de redevabilité renforcent les attentes communes et la responsabilité.

**L'intégration des technologies** joue un rôle clé dans l'optimisation du système SÉRA. L'utilisation d'outils numériques pour la collecte et le suivi des données améliore à la fois l'accessibilité et l'efficacité des processus. Il est aussi important de procéder à une réévaluation régulière du système et de recueillir des retours d'information pour garantir une amélioration continue.

Par ailleurs, établir des **partenariats stratégiques** avec d'autres organisations et experts renforce l'expertise et les ressources disponibles. En adoptant une **approche adaptative**, l'organisation peut s'ajuster aux changements de contexte et encourager l'innovation. En appliquant ces stratégies, il est possible de créer un environnement favorable qui non seulement soutient le système SÉRA, mais améliore également la qualité, l'efficacité et la durabilité des interventions (projets/programmes) de l'organisation.

### *Etape 2 : Test du Système SÉRA*

Tester le système SÉRA est une étape cruciale pour assurer son efficacité avant sa mise en œuvre complète. Le processus débute par la **planification du test**, où il est essentiel de définir clairement les objectifs à atteindre, tels que la vérification de la fonctionnalité des outils de suivi, l'efficacité des méthodes d'évaluation, ou la réactivité des mécanismes de redevabilité et du dispositif d'apprentissage. Des indicateurs spécifiques doivent également être sélectionnés pour mesurer la performance du système SÉRA.

Une fois cette phase initiale achevée, on passe à la **mise en place du test pilote**. Cela implique de choisir un échantillon représentatif de participants et de projets, ainsi que de déployer les outils et méthodologies prévus. Ensuite, lors de la **collecte et de l'analyse des données**, il est important de recueillir à la fois des données qualitatives et quantitatives par le biais d'enquêtes, d'interviews, d'observations et de rapports, et de les analyser afin d'identifier les points forts et les faiblesses du système SÉRA.

Le processus se poursuit par la phase de **feedback et d'ajustements**, où il est indispensable de solliciter les retours d'expérience des participants du test pilote pour comprendre leurs perceptions et leurs suggestions d'amélioration. Cela permettra d'identifier les **goulots d'étranglement** du système. Les ajustements nécessaires sont ensuite apportés en fonction des résultats du test et des retours reçus et remédier aux goulots d'étranglement. Cette phase peut requérir une validation des améliorations par un second test, suivie du **déploiement du système** à grande échelle une fois les ajustements validés. La mise en place du système SÉRA peut prendre approximativement en moyenne six (6) mois.

Enfin, un **suivi continu et une amélioration** régulière du système SÉRA sont cruciaux même après sa mise en œuvre. Cela implique de continuer à surveiller la performance du système et d'intégrer des mécanismes de feedback pour en assurer l'amélioration continue en fonction des nouvelles données et des leçons apprises. En suivant ces étapes, vous pourrez tester et affiner le système SÉRA afin de vous assurer qu'il est bien adapté aux besoins du projet et qu'il contribuera efficacement à atteindre les objectifs de développement.

***Etape 3 : Réviser et Adapter le Système SÉRA***

La révision et l'adaptation du système SÉRA sont cruciales pour garantir son efficacité et sa pertinence tout au long du cycle de vie d'un projet. Le processus commence par une **évaluation initiale** qui vise à identifier les forces et les faiblesses du système. Cela implique de réaliser des évaluations internes et externes, de recueillir des retours d'expérience des parties prenantes, et d'analyser les données de performance à l'aide d'enquêtes, d'interviews et d'audits.

Une fois l'évaluation effectuée, l'**analyse des données** permet de comprendre les tendances et d'identifier les problèmes récurrents. Ces données doivent être traitées à l'aide de logiciels d'analyse et de tableaux de bord pour mettre en évidence les domaines nécessitant des améliorations. La prochaine étape consiste à **planifier les ajustements** nécessaires en développant un plan d'action qui définit des objectifs clairs et des indicateurs de performance, en utilisant des cadres logiques et des calendriers de mise en œuvre.

La **mise en œuvre des changements** suit cette phase de planification, où il est essentiel de former les équipes aux nouvelles procédures et de mettre à jour les outils et méthodologies. Pour assurer une transition en douceur, une communication claire des changements est cruciale. Par la suite, un système de **suivi et d'évaluation continue** doit être mis en place pour garantir que les ajustements apportent les résultats escomptés, en utilisant des rapports de suivi et des évaluations périodiques.

Enfin, le processus se termine par une phase d'**apprentissage et d'adaptation**, dans laquelle les leçons tirées des ajustements doivent être documentées et partagées. Des ateliers de réflexion et des bases de données de leçons apprises aident à promouvoir une culture d'amélioration continue. En suivant ces étapes, le système SÉRA peut-être révisé et adapté correctement, assurant ainsi sa pertinence et sa performance tout au long du projet.

Cette dernière étape marque l'achèvement de la mise en place d'un système SÉRA dans les projets et programmes. Les quatre composantes essentielles comprennent : **Composante 01 – Suivi-Évaluation** ; **Composante 02 – Redevabilité** ; **Composante 03 – Apprentissage** ; et **Composante 04 – Fonctionnement**

Chacune de ces composantes comporte des étapes spécifiques, et il est important de noter que chaque étape est dépendante de celle qui la précède. Cela souligne l'importance d'une approche intégrée et séquentielle dans le développement du système SÉRA, garantissant ainsi une mise en œuvre cohérente et efficace. La **Figure 10** suivante synthétise le processus de mise en place d'un système SÉRA dans les organisations et les projets/programmes.

**Figure 10 : Processus de Mise en Place d'un Système SÉRA**

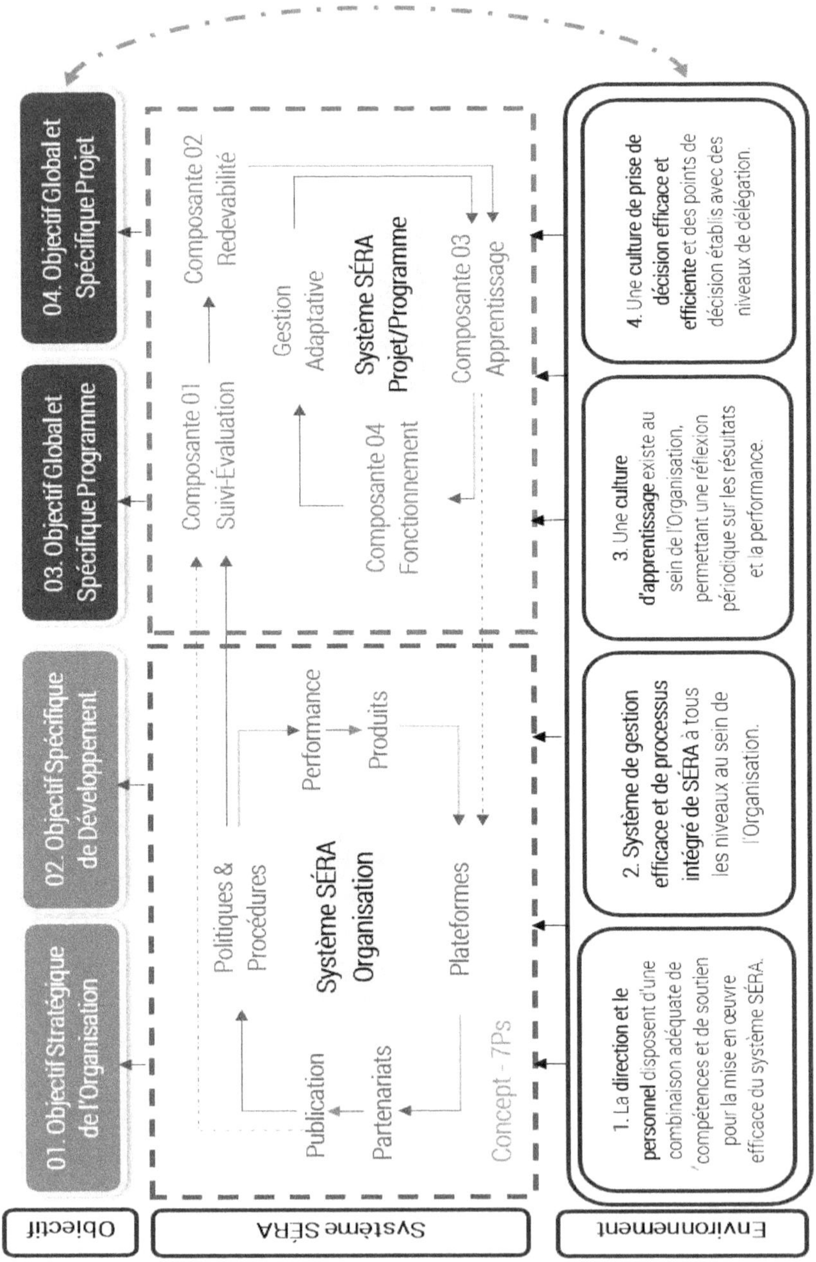

# CHAPITRE SIX - ÉTUDE CAS 2 : ÉLABORATION DU PLAN D'ÉVALUATION EX-POST DU PROJET DE DÉVELOPPEMENT DE L'ÉDUCATION DE BASE (PDEB)

## 6.1 PRÉSENTATION DU PROJET D'ÉDUCATION :

Le Projet de Développement de l'Education de Base (PDEB) est une initiative du gouvernement d'un pays d'Afrique Sub-saharienne afin de soutenir le plan décennal de développement de l'éducation de base. Il devait contribuer à l'extension de la couverture et à l'amélioration de l'éducation de base, ainsi qu'à la réduction des disparités entre les régions et entre les sexes en (a) la création d'environ 6000 places supplémentaires pour les élèves en 2015 ; (b) l'augmentation du nombre d'enseignants qualifiés par la création de 700 places supplémentaires dans le réseau des écoles de formation des enseignants, et la fourniture d'une formation continue aux enseignants et aux gestionnaires situés dans les zones du projet, et (c) l'amélioration de la capacité de suivi et de gestion des unités centrales et décentralisées du ministère de l'éducation de base et de l'éducation des adultes du Pays.

Les principaux résultats étaient les suivants : (i) 40 écoles primaires et installations connexes construites et opérationnelles ; (ii) 6000 places supplémentaires pour les élèves, dont environ 3250 pour les filles ; (iii) l'école de formation des enseignants construite et opérationnelle ; (iv) le matériel d'enseignement/apprentissage acquis pour les écoles primaires et les écoles de formation des enseignants ; (v) la population entièrement sensibilisée à la promotion de l'éducation des filles ; et (vi) le système de suivi et d'évaluation mis en place pour le ministère de l'éducation et de l'enseignement supérieur.

Les composantes du projet comprenaient : (a) l'amélioration de l'accès à l'éducation de base par la construction et l'équipement d'écoles et la promotion de l'éducation des filles ; (b) l'amélioration de la qualité de l'éducation de base par (i) la construction de l'école de formation des enseignants, (ii) l'acquisition de matériel/équipement d'apprentissage et d'enseignement et (iii) la formation des enseignants ; (c) la gestion du projet comprenant (i) le renforcement des capacités de l'agence d'exécution, (ii) l'audit et (iii) l'appui à la Structure de gestion du projet.

Le coût total du projet fut estimé à 14 millions d'USD. La superficie totale des écoles primaires à construire était de 9000 mètres carrés, tandis que la superficie prévue pour le centre de formation des enseignants était de 8700 mètres carrés. Les coûts unitaires des salles de classe et de l'école de formation des enseignants ont été estimés à 200 USD par mètre carré et à 350 USD par mètre carré, ce qui correspond aux taux en vigueur dans la sous-région au moment de l'évaluation.

Le projet devait être mis en œuvre dans un délai de 48 mois à compter de la date d'entrée en vigueur du projet

## 6.2 Plan de l'Évaluation Ex-post du PDEB

### 6.2.1 Introduction

L'évaluation ex-post du PDEB a été approuvée cette année et prévue pour le dernier trimestre en tenant compte du contexte et de la disponibilité de l'ensemble des parties prenantes concertée depuis l'élaboration du plan de travail. L'évaluation portera sur les réalisations accomplies en vue d'atteindre les résultats escomptés, en s'appuyant sur les théories du changement du projet. L'objectif de l'évaluation est de tirer des leçons qui peuvent être utilisées pour aider à la conception et à la mise en œuvre des opérations futures dans le Pays, en particulier pour les investissements dans des projets similaires.

Le financement du projet a été approuvé en septembre 2010, pour un montant total de 14 millions de dollars. Le projet a été déclaré effectif en septembre 2011. L'objectif du projet est d'appuyer le plan décennal de développement de l'éducation de base de ce Pays d'Afrique Sub-saharienne. Il visait, en 48 mois de mise en œuvre, à contribuer à l'extension de la couverture et à l'amélioration de l'éducation de base, ainsi qu'à la réduction des disparités régionales et des disparités entre les sexes.

Pour tirer les leçons du projet, qui peuvent ensuite être utilisées pour aider à la conception et à la mise en œuvre de futures opérations dans la région, en particulier les investissements dans des projets similaires, l'évaluation ex-post du projet PDEB a été planifiée en 2018, soit 3 ans après la fin du projet prévue en 2015. L'évaluation portera sur les progrès réalisés en vue d'atteindre les résultats escomptés, en s'appuyant sur les théories du changement du projet, les défis de la mise en œuvre et les enseignements tirés.

L'objectif principal de ce plan d'évaluation est d'établir une compréhension commune de l'évaluation pour toutes les parties prenantes, c'est-à-dire les membres de l'équipe et les parties prenantes dans le pays (Agence d'exécution et Structure de gestion de projet, fonctionnaires du gouvernement).

Il s'agit d'un document de référence qui est structuré et décrit le contexte et la description du projet, les objectifs, l'approche et la méthodologie de l'évaluation, les questions d'évaluation, les principaux résultats de l'évaluation, les rôles et les responsabilités ainsi que le calendrier des différentes étapes de l'évaluation.

### 6.2.2 Vue d'ensemble du Projet PDEB

Cette présentation a été déjà faite ci-dessus, dans pratique, les sections suivantes doivent être abordées : (i) Objectifs et portée du projet ; (ii) les zones du projet ; (iii) le cout et le type de financement du Projet ; (iv) le Cadre logique rétrospective du projet : Le cadre logique réactualisé, réadapté et axé sur les résultats est présenté en **Annexe 02** ; (v) Modalités de mise en œuvre et parties prenantes ; (vi) Calendrier du projet.

### 6.2.3 Objectif et portée de l'évaluation

L'exercice d'évaluation ex-post vise à fournir une évaluation indépendante et complète de la conception et de la mise en œuvre du projet à des fins de redevabilité et d'apprentissage. L'objectif global de l'exercice est d'identifier les leçons apprises et les recommandations à utiliser par le gouvernement du Pays, pour les futures opérations dans le secteur de l'éducation. L'exercice d'évaluation suivra les critères d'évaluation internationalement acceptés par l'OCDE/CAD (Comité d'aide au développement), à savoir : Pertinence, Efficacité, Efficience, Impact et Durabilité.

### 6.2.4 Conclusions Préliminaires de l'Analyse Documentaire

Les principales conclusions de l'analyse documentaire sont présentées dans le **Tableau 21** dessous. Ce document présente les constats de la revue documentaire, les données manquantes et les domaines/aspects sur lesquels l'évaluation ex-post doit se focaliser sur la base de la revue documentaire. La revue documentaire a porté sur les rapports de supervision, de fin de projets, les différents rapports d'évaluation notamment l'évaluation à mi-parcours et finale et tout autre rapport d'études et de recherches sur le projet venant du gouvernement et les autres parties prenantes.

### 6.2.5 Questions clés d'évaluation

Sur la base des résultats de l'examen préliminaire, la question principale de l'évaluation est la suivante : ***« Dans quelle mesure le projet PDEB a-t-il contribué à améliorer l'accès et la qualité de l'éducation de base, à promouvoir l'éducation des filles et à renforcer les capacités de l'Agence de mise en œuvre au Pays xx ? »***. Pour répondre à cette question, l'exercice d'évaluation examinera des **questions descriptives et normatives** spécifiquement liées à la pertinence de l'intervention, à l'efficacité, y compris les résultats obtenus par rapport aux objectifs initiaux, à l'efficience de la mise en œuvre, l'impact des interventions du projet sur les bénéficiaires et à la durabilité. Des questionnaires ont été préparés (**Annexes 03, 04 et 05**) et destinés à être administrés aux parties prenantes. Ils comportent des questions et des sous-questions visant à recueillir des réponses en rapport aux cinq critères.

**Tableau 21 : Conclusions Préliminaires de l'Analyse Documentaire**

| L'évaluation Critères | Résultats de l'analyse documentaire | Lacunes dans les connaissances résultats | Principaux domaines d'intérêt des travaux d'évaluation |
|---|---|---|---|
| **Pertinence** | **Pertinence de l'objectif de développement du projet**<br>• Les objectifs du projet fixés lors de l'évaluation sont très pertinents et conformes à la stratégie sectorielle pour l'éducation de base et l'alphabétisation du Pays.<br>• Ces objectifs sont également très cohérents avec les principaux axes du programme national de lutte contre la pauvreté qui met l'accent sur la scolarisation des filles et leur maintien à l'école.<br>• Comme le projet a été conçu pour contribuer à l'universalisation de l'éducation de base, en particulier pour les filles, il est cohérent avec les programmes de l'initiative de premier plan ainsi qu'avec l'agenda stratégique et la vision du bailleur.<br>• L'objectif de développement du projet est resté pertinent à la fin du projet.<br>• Le projet a contribué à améliorer l'accès à l'éducation de base par la construction et l'équipement de 30 écoles et la qualité de l'éducation de base par la formation des enseignants et l'acquisition de matériel d'enseignement et d'apprentissage. De plus, l'éducation des filles a été promu par le biais de mesures d'incitation et de campagnes de sensibilisation. | • L'analyse de la pertinence des projets pour les bénéficiaires n'est pas ressortie dans les résultats | • La pertinence du projet vis-à-vis des bénéficiaires |
| | **Cohérence entre les réalisations et les résultats**<br>• Les résultats prévus du projet, à savoir la construction et l'équipement des complexes scolaires primaires, la formation des enseignants et le renforcement du système éducatif grâce à la construction d'une école de formation des enseignants dans les zones d'intervention, sont tout à fait cohérents avec les résultats qui visent à garantir l'accès à une éducation de qualité à la majorité de la population.<br>• Ce projet a permis d'améliorer la qualité de l'enseignement, les compétences en matière de gestion et de pilotage de l'école du Ministère | • N/A | • Examen et analyse de la cohérence entre les réalisations et les résultats sur la base de l'évolution du contexte au moment de la post-évaluation.<br>• Dans quelle mesure les objectifs et les résultats escomptés sont-ils réalistes |

Tableau 21 : Conclusions Préliminaires de l'Analyse Documentaire

| L'évaluation Critères | Résultats de l'analyse documentaire | Lacunes dans les connaissances résultats | Principaux domaines d'intérêt des travaux d'évaluation |
|---|---|---|---|
| | de l'Éducation et de l'alphabétisation. | | compte tenu de la situation actuelle du pays ? |
| | **Pertinence de la conception du projet**<br>• De l'approbation à la clôture, la conception du projet a toujours été propice à l'obtention des résultats escomptés. Le projet a été conçu en étroite consultation avec les parties prenantes et a bénéficié d'un avant-projet ainsi que des enseignements tirés de la mise en œuvre des projets précédents. La construction et l'équipement des complexes scolaires avec des salles de classe équipées, ont permis d'augmenter l'offre d'éducation de base. Ces nouvelles infrastructures dans les zones rurales des 4 provinces bénéficiaires ont contribué à réduire les disparités géographiques et les distances parcourues par les élèves. Enfin, le projet a permis d'encourager la scolarisation massive et le maintien des filles à l'école puisque les infrastructures sont plus proches d'elles.<br>• Le projet a également contribué à renforcer la capacité du ministère en charge de l'éducation de base à mieux gérer le sous-secteur. Ainsi, le projet a fourni des équipements et des formations au personnel du ministère pour une supervision pédagogique étroite et régulière, etc. Le projet a également contribué à la mise en place d'un système de suivi et d'évaluation. | • Analyse de la conception du projet jusqu'à son approbation en relation avec les changements apportés à l'école de formation des enseignants.<br>• Renforcer l'analyse des modifications apportées à la conception du projet (le cas échéant) au cours de la mise en œuvre (appropriées et opportunes par rapport aux besoins des bénéficiaires).<br>• Les modalités de financement du projet pour répondre aux objectifs du projet et aux besoins | • Analyse de la conception du projet jusqu'à son approbation par rapport aux modifications de l'école de formation des enseignants (prévoir 600 étudiants par an, alors que l'amphithéâtre était prévu pour 040 places)<br>• Analyse de la conception du projet jusqu'à son approbation par rapport aux modifications de la durée de formation du personnel du ministère pour 01 an au lieu de 09 mois comme prévu<br>• Analyse des modalités de financement du projet. |

**Tableau 21 : Conclusions Préliminaires de l'Analyse Documentaire**

| L'évaluation Critères | Résultats de l'analyse documentaire | Lacunes dans les connaissances résultats | Principaux domaines d'intérêt des travaux d'évaluation |
|---|---|---|---|
| | | du pays | |
| **Efficacité et impact** | **Progrès vers l'atteinte des objectifs**<br>• Les objectifs escomptés, qui consistaient à améliorer l'accès à l'éducation de base et la qualité de celle-ci, ont été atteints. Les écoles construites sont fonctionnelles et on observe déjà de nouveaux abris précaires dans les écoles. Cela démontre non seulement le niveau élevé d'inscription mais aussi le besoin de bâtiments supplémentaires pour ces écoles.<br>• La construction de logements pour les enseignants participe à l'amélioration de leur environnement de travail et de leur motivation. Les enseignants sont plus attirés par le fait de vivre dans le village proche de leur école. Ceci est confirmé par les enseignants lors des visites sur le terrain.<br>• La formation des enseignants a permis d'améliorer leurs connaissances et leurs compétences, ce qui leur permet d'être plus performants. Avec l'acquisition de motos, la supervision pédagogique des enseignants et des directeurs d'école devient régulière.<br>• La dotation en mobilier et en équipement des directions centrales et décentralisées ainsi que la formation du personnel ont contribué à renforcer les capacités du ministère. Toutefois, aucun système spécifique de suivi et d'évaluation n'a été mis en place dans le cadre de ce projet afin de contrôler sa mise en œuvre et d'évaluer son impact sur le développement. | • L'analyse des risques du projet était insuffisante et n'identifiait pas les divers facteurs défavorables susceptibles d'entraver la réalisation du projet.<br>• L'analyse de l'impact ne ressort pas de façons appropriées | • Preuve des impacts obtenus :<br>• Évaluer les progrès accomplis par rapport aux réalisations : Effets induits et indicateurs d'activité situation et leur évolution au cours de la mise en œuvre du projet et de la période d'évaluation |
| **Efficacité** | **Progrès vers le résultat : Résultat 1**<br>• Les résultats sont pleinement atteints. Les 40 complexes scolaires primaires sont construits et opérationnels. Cependant, 01 école n'a pas bénéficié d'un forage. Les 04 tentatives se sont révélées négatives et | • L'analyse ne fait pas ressortir les grand défis et challenges ainsi que les | • -Qualité des fournitures scolaires distribuées<br>• Comment les écoles qui n'ont pas bénéficié de puits |

**Tableau 21 : Conclusions Préliminaires de l'Analyse Documentaire**

| L'évaluation Critères | Résultats de l'analyse documentaire | Lacunes dans les connaissances résultats | Principaux domaines d'intérêt des travaux d'évaluation |
|---|---|---|---|
| | l'achèvement de la cinquième nécessite un équipement spécial en raison de la profondeur de la nappe phréatique.<br>• Le projet a contribué à la dotation de chaque école construite de 100% du matériel d'enseignement et d'apprentissage prévu, y compris des compendiums scientifiques et métriques. | difficultés et les facteurs de succès | de forage fonctionnent sans eau ?<br>• Quelles sont les dispositions prises pour doter l'école d'un puits fonctionnel ?<br>• État de l'infrastructure après la fin du projet<br>• État des forages après l'achèvement du projet<br>• Les grand défis et challenges ainsi que les difficultés et les facteurs de succès |
| **Efficacité** | **Progrès vers le résultat : Résultat 2**<br>• 05 campagnes ont été menées par l'équipe projet avec l'aide d'ONG sur les sites du projet. Toutes les autorités administratives, traditionnelles et religieuses des localités concernées ont été impliquées. Les campagnes ont été couplées à des programmes sur l'éducation des filles à la télévision et à la radio et ont été suivies par la distribution, chaque année, de paquets d'encouragement aux 10 meilleures filles de 6e année et les 5 premiers villages qui ont enregistré le taux de scolarisation des filles le plus élevé. | • L'analyse ne fait pas ressortir les grand défis et challenges ainsi que les difficultés et les facteurs de succès | • Qualité de la sensibilisation : processus, soutien apporté aux bénéficiaires.<br>• Qualité des mesures incitatives accordées aux meilleures élèves filles Comment l'ONG a-t-elle été recrutée ? Son expérience en la matière ?<br>• Les grand défis et challenges ainsi que les difficultés et les facteurs de succès |
| **Efficacité** | **Progrès vers le résultat : Résultat 3**<br>• L'école de formation des enseignants est construite, équipée et meublée. L'école était opérationnelle depuis février 2017 avec plus de 600 étudiants. | • L'analyse ne fait pas ressortir les grand défis et challenges | • État de l'infrastructure après la fin du projet :<br>• Nombre d'étudiants par an |

**Tableau 21 : Conclusions Préliminaires de l'Analyse Documentaire**

| L'évaluation Critères | Résultats de l'analyse documentaire | Lacunes dans les connaissances résultats | Principaux domaines d'intérêt des travaux d'évaluation |
|---|---|---|---|
| | • Le gouvernement a nommé la direction et les enseignants pour le fonctionnement de l'école. Tous les bâtiments (Administration, Blocs pédagogiques, Ateliers, espaces de détente, dortoirs, restaurant, etc.) ont été achevés à l'exception de l'amphithéâtre.<br>• Le taux de réalisation de cette infrastructure est de 25%. Cependant, cela n'a pas empêché l'utilisation de l'école déjà fonctionnelle. | ainsi que les difficultés et les facteurs de succès | • Appréciation de la qualité de l'enseignement |
| **Efficacité** | **Progrès vers le résultat : Résultat 4**<br>• 04 membres du personnel du ministère ont été formés à l'Institut international de planification de l'éducation dans un pays occidental pour une durée d'un an au lieu des neuf mois prévus.<br>• Le projet a contribué à l'acquisition de 60 motos pour la supervision pédagogique.<br>• Les directions centrales et décentralisées de l'éducation ont bénéficié d'équipements informatiques ainsi que de matériel de reliure et de reprographie. En conséquence, la capacité du ministère est renforcée et les supervisions pédagogiques deviennent possibles et régulières. | • L'analyse ne fait pas ressortir les grand défis et challenges ainsi que les difficultés et les facteurs de succès | • Position actuelle des 4 personnes formées<br>• Pourquoi 12 mois de formation au lieu des 9 mois prévus ?<br>• Qualité et état des ordinateurs et photocopieurs actuellement au niveau central et décentralisé des directions de l'éducation.<br>• Qualité et état des motocycles pour les superviseurs éducative |
| **Efficience** | **Respect des délais**<br>• En termes de temps, le projet a été inefficient. Le projet a été mis en œuvre sur une période de 80 mois, soit 32 mois de plus que prévu. | • Les raisons des retards ne sont pas bien expliquées | • Les principales raisons du retard<br>• Documentation relative aux différents retards<br>• Le cout des retards sur le projet |

**Tableau 21 : Conclusions Préliminaires de l'Analyse Documentaire**

| L'évaluation Critères | Résultats de l'analyse documentaire | Lacunes dans les connaissances résultats | Principaux domaines d'intérêt des travaux d'évaluation |
|---|---|---|---|
| **Efficience** | **Efficacité de l'utilisation des ressources**<br>• Le projet est mis en œuvre avec un coût réel supérieur au coût prévu de + 30%. Cela s'explique par les modifications apportées à la conception et aux matériaux du centre de formation des enseignants au cours de la mise en œuvre du projet.<br>• Le sol est passé du béton au carrelage et la capacité de l'amphithéâtre est passée de 300 à 600 places. En outre, les travaux suivants ont été réalisés : (i) construction de réservoirs d'eau souterrains supplémentaires suivant les recommandations du service des pompiers, (ii) réalisation de portes coupe-feu et installation du système RIA suivant les recommandations du service des pompiers, (iii) réalisation de fenêtres avec des verres au lieu de volets suivant les recommandations d'installer un système de climatisation dans les laboratoires, (iv) augmentation de la taille de la centrale électrique conformément au besoin exprimé par la Société nationale d'électricité d'avoir un générateur de 33KV au lieu de 24KV initialement prévu ; (v) augmentation du mètre linéaire de gouttières pour mieux assurer le drainage des eaux usées et des eaux de ruissellement de l'amphithéâtre ; (vi) des travaux de terrassement supplémentaires avec des matériaux d'apport pour la réalisation de la plate-forme sportive | • Les résultats ont-ils été obtenus au moindre coût (par rapport à des projets et/ou programmes similaires financés par le gouvernement ou d'autres bailleurs dans le pays bénéficiaire) ? | • Les résultats ont-ils été obtenus au moindre coût ?<br>• L'analyse détaillée du système de suivi des projets |
| Efficience | • Analyse coûts-avantages : N/A<br>• Le projet a été efficace avec une sous-évaluation de 0,5 %. | • Analyse Cout-Bénéfice Social n'a pas effectuée | • Analyse Cout-Bénéfice Social |
| **Durabilité** | **Technique et financière, solidité des résultats du projet**<br>• D'un point de vue technique, toutes les activités prévues dans le cadre du projet ont été menées à bien. Les travaux de génie civil ont été réalisés sur la base d'un projet d'ingénierie complet préparé par les consultants.<br>• Il n'y a pas de besoin de fonds pour le fonctionnement des écoles mais un financement pour les travaux de maintenance et de réparation à long | • Existence d'un système d'exploitation et de gestion adéquat pour gérer les installations du projet | • Existence d'un système d'exploitation et de gestion adéquat pour gérer les installations du projet<br>• Capacité à collecter des fonds (budgétaires, dons, |

**Tableau 21 : Conclusions Préliminaires de l'Analyse Documentaire**

| L'évaluation Critères | Résultats de l'analyse documentaire | Lacunes dans les connaissances résultats | Principaux domaines d'intérêt des travaux d'évaluation |
|---|---|---|---|
| | terme. Les constructions sont simples et réalisées par des entrepreneurs locaux qui peuvent entreprendre les réparations si les fonds sont disponibles.<br>• Le projet a mis en place des mécanismes suffisants pour assurer la durabilité technique et financière afin de garantir un flux continu de bénéfices. | • Capacité à collecter des fonds (budgétaires, dons, etc.) pour soutenir le fonctionnement du projet | etc.) pour soutenir le fonctionnement du projet après son achèvement. |
| **Durabilité** | **Engagement des bénéficiaires, y compris un cadre juridique/réglementaire favorable et un soutien sociopolitique/des parties prenantes**<br>• Le projet a réussi à impliquer tous les acteurs concernés et à promouvoir un sentiment d'appropriation parmi les bénéficiaires.<br>• Les comités de parents d'élèves participent à la gestion des écoles et, grâce aux informations recueillies, les communautés s'engagent à assurer l'entretien et le fonctionnement des écoles | • N/A | • Examiner l'efficacité lors de l'évaluation a posteriori de la stratégie d'engagement des bénéficiaires. |
| **Durabilité** | **Durabilité institutionnelle (efficacité de l'organisation et de la gestion)**<br>• Le projet a contribué de manière significative au renforcement des capacités institutionnelles dans le secteur de l'éducation. En conséquence, les capacités des enseignants ont été renforcées grâce à la formation qui leur a été dispensée et aux supervisions pédagogiques étroites et régulières effectuées par les conseillers. | • Les lois / politiques / réglementations nationales et le contexte institutionnel et national/international propice au maintien des résultats du projet.<br>• Capacité de l'autorité en charge de l'exploitation du projet à s'adapter à toute situation de | • Les lois / politiques / réglementations nationales et le contexte institutionnel et national/international propice au maintien des résultats du projet.<br>• Capacité de l'autorité en charge de la gestion du projet à s'adapter aux changements et aux défis. |

**Tableau 21 : Conclusions Préliminaires de l'Analyse Documentaire**

| L'évaluation Critères | Résultats de l'analyse documentaire | Lacunes dans les connaissances résultats | Principaux domaines d'intérêt des travaux d'évaluation |
|---|---|---|---|
| | | crise, changements et défis | |
| **Durabilité** | **Résilience des résultats du projet aux facteurs exogènes**<br>• Les installations ont été construites conformément aux normes techniques appropriées, ce qui pourrait garantir une durée de vie importante des bâtiments et des équipements des complexes scolaires. En outre, on s'attend à ce que l'entretien de ces installations soit efficace et régulier. Les résultats du projet seront alors résistants aux facteurs exogènes.<br>• Pour le centre de formation des enseignants, le plan de gestion environnementale et sociale (PGES) a été mis en œuvre avec des retards importants et pas de manière entièrement satisfaisante | • Raisons pour lesquelles le plan de gestion environnementale et sociale (PGES) a été mis en œuvre avec des retards importants et pas de manière entièrement satisfaisante | • Raisons pour lesquelles le plan de gestion environnementale et sociale (PGES) a été mis en œuvre avec des retards importants et pas de manière entièrement satisfaisante |

### 6.2.6 Approches/méthodologie d'évaluation

#### 6.2.6.1 Approche de l'évaluation

L'évaluation ex-post est une approche **d'évaluation de la performance** des projets dans le cadre des opérations du secteur public et conformément aux cinq critères principaux critères d'évaluation (pertinence, efficacité, efficience, impact et la durabilité). Il s'agit notamment d'examiner et de répondre aux questions clés liées à la réalisation des résultats, des objectifs et des produits. Le cadre logique du projet est d'une contribution importante à cette évaluation. De ce fait, l'approche finale de l'évaluation est une évaluation participative des performances axée sur la dynamique des parties prenantes

L'évaluation s'est efforcée également de couvrir, tout en évaluant ces cinq critères spécifiques, des aspects tels que la cohérence, la satisfaction des bénéficiaires, les effets induits du projet ainsi que certains aspects transversaux, notamment le système de suivi et l'innovation.

#### 6.2.6.2 Méthode de Collecte

L'évaluation utilisera une méthode de collecte mixte combinant les méthodes quantitative et qualitative. Les méthodes quantitatives étaient la revue documentaire notamment l'analyse du contenu et les enquêtes auprès de l'équipe projet, les partenaires et l'observation structurée. Quant aux méthodes qualitatives, ce fut l'observation, les entretiens avec les informateurs clés et les groupes de discussion avec les bénéficiaires et autres acteurs. Des questionnaires structurés, des guides de discussion de groupe et informateurs clés ont été préparés (voir **Annexes 03, 04 et 05**).

#### 6.2.6.3 Les Outils de l'évaluation ex-post

Le **Tableau 22** dessous présente les répondants, les informations à collecter et les outils qui seront utilisés pour collecter les différentes informations.

| Tableau 16 : Méthode et outils utilisés lors de l'évaluation | | |
|---|---|---|
| **Outil quantitatif / qualitatif** | **Information / Application** | **Répondants** |
| Revue documentaire | • Analyse des tendances, des constats, défis et leçons apprise (Documents du bailleur et du gouvernement disponibles : Document Projet, Rapport de suivi du projet, Rapport d'achèvement du projet, Statistiques de SGP)<br>• Évaluer les performances | • Bailleur, SGP, Gouvernent avec le Ministère de l'Education et partenaires |
| Questionnaire structuré | • Combler ou confirmer les lacunes en matière d'informations provenant de l'analyse documentaire afin de compléter la clé de répartition du projet<br>• Evaluer les progrès et les résultats du projet par rapport aux indicateurs clés | • Fonctionnaires du gouvernement.<br>• SGP<br>• Partenaires |
| Entretien avec les informateurs clés : questionnaire semi-structuré | • Informations supplémentaires sur la performance du projet fondées sur des données probantes | • Fonctionnaires du gouvernement<br>• SGP<br>• Partenaire<br>• Directeur des écoles |

| Tableau 16 : Méthode et outils utilisés lors de l'évaluation | | |
|---|---|---|
| **Outil quantitatif / qualitatif** | **Information / Application** | **Répondants** |
| | • Informations supplémentaires fondées sur des données probantes<br>• Évaluer les perceptions sur la qualité des services et les avantages des interventions du projet, l'implication de la communauté,<br>• Les opportunités et les défis. | • Comités de gestion<br>• Enseignants<br>• Les élèves |
| Discussion de focus-groupe | • Informations supplémentaires fondées sur des données probantes :<br>• Évaluer les perceptions sur la qualité des services et les avantages des interventions du projet, l'implication de la communauté,<br>• Les opportunités et les défis. | • Association des parents d'élèves<br>• Association des mères d'élèves<br>• Le Comite de Gestion Scolaire<br>• Communauté<br>• Les élèves |
| Checklist/guide d'observation des infrastructures scolaires | • Les observations porteront sur les pratiques d'hygiène, l'environnement et la qualité des installations. | • N/A |

### 6.2.7 Équipe d'évaluation, gestion et coordination

Cette évaluation ex-post est conduite par une équipe d'évaluation composée de trois évaluateurs fournis par le bailleur (un chef d'équipe et deux évaluateurs spécialistes principaux), et de deux experts externes venant d'un bureau de consultation en évaluation. La durée de l'évaluation ex-post est de 4 mois. Les rôles et responsabilités de l'équipe d'évaluation par rapport aux activités clés et au calendrier sont présentés dans le **Tableau 23**.

**Tableau 17 : Rôles et responsabilités de l'équipe d'évaluation**

| Activités clés | Responsable/appui | Calendrier | Commentaires |
|---|---|---|---|
| Revue des différents documents et rapport de synthèse | Toute l'équipe d'évaluation | 21/7 - 1/8/2018 | Les différents documents seront partagés avec l'équipe ainsi que le modèle de rapport de synthèse. Chaque membre de l'équipe enverra le rapport de synthèse au spécialiste du bailleur. |
| Consolidation de la revue documentaire et rapport de synthèse | Deux Spécialistes Evaluation Bailleur | 28/07/2018 | |
| Développement du Plan d'évaluation | Deux Spécialistes Evaluation Bailleur et les deux experts externes | 4-8/08/2018 | |
| Approbation du Plan | Chef d'équipe | 4-8/08/2018 | |

| Tableau 17 : Rôles et responsabilités de l'équipe d'évaluation | | | |
|---|---|---|---|
| **Activités clés** | **Responsable/appui** | **Calendrier** | **Commentaires** |
| d'évaluation et du rapport de synthèse de la revue documentaire | | | |
| Élaboration questionnaires, guides et outils | Deux Spécialistes Evaluation Bailleur et les deux experts externes | 18/08/2018 | |
| Préparation du calendrier de la mission | Deux Spécialistes Evaluation Bailleur | 20-22/08/2018 | |
| Soumission de l'annonce de la mission, des outils, des guides et des questionnaires aux responsables nationaux et a l'équipe Projet | Chef d'équipe | 25-28/08/2018 | |
| Mission conjointe sur le terrain avec les évaluateurs du bailleur et les deux experts externes | Toute l'équipe d'évaluation | 29/08/2018 | Une fois sur le terrain, l'équipe se partagera les responsabilités (réalisation d'enquêtes, de groupes de discussion, d'entretiens avec des informateurs clés, analyse et |

| Tableau 17 : Rôles et responsabilités de l'équipe d'évaluation | | | |
|---|---|---|---|
| **Activités clés** | **Responsable/appui** | **Calendrier** | **Commentaires** |
| | | | interprétation des données). |
| Préparation du rapport de synthèse de mission (4 pages) | Deux Spécialistes Evaluation Bailleur avec l'appui des deux experts externes | 29/09 au 06/10 | |
| Préparation du draft de rapport d'évaluation | Deux Spécialistes Evaluation Bailleur avec l'appui des deux experts externes | 10/10/2018 | |
| Partage du rapport d'évaluation avec les pairs et l'équipe projet pour revue et feedbacks. | Chef d'équipe | 28/11/2018 | |
| Préparation du rapport d'évaluation final sur la base des feedbacks et inputs des pairs et des commentaires de l'équipe Projet | Deux Spécialistes Evaluation Bailleur | 16/12/2018 | |
| Revue finale et présentation du rapport d'évaluation final au Bailleur | Chef d'équipe avec l'appui du reste de l'équipe | 22/12/2018 | |

### 6.2.8 Audiences Clés de l'Evaluation :

Les principaux publics visés par le PPER final sont les suivants :

- Les représentants du gouvernement du Pays
- L'équipe Projet du Bailleur appuyant la mise en œuvre du projet
- Les partenaires d'exécution du projet
- Les communautés locales et les bénéficiaires

### 6.2.9 Plan de Diffusion/Dissémination de l'Évaluation :

Après l'évaluation ex-post, l'équipe partagera les premiers résultats avec le gouvernement et les autres parties prenantes dans le pays au cours d'une première réunion de débriefing. Ensuite, le rapport final sera partagé par le bureau du bailleur concerné, y compris l'équipe programme appuyant le pays dans la mise en œuvre, le gouvernement, et les autres parties prenantes. Une demi-journée de réflexion sur l'évaluation pour valider les résultats et les recommandations de l'évaluation sera organisée en mode présentiel et virtuel. L'équipe d'évaluation partagera le rapport final au bailleur et préparera un rapport de synthèse (une note de synthèse de 4 pages du rapport d'évaluation pour diffusion) soulignant les résultats, les leçons apprises et les recommandations à diffuser parmi les parties prenantes concernées, y compris le gouvernement du Pays, et d'autres acteurs travaillant dans le secteur de l'éducation. Les plans d'action des principales parties prenantes seront compilés et partagés avec les autorités locales pour le suivi.

# CONCLUSION

## 7.1 VUE D'ENSEMBLE

L'objectif principal de cet ouvrage était de renforcer les connaissances existantes sur l'analyse de la performance des systèmes SÉRA et leur mise en œuvre dans les organisations et initiatives de développement, notamment au sein des projets et programmes. Pour atteindre cet objectif, nous avons adopté une démarche pratique et méthodique, visant à soutenir les praticiens du développement désireux de mesurer les progrès et les résultats de leurs interventions à travers un système SÉRA efficace.

Pour parvenir à cette conclusion, nous avons opté pour une approche flexible, débutant par les deux premiers chapitres introduisant les concepts clés du suivi, de l'évaluation, de la redevabilité et de l'apprentissage. Ces chapitres mettent en lumière l'importance de ces éléments pour garantir la transparence, l'efficacité et l'amélioration continue des projets.

Le troisième chapitre se concentra sur l'analyse de la performance d'un système SÉRA. Il décrit les étapes nécessaires pour évaluer cette performance et présente une étude de cas sur le Programme National d'Agriculture Rurale (PNAR), illustrant les défis et les succès rencontrés dans son application.

Le quatrième chapitre approfondit l'étude de cas du PNAR, détaillant la mise en œuvre et l'évaluation du système SÉRA. Ce chapitre fournit des insights précieux sur les meilleures pratiques et les leçons apprises, enrichissant ainsi notre compréhension des systèmes SÉRA en pratique. La seconde étude de cas fut abordée dans le chapitre six, servant d'exercice pratique pour la préparation d'un plan d'évaluation ex-post du projet PDEB.

Enfin, le cinquième chapitre aborde la mise en place d'un système SÉRA au sein des organisations et des projets/programmes de développement. Il souligne l'importance cruciale du SÉRA pour améliorer la prise de décision, la gestion des risques, l'efficacité et l'optimisation des ressources.

## 7.2 Importance du Système SÉRA

Il est essentiel de reconnaître que le suivi et l'évaluation (S&E) constituent des outils incontournables dans la gestion des projets de développement. Ces dispositifs permettent de mesurer les résultats et l'impact des interventions, tout en optimisant la qualité des projets tout au long de leur mise en œuvre. Le suivi, en tant que processus continu, offre des informations régulières sur l'état d'avancement des projets, tandis que l'évaluation périodique permet une analyse approfondie des résultats obtenus, facilitant ainsi les ajustements stratégiques nécessaires.

Bien que le S&E soit souvent perçu comme une tâche lourde et chronophage, sa valeur est inestimable pour les organisations désirant mesurer le succès de leurs politiques, programmes, projets et initiatives. Ces processus permettent non seulement d'identifier les domaines nécessitant des améliorations, mais aussi de maximiser les résultats obtenus. Par des pratiques de S&E appropriées, les organisations peuvent prendre des décisions éclairées basées sur des données concrètes, ce qui améliore leur efficacité et leur efficience.

Le suivi et l'évaluation des bénéfices et changements jouent un rôle crucial dans l'évaluation de l'efficacité des politiques, des programmes et des projets. Ils permettent de vérifier l'atteinte des objectifs et de repérer les domaines nécessitant des ajustements. En optimisant ces processus, les organisations peuvent concevoir des programmes plus performants, réduire les coûts et améliorer les résultats globaux. Un suivi continu facilite également l'ajustement des stratégies, permettant ainsi de maintenir les projets sur la bonne voie et d'atteindre les résultats escomptés.

L'importance du S&E réside également dans sa capacité à garantir la redevabilité, à promouvoir l'apprentissage et à éclairer la prise de décision. En intégrant le S&E avec la redevabilité et l'apprentissage, les équipes de projet peuvent identifier des tendances, adapter leurs approches et améliorer l'efficacité de leurs interventions. Cette synergie renforce la transparence et la responsabilité envers les parties prenantes, démontrant ainsi que les ressources sont utilisées de manière efficace et que les objectifs sont atteints.

Ainsi, le suivi et l'évaluation, associés à la redevabilité et à l'apprentissage, communément appelé SÉRA, constituent des piliers essentiels pour le succès et la durabilité des projets de développement. Ils maximisent l'impact des interventions, optimisent l'utilisation des ressources et garantissent que les projets répondent véritablement aux besoins des bénéficiaires et des donateurs.

En fin de compte, le SÉRA représente un outil stratégique pour une gestion plus informée et dynamique. Il est crucial pour optimiser les performances, ajuster les stratégies et garantir l'utilisation optimale des ressources afin d'atteindre les objectifs à long terme. En intégrant systématiquement ces pratiques, les organisations non seulement améliorent leurs performances, mais renforcent également leur compétitivité et leur durabilité.

En résumé, le suivi, l'évaluation, la redevabilité et l'apprentissage sont des outils essentiels pour toute organisation désireuse de mesurer le succès de ses initiatives. Ils fournissent des données précieuses pour orienter les décisions et les stratégies futures, tout en offrant une meilleure compréhension des forces et des faiblesses organisationnelles. Qu'il s'agisse de renforcer la responsabilisation ou de prendre des décisions éclairées concernant l'allocation des ressources, le S&E offre des perspectives approfondies sur l'efficacité des opérations d'une organisation.

## 7.3 Démarche d'Analyse de la Performance du Système SÉRA

L'analyse de la performance d'un système SÉRA nécessite une approche structurée et multidimensionnelle. En évaluant la pertinence, l'efficacité, l'efficience, l'impact et la redevabilité du système, tout en utilisant des méthodes quantitatives et qualitatives, il est possible d'identifier ses forces et ses faiblesses. Les recommandations et les améliorations continues découlant de cette analyse contribueront à renforcer le système SÉRA et à maximiser ses bénéfices pour les programmes et projets concernés.

La performance d'un système SÉRA est cruciale pour garantir l'efficacité, l'efficience, l'impact et la durabilité des programmes de développement et humanitaires. Évaluer la performance implique d'examiner non seulement sa conception, mais également le processus de mise en œuvre et les résultats obtenus. Les principaux facteurs de réussite d'un système SÉRA se répartissent en trois dimensions : la conception, le fonctionnement et l'utilisation.

**La conception** du système doit s'adapter au contexte de mise en œuvre du projet, tandis que **le fonctionnement** est évalué en fonction de la planification, de la coordination et de la gestion. L'**utilisation** du système fait référence à l'exploitation efficace des résultats, des leçons tirées et des recommandations générées par le SÉRA.

L'analyse de la performance du système SÉRA doit donc passer par un examen minutieux de ces trois fonctions. Il est essentiel d'identifier les paramètres et métriques qui influencent chacune de ces dimensions, ainsi que les interactions entre elles, pour s'assurer qu'elles contribuent efficacement aux objectifs généraux du système. L'objectif principal de cette analyse consiste à garantir que chaque fonction participe positivement aux résultats souhaités et à repérer les domaines nécessitant des améliorations pour optimiser le système SÉRA.

En somme, la performance d'un système SÉRA dépend de la robustesse de ses trois paramètres clés : la conception, le fonctionnement et l'utilisation. Une évaluation rigoureuse de ces éléments assure non seulement que le système fonctionne de manière optimale, mais aussi qu'il atteint les objectifs définis tout en répondant aux besoins des parties prenantes.

## 7.4 Mise en place du Système SÉRA dans les Organisations et les Projets/Programmes

La mise en place d'un système SÉRA au sein des organisations et initiatives de développement (projets et programmes) doit être une approche pratique et méthodologique pour les praticiens du développement, leur permettant de mesurer efficacement les progrès et les résultats. Le système SÉRA doit intégrer un suivi proactif, une adaptation dynamique et une évaluation des performances. La participation active, la rigueur méthodologique et la prise de décision fondée sur les données sont des aspects cruciaux du système. La transparence dans la gestion et l'évaluation garantit que toutes les parties prenantes comprennent parfaitement leurs rôles et responsabilités respectifs. Le système SÉRA doit également inclure l'évaluation des relations de causalité, basées sur la théorie du changement (TDC) globale de l'organisation, à tous les niveaux.

Le système SÉRA dans une organisation doit être conçu de manière à inculquer la culture de SÉRA au sein de l'Organisation entière. Pour ce faire, mettre en place un Cadre de SÉRA dans une organisation est une démarche structurée qui implique plusieurs étapes essentielles communément appelées le concept des « Sept Ps (7Ps) » – **Politiques, Procédures, Performance, Produits, Plateformes, Publication et Partenariats** – Ces éléments sont essentiels à la réussite d'un système SÉRA dans les organisations. Ce cadre basé sur le concept des 7Ps est flexible et peut être ajusté en fonction des besoins spécifiques de chaque organisation. Un système SÉRA bien conçu n'est pas statique ; il nécessite une révision et une adaptation continues pour rester pertinent et répondre aux besoins en constante évolution.

Les **politiques SÉRA**, bien définies, constituent le fondement du système SÉRA dans une organisation. Elles servent de principes directeurs pour l'application et la mise en œuvre du système. Ces politiques garantissent une gestion efficace des interventions (plans, programmes et projets) et fournissent des données fiables pour une utilisation appropriée. Les politiques doivent refléter la mission de l'organisation, intégrer les meilleures pratiques internationales (comme la sensibilité à la problématique hommes-femmes), et inclure des mécanismes de suivi, d'évaluation, de redevabilité et d'apprentissage. En fonction des normes internationales, en matière de SÉRA nous pouvons avoir des politiques comme : ***(i) la politique de conception du système SÉRA, (ii) la politique de suivi, (iii) la politique de l'évaluation, (iv) la politique de redevabilité, (v) la politique de l'apprentissage, (vi) la politique de budget, (vii) la politique des ressources humaines en MEAL*** etc… D'autres politiques peuvent s'ajouter aussi bien en fonction des valeurs, missions et principes directeurs spécifiques de chaque organisation. Par exemple la **politique genre dans le SÉRA.**

Les **procédures SÉRA** sont des documents opérationnels qui détaillent les étapes spécifiques, les méthodes et les processus à suivre pour mettre en œuvre la politique de SÉRA au quotidien. L'énoncé de chaque politique est accompagné d'une série de procédures spécifiques qui guideront les équipes de l'Organisation pour qu'ils arrivent à une approche plus solide et plus constante de SÉRA, c'est à dire, une « façon de faire de l'Organisation pour le SÉRA ». En d'autres termes plus simples, les politiques constituent les objectifs à long et moyen termes et les procédures des actions pratique pour atteindre les politiques et leurs objectifs.

La **performance** se réfère aux différents critères que l'Organisation identifie pour mieux mesurer la performance et l'efficacité du système de SÉRA. L'évaluation des performances implique par exemple l'examen de la clarté des objectifs, de la qualité de l'équipe, de la collecte des données, de la gestion des risques, etc. Les **produits** constituent les livrables ou résultats spécifiques générés par le système SÉRA pour faciliter la gestion, l'analyse et l'amélioration des interventions (projets, programmes) de l'organisation. Ils désignent les résultats tangibles du système SÉRA, tels que les rapports, les visualisations de données et les supports de partage des connaissances.

Les **plateformes SÉRA** sont plateformes technologiques sont présentées comme des outils essentiels pour gérer et optimiser divers aspects du processus SÉRA, facilitant la collecte des données, l'analyse, les rapports et le suivi en temps réel. Des plateformes spécifiques sont mentionnées, notamment KoboToolbox, ComCare, DHIS2 et Power BI.

La **publication et la diffusion** sont méthodes formelles et informelles de partage des résultats et des enseignements du SÉRA. Les méthodes formelles incluent les rapports officiels, les publications dans des revues professionnelles et les rapports sur les sites web des organisations. Les méthodes informelles incluent des ateliers, des séminaires et les médias sociaux. Une communication et une diffusion efficaces sont essentielles pour maximiser l'impact, encourager la participation des parties prenantes et favoriser une culture d'apprentissage et d'amélioration continue.

Enfin, les **Partenariats dans la mise en œuvre du SÉRA** ont les avantages considérables dans le renforcement du système SÉRA. Ensuite, les partenariats offrent un accès à des ressources diversifiées, l'amélioration de la transparence et de la redevabilité.

Le système SÉRA de l'organisation donne la voie au système SÉRA des projets/programmes dans le sens ou celui des projets/programmes doit être ancré dans le système SÉRA global de l'organisation. Il est important d'aligner les systèmes SÉRA des projets individuels sur les lignes directrices du système SÉRA de l'organisation. La mise en œuvre du SÉRA au niveau des projets suit une approche structurée, se référant et utilisant le concept des 7Ps. Elle comprend quatre (4) composantes dont : **Composante 01 – Suivi-Évaluation** ; **Composante 02 –**

**Redevabilité** ; **Composante 03 – Apprentissage** ; et **Composante 04 – Fonctionnement.**

La **première composante** est une approche intégrée et structurée de 07 étapes pour la mise en place d'un système de suivi et d'évaluation efficace. Elle commence par la définition des objectifs et de la portée, la compréhension des besoins en information des parties prenantes et la mise en place d'une structure de gestion claire et des rôles. Le développement des outils pour la mise en œuvre du SÉRA et méthodes de collecte des données sont examinées, et enfin le plan d'évaluation détaillé, un élément crucial pour la réussite du projet et l'amélioration continue.

La **composante redevabilité** implique 09 étapes dont la définition d'objectifs clairs, l'établissement de critères de succès, la conception du mécanisme de feedback et son fonctionnement ainsi que les responsabilités. Par la suite un renforcement de capacité et l'incitation à l'adhésion communautaire seraient nécessaires et la mise en place d'un processus d'évaluation et d'amélioration continue du dispositif de redevabilité.

La **composante apprentissage** met l'accent sur l'identification et le partage des enseignements clés, la promotion de l'amélioration continue et le renforcement des capacités organisationnelles. Différentes approches d'apprentissage sont présentées et comment les mettre en place : Revues Après Action (RAA), Événements d'apprentissage, Discussions d'apprentissage pour l'action, Apprentissage basé sur les données, Pensée évaluative et Théorie du changement. Une communication et des processus de retour d'information solides sont essentiels pour cette composante.

La **dernière composante** suscite la création d'un environnement propice au bon fonctionnement du système SÉRA à travers l'analyse et la disponibilité des ressources clés notamment le budget. L'allocation budgétaire pour le SÉRA est un élément crucial. Il est essentiel que le budget du SÉRA d'un projet s'intègre au système SÉRA global de l'organisation, tout en tenant compte des besoins et des budgets individuels des autres interventions. La gestion financière du système SÉRA doit être cohérente, assurant l'harmonie entre les budgets organisationnels et les budgets individuels des projets. De plus, cette composante met l'accent sur les processus essentiels de test, de révision et d'adaptation du système SÉRA. Le test comprend une phase pilote pour identifier les axes d'amélioration avant la mise en œuvre à grande échelle. La révision et l'adaptation nécessitent un cycle continu de suivi, d'évaluation, de retour d'information et d'amélioration, soulignant l'importance de l'utilisation des données et des retours d'information pour apporter des modifications et garantir que le système reste efficace et pertinent tout au long du cycle de vie du projet.

## 7.5 Conclusion et Perspectives

En conclusion, cet ouvrage a exploré en profondeur l'analyse et la mise en œuvre des systèmes SÉRA dans le contexte des organisations et initiatives de développement. En adoptant une approche méthodique et multidimensionnelle, nous avons mis en lumière l'importance cruciale de ces systèmes pour garantir l'efficacité, l'efficience, l'impact et la durabilité des programmes de développement.

À travers une étude des concepts fondamentaux, des étapes d'analyse de la performance, et des études de cas comme le Programme National d'Agriculture Rurale (PNAR), il est clair que les systèmes SÉRA sont essentiels non seulement pour mesurer les résultats des interventions, mais aussi pour améliorer constamment les processus et informer la prise de décision stratégique.

Nous avons souligné que la performance d'un système SÉRA repose sur sa conception, son fonctionnement et son utilisation. Une évaluation rigoureuse de ces dimensions permet de s'assurer que les ressources sont utilisées de manière optimale et que les projets répondent aux réels besoins des bénéficiaires.

De plus, le suivi et l'évaluation doivent être perçus comme des processus dynamiques et intégrés, visant à promouvoir la transparence et la redevabilité. Ils ne sont pas simplement des obligations bureaucratiques, mais plutôt des instruments stratégiques indispensables pour favoriser une culture d'apprentissage au sein des organisations.

En définitive, en intégrant des pratiques de SÉRA systématiques et en investissant dans des processus d'évaluation et d'apprentissage continus, les organisations peuvent non seulement améliorer leur efficacité opérationnelle, mais également renforcer leur impact à long terme sur les communautés qu'elles servent. Ce livre aspire à offrir aux praticiens du développement des outils et des réflexions qui les aideront à maximiser les bénéfices de leurs interventions et à contribuer de manière significative au bien-être social et économique des populations.

En guise de perspective, il serait intéressant d'intégrer la démarche de mise en place du système SÉRA dans une approche de gestion axée sur les résultats. Cela permettrait de maximiser la performance des organisations, ainsi que des projets et programmes, tout au long de leur cycle de vie, depuis la phase de conception jusqu'à la phase de clôture.

## BIBLIOGRAPHIE


1. ADB. (2006). *ADB Guideline for Impact Evaluation.* Asia: Asian Development Bank.
2. Angelucci, M., & Di Maro, V. (2015). *Program Evaluation and Spillover Effects .* Washington : World Bank .
3. Asian Development Bank . (2006). *impact Evaluation: methodological and operational issues, Asian Development Bank, September 2006;.* Asia : September 2006.
4. Babbie, E. (1990). *Survey Research Method: 2nd edition .* Belmont.
5. Baker, J. (2000). *Evaluating the impact of development projects on poverty : A handbook for practitioners.* Washington, DC, DC: The World Bank.
6. Baker, J. (2000). *Evaluating the Impact of development projects on poverty: A Handbook for Practitioners.* Washington, D.C.: The World Bank.
7. Barahona, C. (2010). Randomised Control Trials for the Impact Evaluation of Development Initiatives: A Statistician's Point of view.
8. Barder, O. (2016, August 16). What is development? [Blog post]. Retrieved from https://www.cgdev.org/blog/what-development. Oxford, Oxford, United Kingdom.
9. Bergeron. (1995).
10. Betterevaluation. (2020, February 05). *BetterEvalaution.* Retrieved from BetterEvaluation: https://www.betterevaluation.org/en/resources/outcome_mapping/ilac
11. BetterEvaluation. (2023). *Étapes du processus d'évaluation - Manager's guide to evaluation.* BetterEvaluation.
12. BRUCE Britton. (n.d.). *L'apprentissage Organisationnel dans les ONG.* Praxis paper3.
13. BTA. (2005). *Guide de préparation d'un plan d'évaluation de projet.* Bureau des technologies d'apprentissage (BTA).

14. Bulte, E. C., Kontoleon, A., List, J., Mokuwa, E., Richards, P., Turley, T., & Voors, M. (2016 ). *The impact of earned and windfall cash transfers on livelihoods and conservation in Sierra Leone.* Sierra Leone : 3ie .

15. Burns, R., & Burns, R. (2008). *Business Research Methods and Statistics Using SPSS.* London : Sage Publication Ltd.

16. CADI. (2021, September 20). *Government of Canada.* Retrieved from Government of Canada: https://www.canada.ca/en/treasury-board-secretariat/services/audit-evaluation/evaluation-government-canada/theory-based-approaches-evaluation-concepts-practices.html

17. CARE. (2010, Fevrier). Dans le cadre de Redevabilité Humaine version pilote. FRANCE.

18. Chen, L. (2012). *A mixed-method study investigating intangibles in the banking.* Glasgow: University of Glasgow.

19. Chen, L. (2012). *A mixed-method study investigating intangibles in the banking sector.* Glasgow: PhD Thesis, University of Glasgow.

20. Chenery, H., Ahluwalia, M., Bell, C., Duloy, J., & Jolly, R. (1974). *Redistribution with growth.* Sussex: Institute of Development Studies : University of Sussex;.

21. CIDA . (2008). *La gestion axee sur les resultats: Guide d'introduction aux concepts et aux principes revue.* Canada : CIDA.

22. Cohen, J., & Easterly, W. (2009). *What Works in Development?: Thinking Big and Thinking Small.* Brookings Institution Press .

23. Concern. (2019, March 15). *Concern USA*. Retrieved from Concern USA: https://www.concernusa.org/story/causes-of-poverty

24. Creswell. (2007). *Research design: qualitative, quantitative and mixed methods approaches (Second edition),.* USA: SAGE publication, Inc.

25. Creswell. (2013). *Research Design: Qualitative, Quantitative, and Mixed Methods Approaches, Fourth Edition.* USA: SAGE Publications, Inc.

26. Creswell, J. (2007). *Research design: Qualitative, quantitative and mixed methods approaches (2nd ed.).* Thousand Oaks, CA: SAGE Publications, Inc.

27. Creswell, J. (2009). *Research design: Qualitative, quantitative and mixed methods approaches (3rd ed.).* Thousand Oaks, CA: SAGE Publications, Inc.

28. Creswell, J., & Plano, C. (2008). *Designing and Conducting Mixed Method Research.* Sage.

29. Creswell, J., & Plano, C. (2008). *Designing and Conducting Mixed Method Research .* Sage.

30. CRS . (2007). *Program Package II.* Baltimore : Catholic Relief Services .

31. CRS. (2015, February 20). CRS and ICT4D. *ICT4D Newsletter* , pp. 1-2.

32. CRS. (2015). *CRS MEAL Policy and Procedures.* Baltimore: CRS.

33. CRS. (2017). *Getting Start: A practical guide for learning in CARO* . CARO: CRS.

34. David I, L., & Jason, B. (2013). *A rapid assessment randomised-controlled trial of improved cookstoves in rural Ghana.* Ghana: 3ie.

35. DDLGN. (2020, January 20). *Democratization, Decentralization and Local Governance*. Retrieved from DDLGN : https://www.shareweb.ch/site/DDLGN/topics/governance/socialinclusion/SitePages/Home.aspx

36. Denzin, N. K., & Lincoln, Y. S. (2005). *The Discipline and Practice of Qualitative Research,.* USA: Thousand Oaks, CA, Sage.

37. Development Assistance Research Associates. (2008). *The Humanitarian Response Index 2008: Donor Accountability in Humanitarian Action.* Madrid: Dara .

38. Duflo, E., Glennerster, R., & Kremer, M. (2006). *Using Randomization in Development Economics Research: A toolkit* .

39. Duriau, V., Reger, R., & Pfarrer, M. (2007). *A content analysis of the content analysis literature in organization studies: research themes, data sources, and methodological refinements.* Organizational Research Methods, Vol. 10. 1, pp. 5 - 34 .

40. Easen, N. (2019, April 15). *Business-innovation.* Retrieved from Business-innovation: https://www.raconteur.net/business-innovation/africa-lack-infrastructure-leaves-millions-poverty-despite-potential

41. ECHO Alliance. (2015). *Post Distribution Monitoring 2 for Echo Project.* Niamy : ECHO Alliance .

42. Ekanayake, E., & Chatrna, D. (2008). The effect of foreign aid on economic growth in developing countries. *Journal of International Business and Cultural Studies, Bethune-Cookman University and University of Florida* , 1-11.

43. European Commission . (2001 ). *Manuel sur le cycle de gestion des projets* . Belium : EU .

44. European Commission. (2001). *Manuel sur le Cycle de Gestion des Projets.* Belium: EU.

45. EVALSDG. (2016). *Evaluation: a crucial ingredient for SDG success.* EVALSDG: Download the pdf at http://pubs.iied.org/17357IIED.

46. Ferroni, M. (2000). *Reforming Foreign Aid: The Role of International Public Goods.* Washington : Word Bank .

47. Fombad, C. (2013). *The context of justice in Africa: Emerging trends and prospects.* USA: UNDP.

48. Friederike, B.-R. (2008 ). *Good Governance: Characteristiques, Methods and the Austrian examples* . Austria : Transylvanian Review of Administrative Sciences.

49. Gans, H. (1995). *The war against the poor.* . New York : New York, NY: Basic Book.

50. Gertler et al. (2011). *Impact evaluation in practice.* Washington: World Bank Group.

51. Gertler, P J, Martinez, S, Premand, P, Rawlings, L. B., Vermeersch, C. (2011). *Impact evaluation in practice, World Bank Group.* Washington, DC: World Bank Group.

52. Gertler, P. J., Martinez, S., Premand, P., Rawlings, L. B., & Vermeersch, C. M. (2016). *Impact Evaluation in Practice Second Edition.* Washington : nternational Bank for Reconstruction and Development / The World Bank.

53. Gertler, P. M. (2011). *Impact evaluation in practice.* Washington, DC: World Bank Group.

54. Gubbels. (2011). *Pathways to Resilience in the Sahel, Escaping the Hunger Cycle.* London : The Sahel Working Group (SWG).

55. Gubbels, P. (2011). *Pathways to resilience in the Sahel: Escaping the hunger cycle.* London: The Sahel Working Group (SWG).

56. Gulemetova, M., Dessein, M., & Safarha, E. (2016). *AVSI - Ivory Coast Integrated Support for Sustainable School Canteens and Early Grade Reading in Ivory Coast* . Ivory Coast: Impaq International .

57. Hair, J., Black, W., Babin, B., & Anderson, R. (2009). *Multivariate Data Analysis* . New Jersey: Pearson Education.

58. he Institute for Statistical, S. a. (2008). *Ghana - Agriculture - Commercial Training.* Ghana: MCC.

59. Hearn, S., & Buffardi, A. (2016, February). What is impact? *Methods Lab*, 16.

60. Hempel, K., & Fiala, N. (2012). *Measuring Success of Youth Livelihood Interventions: A Practical Guide to Monitoring and Evaluation.* Washington : e International Bank for Reconstruction and Development/ e World Bank.

61. Holland, J., & Campbell, J. (2005). *Methods in development research, combining qualitative and quantitative approaches.* USA: ITDG Publishing.

62. Ilies et al. (2012). Impact evaluation for EU financed projects. *Impact Evaluation.*

63. Ilies, L. M. (2012). Impact evaluation for EU financed projects. *Impact Evaluation*, 196-199.

64. Ilieş, L., Crişan, E., Mureşan, I., & Pleşcan, M. (2010). Methods for evaluating the impact of project implementation in regional development. *Proceedings of the 3rd International Conference on Managerial Challenges of the Contemporary Society.*

65. Ilieş, L., Crişan, E., Mureşan, I., & Pleşcan, M. (2010). Methods for Evaluating the Impact of Project Implementation in Regional Development, The Proceedings of the 3rd . *International Conference Managerial Challenges of the Contemporary Society, Ed. Ri.*

66. Ilies, L., Murean, I., & Crian, E. (2012). Impact evaluation for EU financed projects. *Impact Evaluation*, 1.

67. ILO. (1976). *World Development Report.* Geneva: ILO.

68. IMF. (2010). *Sahel crisis report .* Washington: IMF.

69. In the same vein . (2018). *In the same vein .*

70. INTRAC. (2017). *theory-based evaluation.* England : INTRAC for civil society .

71. IOG. (2003). *Putting Good Governance Principles in Practice .* IOG.

72. IRCRC . (2003). *PRINCIPLES AND GOOD PRACTICE OF HUMANITARIAN DONORSHIP.* Stockholm: IRCRC.

73. Jackson, J. K. ( 2010). *Financial Crisis: Impact on and Response by the European Union.* Diane Publishing.

74. Jenny, A., & Christopher, K. (2014). *Impact of Mobile Monitoring on Education in Niger.* Maradi and Zinder: JPAL.

75. Jenny, A., & Kelsey, J. (2017). *Are Rainwater Harvesting Techniques Profitable for Small-Scale Farmers? The Adoption and Impact of RWH Techniques in Niger.* Niger: JPAL.

76. Jenny, A., Christopher, K., & Travis J, L. (2012 ). *Can mobile phones improve learning? Evidence from a field experiment in Niger.* Dosso, Zinder : JPAL, CRS .

77. Jenny, A., Rachid, B., Amanda, M., & Niall, T. (2011). *Payment Mechanisms and Anti-Poverty Programs: Evidence from a Mobile Money Cash Transfer Experiment in Niger.* Niger: JPAL.

78. Johnson, R. B., & Onwuegbuzie, A. J. (2004). Mixed-method Research: a research paradigm whose time has come. *Educational Researcher 33,* , 14-26.

79. Johnson, R. B., Onwuegbuzie, A. J., & Turner, L. A. (2007). Toward a definition of mixed method research. *Journal of Mixed-method Research*, 112-133.

80. Jordan, G. (2004). *The Causes of Poverty - Cultural vs Structural.* Arizona: Arizona State University.

81. Jost, J. T., & Aaron, K. (2000). Social justice, history, theory and research. In *Social justice, history, theory and research* (pp. 1122-1151).

82. Kankwenda, M., Gregoire, L.-J., Hugues, L., & more, 2. (1997). *Poverty Eradication: Where Stands Africa? Paperback – February, 2001 by* . Washington : United Nations.

83. Kapur, D., & Webb, R. (2000). *Governance-Related Conditionalities of the International Financial Institution.* New York and Geneva: UNCTAD, G-24 Discussion Paper Series 6.

84. Karl, W. (1998). *Good governance and economic development: new foundations for growth in Africa* . Germany .

85. Katherine, C., Rachel, G., & Edward, M. (2014). *The GoBifo project evaluation report: Assessing the impacts of*

*community-driven development in Sierra Leone.* Sierra Leone : 3ie .

86. Kaufmann, D. (2005). *Governance Matters IV: Governance Indicators for 1996-2004.* Washington: World Bank Policy Research Working Papper.

87. Kaufmann, D., Kraay, A., & Zoido-Lobatón, P. (1999). *Governance Matters.* Washington, DC, World Bank: World Bank Policy Research Working Paper 2196.

88. Keita, A. (2006). *Amélioration de la performance des systèmes de suivi-évaluation par la gestion axée sur les résultats (GAR) : cas de la sous - composante petite irrigation du PNIR – Mali.* Dakar: CESAG.

89. Keita, A. (2013). *Mali Agrodealer Strengthening Program: Final Impact Evaluation.* Mali: CNFA Mali.

90. Keita, A., & Bore, S. (2011). *Mali Agrodealer Strengthening Program: Midline Report* . Mali: CNFA-Mali.

91. Keita, A., Tangara, M., & Tangara, Y. (2014). *Partnership Program Arrangement Mali: Final Evaluation Report* . Bamako: CAID Mali .

92. Keita, B. (2021). *Evaluation d'Impact Reflective* . Jeddah: Lambert Academy Publishing .

93. Keita, B. (2021). *Évaluation d'impact Réflective, une alternative aux méthodes d'évaluation d'impact dans les pays du Sahel (Mali, Burkina, Niger).* Lambert Academic Publishing.

94. Kempe, P. (2003). *The UNECA and Good Governance in Africa* . Retrieved from UNECA: http://www.uneca.org/dpmd/Hope_Harvard.doc.

95. Keppel, G. (1991). *Design and Analysis: A Researcher's Handbook. 3rd Edition,* . Prentice Hall, Englewood Clifts, New York.

96. Khan, M. H. (2006). *Governance and Anti-Corruption Reforms in Developing Countries: Policies, Evidence and Ways Forward.* Washington : UN.

97. Khandker, S. R., Koolwal, G. B., & Samad, H. A. (2010). *Handbook on Impact Evaluation Quantitative Methods and Practices.* USA: The World Bank .

98. Kuznets, S. (1966). *Modern Economic Growth: Findings and Reflections* .

99. Lance, P. M.; Guilkey, D. K., Hattori, A., & Angeles, G. (2014). *How Do We Know If a Program Made a Difference? A Guide to Statistical Methods for Program Impact Evaluation.* Chapel Hill, NC, Carolina : MEASURE Evaluation, University of North Carolina at Chapel Hill.

100. LEAP. (2007). *Apprentissage grace a l'évaluation associée a la redevabilité et a la planification.* Wanshington, DC 20002.

101. legs", ". h. (2017). *Governance* .

102. Lucidchart. (2023, 02 01). *"Qu'est-ce qu'un diagramme de flux de données, "*. Retrieved from https://www.lucidchart.com/pages/fr/diagramme-de-flux-de-donnees

103. M. Jaja, J. (2014). *Good governance in rural areas: challenges for social security.* Institute of Foundation Studies, Rivers State University of Science and Technology, P. M. B. 5080, Port Harcourt.

104. Mauro, P. (1997). *The Effects of Corruption on Growth, Investment and Government Expenditure: A Cross-Country Analysis.* Washington, DC: Elliot KA, ed. Corruption and the Global Economy.

105. McGillivray. (2015). *Is aid effective?* Helsinki: WIDER.

106. Mekolo, A., & Resta, V. (2005). *Governance Progress in Africa: Challenges and Trends.* Washington: UNDP.

107. Mir, S., Lu, S.-H., David, C., & Hofer, C. (2017). Content analysis in SCM research: past uses and future research opportunities . *The International Journal of Logistics Management, Vol. 29 No. 1, 2018* , 152-190.

108. Miro. (2023, 02 01). *Qu'est-ce qu'un diagramme de flux de données ? Exemples, symboles et utilisations*. Retrieved

from https://www.lucidchart.com/blog/fr/tutoriel-diagramme-flux-de-donnees

109. Mo, P. (2001). *Corruption and Economic Growth.* . Journal of comparative economics .

110. Montserrat, S., Jesper, R., Jacqueline, F., Daniela, R., Ana Rodríguez, S., & Colleen, M. (2018). *Impact evaluation of WFP's programs targeting moderate acute malnutrition in humanitarian situations in Chad.* Chad : 3ie.

111. Morton. (2009). *Applicability of impact evaluation to cohesion policy.* Oxford: Report Working Paper.

112. Morton, M. (2009). *Applicability of Impact Evaluation to Cohesion Policy.* Report Working Paper.

113. Moustakas, C. (1994). *Phenemenogcal Research Method* . London: Sage Publiction .

114. Neologis. (2023, 02 17). *Neologis*. Retrieved from Rapport d'activité : l'opportunité d'une communication attractive !: https://neologis.fr/news/communication-rapport-activite/

115. Nina, M.-V. (2011). *PRACTICAL CHALLENGES OF RIGOROUS IMPACT EVALUATION IN INTERNATIONAL GOVERNANCE NGOs: Experiences and Lessons from The Asia Foundation* . Asia : Asia Foundation.

116. NORC. (2015). *Ghana - Financial Services.* Ghana: MCC.

117. Nueuendorf, K. A. (2002). *The content analysis guidebook.* Thousand Oaks: CA: Sage .

118. Obadina, T. (2000). *Africa's Crisis of Governance in Africa Economic Analysis.* Nigeria : retrieved from: www.afbis.com/analysis/crisis.htm. p. 4.

119. OEDC-DAC. (2010). *Glossary of Key Terms in Evaluation and Results Based Management.* Paris.

120. OIT. (2014). *Leçons apprises : Principes, processus et bonnes pratiques.* Geneve : Organisation Internationale du Travail (OIT).

121. Organisation de Cooperation et de Development Economiques (OECD). (2015). *Versements d'aide (APD) vers les pays et régions [CAD2a].* Paris: OECD.

122. Pascaline, D., Esther, D., & Michael, K. (2016). *Estimating the impact and cost-effectiveness of expanding secondary education in Ghana.* Ghana: 3ie.

123. Patton, M. (2008). *Utilization-focused evaluation (4th ed.).* Thousand Oaks, CA: Sage Publications.

124. Patton, M. Q. (1997). *Utilization-Focused Evaluation. Third Edition.* Thousand Oaks, California: Sage Publication.

125. Pawson, R., & Tilley, N. (1997). *Realist Evaluation .* London: Sage Publication .

126. Perkins, D. H., Radelet, S., & Lindauer, D. L. (2013). *Economics of Development Seventh Edition .* USA.

127. PHAP. (2019, November 19). *PHAP: International Associations of Profesionals in Humanitarian Assistance and Protection .* Retrieved from PHAP website : https://phap.org/PHAP/Themes/Law_and_protection/PHAP/Themes/IHRL.aspx?hkey=77d82908-6db9-4c1f-86a7-686757e05564

128. PMI. (2008). *A guide to the project management body of knowledge (PMBoK Guide), 3rd edition, Project Management Institute,.* USA Newtown Square: PMI.

129. Practitionner, I. E. (2017). *Impact Evaluation Practitionner Focus Group .* Sahel : Baffa .

130. Project Management Institute (PMI). (2008). A guide to the project management body of knowledge (PMBoK Guide) (3rd ed.). Newtown Square, PA: PMI.

131. Robert, D. O., Fred, M. D., Isaac, O.-A., Felix Asante, L. S., Pokuaa, N. A., Kwabena, A.-A., & Massa, C. (2018). *Impact of voice reminders to reinforce harvest aggregation services training for farmers in Mali.* Mali : 3ie .

132. Robert, K. Y. (2009). *Case study research design and method (fourth edition), .* USA: SAGE publication, Inc.

133. Rogers, P. (2007). *Theory-based evaluations: Reflections ten years on. New Directions for Evaluation, 114, 63–67.* USA: New Directions for Evaluation .

134. Sabate, R. (2008). *The Impact of Lifelong Learning on Poverty Reduction.* USA.

135. Sadagopan, J. (2015). *Randomized Controlled Trials (RCT) in Indian Education Research .*

136. SANOGO, I. (2015-2016). Module de formation en Suivi-évaluation des Projets/Programmes. Hamedalaye ACI2000, Bamako, Mali: TechnoLAB-ISTA.

137. Santiso, C. (1997). *Democratic Governance: Economic and Political Development in New Democracies.*

138. Santiso, C. (2001). *Good Governance and Aid Effectiveness: The World Bank and Conditionality.* Washington : Johns Hopkins University.

139. Sarker, J. (2014). ETHICAL ISSUES OF RANDOMIZED CONTROLLED TRIALS. *Bangladesh Journal of Bioethics*, 4.

140. Smutylo, T. (2004). Outcome mapping: A method for tracking behavioural changes in development programs. *ILAC_Brief07*, 01.

141. Stern, E. (2015 ). *Impact Evaluation: A guide for Commissioners and Managers.* Big Lottery Fund, Bond, Comic Relief and the Department for International Development. UK: Bond .

142. Thomson, S., & Beatie. (2007). *Lifting the lid on the use of content analysis to investigate intellectual capital disclosures.* Accounting Forum .

143. Todaro, M. P., & Smith, S. C. (2012). *Economic Development ELEVENTH EDITION.* USA.

144. Traore, A. (2006). *Codex de cours sur la conception des projets.* Dakar: CESAG.

145. Trochim, W., & Donnelly, J. (2006). *The Research Methods Knowledge Base.* Cincinnati, OH, United States: Atomic Dog Publishing Inc.

146. Tuli, F. (2010). The basis of distinction between qualitative and quantitative research in social science: reflection on ontological, epistemological and methodological perspectives. *Ethiopian Journal of Education and Sciences,*, 97-108.

147. Ul Haq, M. (1976). PIONEERING THE HUMAN DEVELOPMENT REVOLUTION: Analysing the trajectory of Mahbub ul Haq. *J. of Human Development and Capabilities* , 433-456.

148. UN. (2003). *Rapport sur l'evaluation des projets finances par les Nations Unies* . Washington : UN.

149. UNICEF . (2014). *Overview of Impact Evaluation.* Italy : UNICEF .

150. United Nations Evaluation Group. (2013). *Impact Evaluation in UN Agency Evaluation Systems: Guidance on Selection, Planning and Management.* Washington, DC: United Nation Evaluation Group.

151. USAID. (2011, January 01). USAID Evaluation Policy. *Evaluation, Learning from experience*, p. 20.

152. USAID. (2016, January 1). *USAID Evaluation Policy.* Washington : USAID . Retrieved from USAID: https://www.kdi.re.kr/data/download/attach/9833_3-3.pdf

153. USAID Office of Democracy and Governance . (2018). *The Concept & Theories of Governance.* Washington : USAID .

154. USDA. (2013). *Monitoring and Evaluation Policy.* USA: USDA.

155. Waller, M., & Fawcett, S. (2013). Data science, predictive analytics, and Big Data: a revolution that will transform supply chain design and management. *Journal of Business Logistics, Vol. 34*, 77 - 84.

156. WB. (2002, Décembre 19). *(2002). Measuring poverty. Retrieved from.* Retrieved from World Bank : http://web.worldbank.org/.

157. White. (2009). *A contribution to current debates in impact evaluation* . WB .

158. White, H., Sinha, S., & Flanagan, A. (2014). *A Review of the state of impact evaluation.* USA: Independent Evaluation Group, World Bank.

159. Wholey, J. S., Hatry, H. P., & Newcomer, K. E. (2010). *Handbook of practical program evaluation.* USA: Jossey-Bass A Wiley Imprint.

160. Woodrow, P., & Oatley, N. (2013). *Practical Approaches to Theories of Change in Conflict, Security & Justice Programmes: Part I: What are they, different types, how to develop and use them.* UK: DFID .

161. World Bank. (2014). *Public-Private Partnerships Reference Guide Version 2.0.* Washington: World Bank Publications.

162. Yin, R. (2009). *Case study research design and method (4th ed.).* Thousand Oaks, CA: SAGE Publications.

163. Yin, R. K. (2003). *Application of case study research (2nd ed.).* USA: Thousand Oaks, CA: Sage.

164. Yin, R. K. (2009). *Case study research design and method (fourth edition),.* USA: SAGE publication, Inc.

165. Zikmund, W. G. (2013). *Bussines Research method 7th Eddition* . Oklahoma cite : Thomson South Western .

## APPENDICES

## ANNEXE 01 : QUESTIONNAIRES D'EVALUATION DU SYSTEME DE S&E DU PNAR

**Nom et prénom de l'enquêteur** :

........................................

**Nom et prénom de l'enquêté** :

..................................................

Chargé du SSE du PNAR/PI : Oui/Non
Agent de SSE du PNAR/PI : Oui/Non

Date de l'enquête :

Lieu de l'enquête :

Nombre de personnes présentes :

Appréciation : 0 (très mauvais), 1 (mauvais), 2 (moyen), 3 (bon), 4 (très bon).

### I. CONCEPTION DU SYSTÈME

1 – Clarification des buts

2 – Identification des utilisateurs et de leurs besoins

3 – Identification des indicateurs de performance

4 – Définition des méthodes de collecte, de traitement et de stockage des données

5 – Définition des responsabilités

6 – Détermination des ressources nécessaires

7 – Système de gestion des risques

### II. FONCTIONNEMENT DU SYSTÈME

1 – Planification

2 – Organisation

3 – Direction

4 – Contrôle

5 – Gestion des interfaces/partenariat

### III. PERFORMANCE DU SYSTÈME

1 – Pertinence

2 – Efficacité

3 – Efficience

4 – Succès

# I. CONCEPTION DU SYSTÈME

| ♦ CONCEPTION DU SYSTEME | 0 | 1 | 2 | 3 | 4 |
|---|---|---|---|---|---|
| **1. Clarification des buts du SSE** | **Score :** | | | | |
| - Buts réalistes (clairs) et cohérents / aux objectifs de la PI | | | | | |
| - Participation à l'élaboration des buts du SSE | | | | | |
| **2. Identification des utilisateurs et de leurs besoins** | **Score :** | | | | |
| - Les utilisateurs bien identifiés | | | | | |
| - Recensement de leurs besoins | | | | | |
| **3. Identifications des indicateurs** | **Score :** | | | | |
| - Indicateurs de suivi des réalisations (terrain) bien définis | | | | | |
| - SMART (en termes de quantité, qualité, temps etc.) | | | | | |
| - Consensuels | | | | | |
| - Sensibles, valides, fiables, utiles, abordables... | | | | | |
| **4. Collecte, traitement, analyse et stockage des données** | **Score :** | | | | |
| - Collecte des données (comment, qui) | | | | | |
| - Outils de collecte définis | | | | | |
| - Sources de données définies | | | | | |
| - Outils de traitement, d'analyse et de stockage des données bien définis | | | | | |
| | | | | | |

| | | | | | |
|---|---|---|---|---|---|
| - Fréquence de collecte des données bien définie<br>- Dispositif de circulation des données et informations | | | | | |
| **5. Définition des responsabilités** | **Score :** | | | | |
| - Responsables définis | | | | | |
| - Rôle des responsables | | | | | |
| **6. Définition des ressources nécessaires** | **Score :** | | | | |
| - Humaines | | | | | |
| - Matérielles | | | | | |
| - Financière | | | | | |
| **7. Système de gestion des risques** | **Score :** | | | | |
| - Système de gestion des risques existant | | | | | |
| - Risques internes et externes définies | | | | | |
| - Analyse des risques existant | | | | | |
| - Outils d'analyse des risques | | | | | |

## II. FONCTIONNEMENT DU SYSTÈME

| **1. Planification** | **Score :** | | | | |
|---|---|---|---|---|---|
| - Les besoins identifiés | | | | | |
| - Objectifs clairement définis et formalisés | | | | | |
| - Critères d'évaluation de la performance du système définis et mis en place | | | | | |
| - Existence de planning de réalisation des tâches | | | | | |
| - Existence de planning des ressources | | | | | |
| - Plannings des tâches et ressources partagés | | | | | |
| - Suivi régulier des plannings | | | | | |

| | | | | | |
|---|---|---|---|---|---|
| - Ressources bien définies (hum, mat, financières) | | | | | |
| - Outils de base de la planification | | | | | |
| - GANTT | | | | | |
| - Réseau PERT | | | | | |
| - Cadre logique | | | | | |
| - Autres outils, préciser......... | | | | | |
| **2. Organisation** | **Score :** | | | | |
| - Existence d'organigramme pour la structure du SE | | | | | |
| - Tâches bien décrites | | | | | |
| - Affectation des tâches à des responsables de tâches | | | | | |
| - Moyens humains suffisants | | | | | |
| - Moyens matériels suffisants | | | | | |
| - Moyens financiers suffisants et disponibles | | | | | |
| **3. Direction** | **Score :** | | | | |
| - Climat de travail propice | | | | | |
| - Existence de dispositif de motivation (prime convenable) | | | | | |
| - Existence de programme de formation | | | | | |
| **4. Contrôle** | **Score :** | | | | |
| - Existence d'un manuel de procédure pour le SSE | | | | | |
| - Bilan des activités du système prévu | | | | | |
| **5. Gestion des interfaces (partenariat)** | **Score :** | | | | |
| - Partenaires bien identifiés (environnement externe) | | | | | |
| - Objectifs (projet) partagés avec les partenaires | | | | | |

## III. PERFORMANCE DU SYSTÈME

| PERFORMANCE | 0 | 1 | 2 | 3 | 4 |
|---|---|---|---|---|---|
| **1. Pertinence** | **Score :** | | | | |
| - Disponibilité opportune de l'information<br>Obs :........................................................<br>........................................................<br>........................................................<br>........................................................<br><br>- Fiabilité des données<br>Obs :........................................................<br>........................................................<br>........................................................<br>........................................................<br><br>- Accessibilité de l'information<br>Obs :........................................................<br>........................................................<br>........................................................<br>........................................................ | | | | | |
| **2. Efficacité** | **Score :** | | | | |
| - Programme de SE effectué à 100% | | | | | |
| - Les buts du SE réalisés | | | | | |
| **3. Efficience** | **Score :** | | | | |
| - Ecart entre qualité de l'information et le coût de production | | | | | |
| - Ecart entre coût réel et coût prévu de l'information | | | | | |
| **4. Succès** | **Score :** | | | | |
| - Rapport projet régulier | | | | | |
| - Compte rendu de SE régulier | | | | | |

## ANNEXE 02 : CADRE LOGIQUE RETROSPECTIF DU PROJET PDEB

| Résumé de la conception | Performance Objectifs/Indicateurs | Base de référence | Réalisations à la fin du projet | Réalisations à la Post-évaluation | Moyens de vérification | Hypothèses et risques |
|---|---|---|---|---|---|---|
| **Impact (but, développement, objectif)** | | | | | | |
| 1-Le projet contribue à l'accès universel et à la qualité de l'éducation de base pour la population | 1.1 Amélioration de l'état de développement humain de la population Pays, grâce à l'augmentation de la proportion de personnes ayant accès aux services de base.<br><br>Cible : les progrès escomptés sont atteints d'ici à 2020 les objectifs des OMD 2 et 3 (Objectif à long terme). | Taux de scolarisation dans l'enseignement de base : 72.5% en 2008 | N/A | TBD | 1.1 Rapport sur les indicateurs de l'éducation<br>Plan décennal de développement de l'éducation de base (TYBEDP. 2002-11) | 1.1 Conditions économiques favorables ayant des effets positifs sur les secteurs sociaux, principalement l'éducation de base |
| | 1.2 Amélioration du classement IDH du Pays | Pays : 177 sur 182 pays en | Pays : 183 sur 188 pays en | TBD | 1.2 Rapports annuels du PNUD sur l'IDH | 1.2 L'éducation de base continue de recevoir le soutien |

| Résumé de la conception | Performance Objectifs/Indicateurs | Base de référence | Réalisations à la fin du projet | Réalisations à la Post-évaluation | Moyens de vérification | Hypothèses et risques |
|---|---|---|---|---|---|---|
| | Objectif : amélioration de l'IDH, qui passe de 177 sur<br><br>182 pays en<br><br>2009 (IDH faible) à au moins 158 (IDH moyen) en 2020 sur 182 pays. | 2009 (IDH faible) | 2015 (IDH faible) | | | nécessaire du gouvernement pour rester viable. |
| **Objectif de développement du projet** | | | | | | |
| 2- L'éducation de base au Pays a été développée et améliorée, ainsi que les services permettant d'élargir l'accès à l'éducation et de promouvoir l'éducation des filles. | 2.1 Amélioration de l'accès et de la qualité de l'éducation de base pour la population burkinabé dans 4 provinces d'ici 2015. | N/A | N/A | TBD | 2.1 Rapports sur les inscriptions à l'éducation de base du ministère de l'éducation de base | 2.1 Le gouvernement maintient ses engagements et son financement pour le développement des services de base (éducation. |

| Résumé de la conception | Performance Objectifs/Indicateurs | Base de référence | Réalisations à la fin du projet | Réalisations à la Post-évaluation | Moyens de vérification | Hypothèses et risques |
|---|---|---|---|---|---|---|
| | | | | | | santé, accès à l'eau, etc.). |
| | 2.2 Contribuer à l'augmentation du taux brut de scolarisation dans le primaire (TBS).<br><br>Cible : La part des filles dans le total des inscriptions est passée de 46 % en 2009 à au moins 50 % en 2015. | Total filles Le taux d'inscription est de 46 %. | La scolarisation des filles dans les quatre sites du projet a augmenté, passant de 1300 en 2011 à 2000 en 2015, soit une hausse de 1,9 %. | TBD | 2.2 Rapports des élèves des 4 écoles primaires des 4 provinces | |
| | 2.3 Éducation La qualité des intrants a augmenté et l'efficacité s'est améliorée d'ici à | N/A | N/A | TBD | | |

| Résumé de la conception | Performance Objectifs/Indicateurs | Base de référence | Réalisations à la fin du projet | Réalisations à la Post-évaluation | Moyens de vérification | Hypothèses et risques |
|---|---|---|---|---|---|---|
| | 2015<br><br>Cible : La qualité de l'éducation et l'accès à l'éducation ont augmenté de 10 % en 2015 | | | | | |
| **Outputs** | | | | | | |
| 3.1 Les écoles et les installations connexes, y compris les logements pour les enseignants, sont construites. | 3.1 Nombre d'écoles primaires (3 salles de classe chacune) avec bureaux, salles de stockage, latrines, nombre de maisons d'enseignants construites, et nombre de forages réalisés et équipés<br><br>Cible : 40 écoles primaires (3 salles de classe chacune) avec bureaux, salles de stockage, latrines, 30 maisons d'enseignants, et 30 | Numbre: 0 | 3.1 Les écoles et les installations connexes ont été achevées comme prévu.<br>- 40 complexes d'écoles primaires ont été construits, meublés et étaient opérationnels à la fin de l'année 2015 :<br>- 29 trous de sonde ont été forés, équipés | TBD | 3.1 Bâtiment visible sur les sites des 4 provinces ; tous les meubles et équipements sont en place :<br><br>-Rapports d'avancement des consultants<br><br>Rapports d'avancement des consultants -Rapports d'avancement de l'agence d'exécution : Rapports d'avancement des consultants<br>-Rapports d'avancement de l'agence d'exécution comme convenu dans l'accord | 3.1 L'agence d'exécution met en œuvre le projet conformément au plan d'action et au plan de décaissement. |

| Résumé de la conception | Performance Objectifs/Indicateurs | Base de référence | Réalisations à la fin du projet | Réalisations à la Post-évaluation | Moyens de vérification | Hypothèses et risques |
|---|---|---|---|---|---|---|
| | puits forés et équipés (2015) | | et fonctionnels : et<br>- 30 maisons d'enseignants avec les installations nécessaires (latrines et cuisines) ont été construites. | | | |
| 3.2 Les écoles et les installations connexes, y compris les logements des enseignants, sont opérationnelles. | 3.2 Nombre de salles de classe équipées de tables- bancs, de bureaux pour les enseignants, 140 chaises d'enseignants, # armoires métalliques et # tableaux d'affichage.<br><br>Cible : 120 salles de classe avec 2 250 tables-bancs, 120 bureaux | Nombre : 0 | N/A | TBD | | |

| Résumé de la conception | Performance Objectifs/Indicateurs | Base de référence | Réalisations à la fin du projet | Réalisations à la Post-évaluation | Moyens de vérification | Hypothèses et risques |
|---|---|---|---|---|---|---|
| | d'enseignants, 120 chaises d'enseignants, 120 armoires métalliques et 120 tableaux d'affichage (2015) | | | | | |
| 3.3 Nombre d'enfants supplémentaires inscrits | 3.3 Nombre de places d'étudiants supplémentaires, dont environ pour les filles, créées<br><br>Cible : 4 500 places supplémentaires pour les étudiants, dont environ 2 250 pour les filles. | N/A | N/A | TBD | Rapports des élèves des 30 écoles | -Inscriptions suffisantes dans 30 écoles primaires d'ici 2015<br><br>-Les parents des 4 provinces sont pleinement sensibilisées et convaincues d'envoyer leurs filles à l'école. |

| Résumé de la conception | Performance Objectifs/Indicateurs | Base de référence | Réalisations à la fin du projet | Réalisations à la Post-évaluation | Moyens de vérification | Hypothèses et risques |
|---|---|---|---|---|---|---|
| 3.4 Construction de l'Ecole Normale d'Instituteurs (EMI) | 3.4 #L'école de formation des enseignants est construite et comprend entre autres # salles de classe de # mètres carrés chacune, des blocs administratifs, un amphithéâtre, des ateliers, des maisons pour les enseignants, des dortoirs pour les étudiants, un réfectoire, des magasins, une école primaire pour les étudiants en formation et une clôture.<br><br>Cible : Le centre est construit et comprend entre autres 10 salles de classe de 60 mètres carrés chacune | Nombre : 0 | L'école normale d'instituteurs (EPE) a été construite, équipée et meublée. Le collège est opérationnel depuis février 2017 avec plus de 500 étudiants | TBD | Le bâtiment du TTS est visible sur le site: tous les meubles et équipements sont en place à le centre :<br><br>-Rapports d'avancement des consultants<br><br>Rapports d'avancement des consultants -Rapports d'avancement de l'agence d'exécution : comme convenu dans l'accord | L'agence d'exécution met en œuvre le projet conformément au plan d'action et au plan de décaissement |

| Résumé de la conception | Performance Objectifs/Indicateurs | Base de référence | Réalisations à la fin du projet | Réalisations à la Post-évaluation | Moyens de vérification | Hypothèses et risques |
|---|---|---|---|---|---|---|
| 3.5 Le Centre de formation des enseignants est opérationnel et a une capacité de 500 étudiants en 2015 | 3.5 # Centre est entièrement équipé et meublé et # stagiaires supplémentaires sont inscrits<br><br>Cible : 1 Centre entièrement équipé et meublé et 500 stagiaires supplémentaires sont inscrits | Nombre : 0 | Le Centre est entièrement équipé et meublé et 500 stagiaires supplémentaires sont inscrits en 02/2017 | TBD | | |
| | 3.6 La proportion de redoublants a été réduite de 15 % en 2009 à 10 %. | | N/A | TBD | | |
| 3.6 Acquisition de matériel d'enseignement/d'apprentissage pour les écoles primaires et le centre de formation des enseignants | 3.7 D'ici à 2015, 30 recueils métriques et 30 recueils scientifiques sont distribués aux écoles primaires et 1 000 ouvrages de référence sont livrés au centre de | Nombre : 0 | N/A | TBD | Ces matériels d'enseignement/apprentissage sont visibles dans les 30 écoles.<br><br>-Rapports d'avancement de l'agence d'exécution : Rapports d'avancement de | Agence d'exécution mettant en œuvre le projet conformément au plan d'action et au |

| Résumé de la conception | Performance Objectifs/Indicateurs | Base de référence | Réalisations à la fin du projet | Réalisations à la Post-évaluation | Moyens de vérification | Hypothèses et risques |
|---|---|---|---|---|---|---|
| | formation des enseignants. | | | | l'agence d'exécution comme convenu dans l'accord | plan de déboursement |
| 3.7 Les inspecteurs ou conseillers scolaires rendent visite aux enseignants | 3.9 Entre 2011 et 2015. chaque enseignant a reçu la visite d'inspecteurs ou de conseillers scolaires au moins deux fois par an. | Nombre : 0 | N/A | TBD | Rapports des écoles de centre de formation | Agence d'exécution mettant en œuvre le projet conformément au plan d'action |
| | 3.10 Quatre (04) campagnes de sensibilisation et de changement de comportement menées par l'EA avec l'aide d'ONG dans les localités du projet. | Nombre : 0 | N/A | TBD | | |

| Résumé de la conception | Performance Objectifs/Indicateurs | Base de référence | Réalisations à la fin du projet | Réalisations à la Post-évaluation | Moyens de vérification | Hypothèses et risques |
|---|---|---|---|---|---|---|
| 3.8 Population pleinement sensibilisée à la promotion de l'éducation des filles | 3.11 Les activités suivantes ont eu lieu : Réalisation de programmes spéciaux sur l'éducation des filles à la télévision et à la radio, distribution d'affiches et organisation de kermesses comprenant des jeux, des sketches et du théâtre. | Nombre : 0 | N/A | TBD | | |
| | 3.12 En 2012, 1000 kits scolaires comprenant un sac, des stylos, une boîte de crayons de couleur, une gomme, une règle, une équerre, quatre cahiers ont été distribués à mille | Nombre : 0 | N/A | TBD | | |

| Résumé de la conception | Performance Objectifs/Indicateurs | Base de référence | Réalisations à la fin du projet | Réalisations à la Post-évaluation | Moyens de vérification | Hypothèses et risques |
|---|---|---|---|---|---|---|
| | (1000) filles des localités du projet. | | | | | |
| | 3.13 D'ici 2015, 40 machines à coudre et outils de tricotage distribués aux meilleures élèves filles (chaque année, les 10 meilleures élèves filles de la 6ème année des écoles qui sont dans la zone du projet ont reçu une machine à coudre et ses accessoires ainsi que des outils de tricotage). | Nombre : 0 | N/A | TBD | | |
| | 3.14 D'ici 2015, chaque année, le village qui a enregistré le taux de scolarisation des filles le plus élevé est | Nombre : 0 | N/A | | | |

| Résumé de la conception | Performance Objectifs/Indicateurs | Base de référence | Réalisations à la fin du projet | Réalisations à la Post-évaluation | Moyens de vérification | Hypothèses et risques |
|---|---|---|---|---|---|---|
| | récompensé par un moulin. | | | | | |
| 3.10 Mise en place du système de suivi et d'évaluation | 3.15 Le système de suivi et d'évaluation mis en place pour le MoBAE en 2013 avec le soutien de l'UNESCO. | Nombre : 0 | N/A | | Système de suivi et d'évaluation opérationnel | |

## ANNEXE 03 : QUESTIONNAIRE MEMBRES EQUIPE PROJET, GOUVERNEMENT ET PARTENAIRE DU PDEB

### A - INTRODUCTION

L'objectif principal de l'évaluation est d'apprécier le programme en termes de performance de mise en œuvre et de durabilité des résultats obtenus. L'exercice de l'Evaluation permettra aux parties prenantes de tirer les leçons de l'expérience et aboutira à la formulation de recommandations qui guideront les interventions similaires futures au Pays ou dans les autres pays membres du bailleur. L'exercice sera basé sur les critères d'évaluation suivants adoptés par le Comité de l'Assistance au Développement de l'Organisation pour la Coopération et le Développement Économique (OCDE) – Comité d'Aide au Développement (CAD) ; qui sont généralement utilisés par les bailleurs de fonds dans de tels exercices :

a) **Efficacité** : Mesure selon laquelle les objectifs de l'action de développement ont été atteints, ou sont en train de l'être, compte tenu de leur importance relative.

b) **Efficience :** Mesure selon laquelle les ressources (fonds, expertise, temps, etc.) sont converties en résultats de façon économe.

c) **Pertinence** : Mesure selon laquelle les objectifs de l'action de développement correspondent aux attentes des bénéficiaires, aux besoins du pays, aux priorités globales, aux politiques des partenaires et des bailleurs de fonds. Rétrospectivement, la question de la pertinence consiste souvent à s'interroger sur le fait de savoir si les objectifs de l'action ou sa conception sont encore appropriés compte tenu de l'évolution du contexte.

d) **Durabilité :** Continuation des bénéfices résultant d'une action de développement après la fin de l'intervention. Probabilité d'obtenir des bénéfices sur le long terme. Situation par laquelle les avantages nets sont susceptibles de résister aux risques.

**NB :** *Prière, fournir une* ***réponse écrite*** *à chaque question* ***ou un document officiel*** *contenant les éléments d'informations relatifs à la question.*

## B – CONTEXTE

1. Fournir une description détaillée :
    a. du contexte et de la justification du projet
    b. des objectifs et de la portée du projet
    c. du délai de mise en œuvre et des modalités de financement
2. Décrire les différents acteurs / bénéficiaires qui ont participé à la mise en œuvre du Projet
3. Décrire le mécanisme de coordination du *Projet*, en mettant l'accent sur :
    a. Les institutions, les politiques et le cadre juridique ;
    b. Partenaires institutionnels ;
    c. La participation du secteur privé ;
    d. La participation des ONG ;
    e. Les mécanismes de coordination nationaux et locaux ; et
    f. Les problèmes et défis liés à cette coordination

## C - EFFICACITÉ

Le projet a-t-il réalisé toutes les activités prévues ? Veuillez fournir la liste complète des composantes et leurs activités réalisées par le projet par rapport à ce qui était prévu. Indiquez, le cas échéant, les modifications ou changements apportés à la portée du projet par rapport à ce qui était prévu et donnez les raisons de tels changements. Veuillez utiliser le tableau 1 ci-dessous pour répondre à cette question.

**Tableau 1 : réalisations du projet**

| Résultats | Activités Prévues | Activités réalisées | Raisons des écarts | Changements apportés comparés à ce qui était prévu |
|---|---|---|---|---|
| **R1 :** Les écoles et les installations connexes, y compris les logements pour les enseignants sont construits | - 40 complexes scolaires primaires construits, meublés et opérationnels d'ici la fin de 2015 | | | |

| | | | | |
|---|---|---|---|---|
| | - 30 forages équipés et fonctionnels<br>- 30 logements d'enseignants avec installations (latrines et cuisines) construites | | | |
| **R2 :** La population est pleinement sensibilisée à la promotion de l'éducation des filles | - 04 campagnes de sensibilisation sur le changement de comportement menées par l'EA avec l'aide d'ONG (une fois par an) dans la zone d'intervention du projet. | | | |
| **R3 :** L'École de formation des enseignants de Tenkodogo est construite et opérationnelle | - 01 Centre construit avec toutes les installations nécessaires, équipée et meublée. | | | |
| **R4 :** Les Capacités institutionnelles du ministère de l'Éducation nationale et de l'alphabétisation sont renforcées | - 04 staffs du Ministère formés à la planification de l'éducation,<br>- les Directions centrales et décentralisées de l'éducation équipées | | | |

| | | | | |
|---|---|---|---|---|
| | (ordinateur, photocopieuse.),<br>- 50 motos acquises pour des supervisions pédagogiques. | | | |

1. Comment les activités du Projet ont-elles abouti aux résultats souhaités ? S'il vous plaît élaborer.
2. Quels ont été les principaux facteurs qui ont influencé l'atteinte des objectifs ?
3. Dans quelles mesures les extrants (outputs) du Projet ont-ils permis d'atteindre les résultats escomptés ?
4. Quelle était la qualité des travaux et des services fournis dans le cadre du projet ? Tous les travaux ont-ils été réalisés conformément à la conception technique ?
5. Quelle était la qualité des équipements et services fourni dans le cadre du Projet actuellement ?
6. Si des activités n'ont pas été réalisées (1 école sans forage par exemple), comment se comporte cette école actuellement ? Quelles mesures ont été prises pour achever le forage ?
7. Quel est l'état actuel des infrastructures, des forages, des motos, des ordinateurs, des photocopieuses, etc.
8. Positions actuelles des 4 agents du ministère formés
9. Pourquoi 12 mois de formation au lieu de neuf prévus
10. Qualité du processus de sensibilisation avec les ONG ?
11. Qualité des récompenses incitatives données aux meilleures élèves filles ?
12. Comment l'ONG a-t-elle été recrutée ? Son expérience sur le sujet ?
13. Quels sont les mécanismes de suivi et de redevabilité mis en place par le MENA et l'unité de Gestion du Projet ?
14. Est-ce que le projet a eu un effet d'entraînement (positif ou négatif, prévu ou non) ?

15. Décrivez la contribution éventuelle du Projet au renforcement des capacités de l'unité et des équipes de gestion du Projet ou de l'agence d'exécution et du ou du ministère de l'enseignement de base et de l'alphabétisation ?

## D - EFFETS INDUITS

1. Que s'est-il passé en termes de changement à la suite du projet et pourquoi ? Quelle différence réelle l'activité a-t-elle apportée aux bénéficiaires ?
2. Le taux de couverture éducation a-t-il augmenté ? Pourquoi et comment ?
3. L'accès des filles à l'école a-t-il augmenté ? Pourquoi et comment ?
4. La qualité des services de l'éducation s'est-elle améliorée ? Pourquoi et comment ?
5. Comment le renforcement des capacités a-t-il permis au personnel professionnel de l'éducation d'appuyer la mise en œuvre du projet ? À quel degré de participation ?
6. Evidences de changements en lien avec le projet ?

## E - EFFICIENCE

1. Les ressources ont-elles été gérées conformément aux règles et politiques du Pays et du bailleur ?
2. Les activités ont-elles été rentables pour l'ensemble des parties prenantes ?
3. Les résultats sont-ils atteints à temps ? Veuillez fournir le calendrier d'exécution réel du projet par rapport au calendrier initial : de l'approbation à la date de signature, jusqu'à la date d'entrée en vigueur et jusqu'au dernier décaissement.
4. S'il y'a retard, quelles sont les principales raisons du retard d'exécution ? Quel a été l'effet du retard de mise en œuvre sur les coûts et les avantages du projet ?
5. Le projet a-t-il été mis en œuvre de la manière la plus efficiente par rapport aux alternatives ? En d'autres termes, En comparaison avec des projets similaires du gouvernement et des donateurs, pensez-vous que le projet aurait-il pu être mis en œuvre à moindre coût et comment ?

6. Veuillez fournir les coûts réels des différentes composantes du Projet ainsi qu'un plan de financement détaillé et justifier les écarts de coûts par composantes s'il y en a.

## F - DURABILITE- PERENNITE

**Durabilité des avantages du Projet et durabilité technique**

1. Quel est le mécanisme mis en place pour assurer la pérennité des acquis du projet, sur le plan régional et national ?

2. Existe-t-il un système d'exploitation et de maintenance adéquat pour faire fonctionner les installations et équipements du Projet ?

3. Y a-t-il suffisamment d'expertise technique et de formation pour exploiter, entretenir et entretenir régulièrement toutes les installations du projet ?
4. Dans quelle mesure l'agence d'exécution est-elle en mesure de mobiliser les ressources financières (budgétaires et tarifaires, etc.) pour soutenir le fonctionnement du Projet après son achèvement ?

**Durabilité institutionnelle**

5. Existe-t-il des dispositions institutionnelles appropriés pour assurer la durabilité à long terme du Projet ? S'il vous plaît élaborer.
6. Donner un aperçu de l'agence d'exécution :
   a. Contexte,
   b. Mandat,
   c. Structure de gouvernance et d'organisation,
   d. Ressources humaines (nombre total, par sexe, par catégorie (ingénieurs, techniciens, personnel, etc.),
   e. Capacités techniques essentielles,
   f. Forces et faiblesses.
7. L'agence d'exécution du Projet dispose-t-elle de la capacité nécessaire pour s'adapter aux changements et aux défis ? S'il vous plaît élaborer.
8. L'agence d'exécution du Projet dispose-t-elle actuellement de capacités suffisantes en matière de planification, de gestion et de maintenance ? Fournir des preuves détaillées de chaque aspect.
9. Quelles sont les mesures spéciales mises en place par l'agence d'exécution du Projet pour assurer, le cas échéant, la coordination entre les bailleurs de fonds, pendant et après la mise en œuvre ?

**Environnement et durabilité sociale**

10. Y a-t-il d'autres problèmes sociaux / culturels qui entravent ou risquent d'entraver les résultats du Projet ? Tels que l'acceptation par la population, la qualité des formations et des fournitures, le manque de considération pour les groupes socialement défavorisés, tels que les femmes, les jeunes et les pauvres ?

11. Les risques du Projet ont-ils été correctement évalués au stade de la conception ? Fournir des détails si nécessaire.

12. Existe-t-il des préoccupations environnementales particulières (ou l'absence de garanties) qui compromettraient la durabilité globale du Projet et, dans l'affirmative, des mesures nécessaires sont-elles en place pour y faire face (y a-t-il eu des études d'impacts environnementales et est ce qu'elles ont été mises en œuvre ?

13. Quels effets le Projet a-t-il eu sur l'environnement dans les zones bénéficiaires ? Dans quelle mesure ces effets ont été atténués lors de la mise en œuvre du Projet ? Fournir des détails.

14. Le Projet a-t-il des effets néfastes qui n'ont pas été envisagés à la conception ? Le cas échéant, quelles mesures sont prises pour les atténuer ?

15. Quelles ont été les principales mesures prises pour limiter l'impact négatif éventuel du Projet sur l'environnement ?

## G - PERTINENCE

1. Dans quelle mesure les objectifs du Projet sont-ils conformes aux priorités et stratégies de développement de l'éducation du pays ? Précisez tout d'abord les priorités et les stratégies de développement des pays en rapport avec ce Projet.
2. Dans quelle mesure les objectifs du Projet sont-ils compatibles avec les besoins des bénéficiaires finaux ?
3. Dans quelle mesure la conception du Projet a-t-elle adopté les solutions appropriées aux problèmes identifiés ?
4. Dans quelle mesure les groupes cibles et les bénéficiaires pertinents ont-ils été activement impliqués dans le processus de prise de décisions concernant l'orientation et la mise en œuvre du Projet ?
5. Pensez-vous que le financement du Projet était approprié pour répondre aux objectifs du Projet et aux besoins du pays ?
6. Pensez-vous que la conception du Projet est toujours pertinente au moment de cette évaluation.

7. Les modifications apportées à la conception du Projet (le cas échéant) au cours de la mise en œuvre étaient-elles appropriées et opportunes pour répondre aux besoins des bénéficiaires finaux (changement dans la capacité de l'amphi, augmentation de la durée de la formation des cadres du ministère, autres changements du design) ?
8. Décrire les difficultés majeures rencontrées durant la phase opérationnelle du Projet et les causes sous-jacentes. Ces difficultés ont-elles été prévues au niveau de plan de gestion des risques lors de la phase de préparation du Projet ?
9. Dans l'affirmative, les mesures d'atténuation ont-elles été appliquées ? Quelles actions supplémentaires auraient pu être réalisées pour éviter de telles difficultés ?

## H - ASPECTS TRANSVERSAUX

*Cohérence dans la conception*

16. La théorie du changement / cadre logique
17. Les activités et les outputs du Projet sont-ils compatibles avec l'objectif général et la réalisation de ses objectifs / effets ? si oui et comment ?
18. Les activités et les résultats du Projet sont-ils compatibles avec les impacts et les effets induits prévus ? si oui et comment ?

*Synergie et Coordination*

19. Dans quelle mesure le projet a-t-il été coordonné avec les autres acteurs de l'éducation (Direction Régionales, Mairies, ONG, etc..), le gouvernement, les autres Projets d'éducation ainsi que les autres interventions du bailleur ?
20. Dans quelle mesure les avantages du projet s'ajoutent-ils à ceux qui auraient résulté d'interventions du gouvernement et d'autres acteurs comme le bailleur ?

*Intégration genre*

21. Les parties prenantes notamment les groupements de femmes (AME) ont-ils participé réellement à l'identification de leurs problèmes et leur résolution, à la planification des activités, leur suivi ?
22. Quelle est le nombre de bénéficiaires femmes, jeunes et hommes du projet ? Veuillez indiquer le nombre de bénéficiaires du projet désagrégé par sexe, et catégories socio-professionnelles.

*Innovation du projet*

23. Qu'est-ce que le projet a apporté de nouveau en termes de conception, de stratégie de mise en œuvre, suivi des interventions etc. ? En quoi cela est-elle une nouveauté ?

## J - LEÇONS APPRISES ET RECOMMANDATIONS

1. Quels ont été les principaux points faibles, points forts / facteurs de réussite de ce Projet ? S'il vous plaît élaborer.
2. Décrivez les principales difficultés rencontrées lors des différentes étapes de ce Projet.
3. Quels sont les principaux enseignements à tirer de la planification et de l'exécution de ce Projet ?
4. Suggérez des actions possibles pour surmonter ou éviter les difficultés rencontrées pendant le Projet.
5. Décrivez les opportunités offertes par ce Projet pour une future collaboration.
6. Quelles sont vos recommandations pour le gouvernement du Pays et le bailleur pour des Projets similaires à entreprendre dans l'avenir ?

## ANNEXE 04 : GUIDE DE FOCUS GROUPE DU PROJET PDEB

-----------------------------------

**Guide d'entretien de focus groupe - communauté, APE, AME, COGES, enseignants, maires**

**Pertinence ?**

- Est-ce que les réalisations du projet correspondent à vos besoins (écoles, logements, forages, sensibilisation pour l'inscription des filles à l'école) ?

**Efficacité.**

- Qualité des écoles construites ?
- Qualité des sensibilisations (points forts, points faibles)
- Est-ce que vous avez été impliqué dans la mise en œuvre du projet/activités ?
- Mesures incitatives pour inscrire et maintenir les filles à l'école ?
- Qualité de la supervision pédagogique

**Effet : effets positifs/négatifs, changements imputables au projet ?**

- Les changements positifs que vous avez observés qui sont dus au programme PDEB dans votre village et Pourquoi selon vous ces changements positifs sont dus au PDEB
- Les changements négatifs que vous avez observés qui sont dus au programme BEDP dans votre village et Pourquoi selon vous ces changements négatifs sont dus au PDEB
- Amélioration de l'inscription, la fréquentation, l'accès à l'éducation, Comment et Pourquoi
- Amélioration de la fréquentation des filles à l'école, comment et pourquoi
- Les barrières sociales ou culturelles liées à l'inscription des enfants surtout les filles
- Les suggestions d'amélioration de l'accès des enfants à l'école notamment l'inscription et la fréquentation régulière
- Les autres suggestions d'amélioration si on devrait refaire (ce qu'il faut changer ou corriger etc.)

**Durabilité ?**

- Appropriation des investissements
- Est-ce que vous participer à la gestion des investissements ?

- Est-ce que les réalisations vont continuer à fonctionner après le projet ?

**Guide d'entretien focus groupe - perception des élèves**

**Motivation à fréquenter l'école**

- Pouvez-vous nous parler un peu de votre école ? Quelle appréciation faites-vous de votre école ? qu'est-ce que vous aimez le plus ?
- Y a-t-il des choses que vous n'aimez pas ? Quelles sont ces choses ?
- Parlons un peu de certaines des raisons pour lesquelles vous venez à l'école ? Est-il important d'aller à l'école ? Pourquoi ou pourquoi pas ?

**Environnement et participation à l'école**

- Quelle est votre appréciation du matériel scolaire reçu ? et des équipements de l'école ?
- Quelle est votre appréciation de l'enseignement ? Qu'est-ce que vous aimez (ou n'aimez pas) à propos de votre classe et votre école ?

**Engagement et participation**

- Pouvez-vous nous parler maintenant de certaines activités que vous faites en classe ? À quelle fréquence les faites-vous et aimez-vous vraiment les faire ? Qu'est-ce que vous aimez par rapport à ses activités ? Qu'est-ce que vous n'aimiez pas à propos d'elles ?
- Vous sentez-vous encouragé à participer à ces activités en classe ? Vos enseignants ou vos camarades de classe vous encouragent-ils à participer ? Si tel est le cas au moins une fois, dites-nous comment et quand cela s'est passé ?

**Effet : effets positifs/négatifs, changements imputables au projet**

- Quels sont les changements positifs que vous avez observés qui sont dus au programme PDEB dans votre école et Pourquoi selon vous ces changements positifs sont dus à PDEB ?
- Quels sont les changements négatifs que vous avez observés qui sont dus au programme PDEB dans votre école et Pourquoi selon vous ces changements négatifs sont dus à PDEB ?
- Dans l'ensemble quelles sont les suggestions d'amélioration si on devrait refaire (ce qu'il faut changer ou corriger etc..) ?

**ANNEXE 05 : CHECKLIST D'OBSERVATION DES ECOLES DU PROJET PDEB**

**INSTRUCTIONS :**

- Faites une observation physique des infrastructures et des installations de toutes les écoles d'enquête et notez exactement ce que vous voyez.
- En arrivant à l'école, faites un tour rapide de l'environnement scolaire pour obtenir des informations sur les bâtiments scolaires.
- Faire une évaluation des installations WASH (points d'eau, toilettes / latrines, points de lavage des mains).
- Dans les salles de classe, faites la visite à l'insu des enseignants et des élèves (visites surprises).
- Par la suite, remplissez cette liste de contrôle au fur et à mesure.
- Vous pouvez faire un suivi auprès des autorités scolaires (directeurs d'école / enseignants) si vous avez besoin d'éclaircissements.
- Veuillez prendre des photos des bâtiments scolaires, des installations WASH.
- Écrivez le nom de l'école sur les photos. Ceux-ci seront enregistrés automatiquement
- Procéder à l'entretien avec l'informateur clé immédiatement après la visite et l'observation.

**Informations générales**

Recenseur : ______________________________________________

Date de fin de l'entretien (jj / mm / aaaa) : | ___ | ___ | / | ___ | ___ | / | ___ | ___ | ___ | ___ |

Nom de l'école : ______________________________________________

Numéro de l'école : | ____ | ____ | ____ || ____ | ____ |

Emplacement de l'école (village / ville) : ______________________________________________

Chefferie : ______________________________________________

Section : ______________________________________________

Temps de début de L'observation (GMT) (hh: mm): | ___ | ___ |: | ___ | ___ |

**A. Bâtiments scolaires (prenez des photos de bâtiments)**

**1. Quel est le matériau principal du toit du bâtiment scolaire ?**

Tôles ondulées (zinc) ----------------------- 1

Amiante ---------------------------------------- 2

Béton --------------------------------------- 3 |____|

Chaume ----------------------------------------- 4

Bâche (feuille de plastique) --------------------- 5

Autres (précisez) ---------------------------- 6 ____________________

**2. Quel est le matériau principal du mur du bâtiment scolaire ?**

Mur en béton poli ---------------------- 1
Boue polie ---------------------------------- 2
Mur en béton non poli ------------------- 3
Boue non polie ------------------------------- 4 |____|
Tôles (corps de casserole) -------------------- 5
Chaume ------------------------------------------ 6
Bâche (feuille de plastique) ----------------------- 7
Autres (précisez) -------------------------------- 8 _________________

**3. De quel matériau est constitué le sol du bâtiment scolaire ?**

Sol en béton ----------------------- 1
Plancher de terre ----------------------------- 2 |____|
Plancher en bois ----------------------- 3
Autres (précisez) --------------------- 4 _________________________

**4. Combien de bâtiments permanents y a-t-il dans l'école ?**

Nombre de bâtiments scolaires permanents --------- |___|

**5. Combien de classes séparées l'école possède-t-elle ?**

Nombre de salles de classe de l'école : _______ | _____ | _____ |

**6. Combien de manuels scolaires sont disponibles pour les élèves dans les matières de base (anglais, mathématiques, études sociales et sciences intégrées) pour chaque classe ? Dressez un inventaire dans le bureau du directeur et dans les salles de classe.**

| Matières de base | Notez le nombre de manuels disponibles pour les élèves | | |
|---|---|---|---|
| | Class 1 | Class 2 | Class 3 |
| a. Français | | | |
| b. Mathématiques | | | |
| c. Science | | | |
| d. Études sociales | | | |

**7. Combien de pupitres, de bancs et de tableaux noirs sont disponibles pour les élèves dans chaque classe ? Compter pour connaître le nombre de bureaux, bancs et tableaux noirs disponibles ?**

| Matières de base | Notez le nombre de pupitres, de bancs et de tableaux noirs disponibles pour les élèves | | |
|---|---|---|---|
| | Class 1 | Class 2 | Class 3 |
| a. Bureaux | | | |
| b. Bancs | | | |
| c. Tableau noir | | | |

**8. Y a-t-il dans les salles de classe le matériel didactique amélioré d'alphabétisation de la petite enfance ? Vérifiez-les pour les classes 1, 2 et 3**

| Matériaux | | Grade1 | Grade 2 | Grade 3 |
|---|---|---|---|---|
| a. Cartes alphabet | Oui --- 1 Non --- 2 | | | |
| b. Bandes d'alphabet | | | | |
| c. Ardoises | | | | |
| d. Lecteurs supplémentaires (par exemple Konki & Tinker, Big fight, etc. | | | | |
| e. Vanguards (format A4) | | | | |
| F. Craie | | | | |

**9. Y a-t-il un coin d'alphabétisation pour afficher dans les salles de classe du matériel didactique d'alphabétisation amélioré pour la petite enfance, notamment des dessins et des peintures ? Vérifiez-les pour les classes 1, 2 et 3.**

GRADE 1 Oui --------- 1 Non ---------- 2

GRADE 2 Oui --------- 1 Non ---------- 2

GRADE 3 Oui --------- 1 Non ---------- 2

**10. Combien de structures non permanentes (structures de fortune) y a-t-il dans l'école ?**

Nombre de structures de fortune --------- |___|

**B. Installations d'eau, d'assainissement et d'hygiène (wash)**

**11. L'école a-t-elle des installations d'eau potable / potable dans l'enceinte / les locaux de l'école ?**

Oui --------- 1 Non ---------- 2 (Si non, passez à Q14) |____|

**12. Quel est le principal type d'installation d'eau pour l'école ?**

Eau du robinet / conduite ---------------------------------- 1

Puits de pompe à main ----------------------------------------- 2

Forage avec pompe ------------------------------------ 3

Puits ordinaire (protégé) ----------------------------- 4 |____|

Puits ordinaire (non protégé) ------------------------- 5

Autres (précisez) ----------------------------------- 6 ________________

**13. La principale installation d'eau / point fonctionne-t-il (fonctionnement et écoulement d'eau) au moment de la visite ?**

Oui (fonctionnement et écoulement d'eau) ------ 1 Si oui, passez à Q13

Non, défectueux ------------------------------ 2 |____|

**14. Pourquoi l'installation / le point d'eau ne fonctionne-t-il pas ?**

En panne ----------------- 1

Pas d'eau / séché -------------- 2

Autres (précisez) -------------- 3 ________________________

**15. La principale installation d'eau / point d'eau est-elle chlorée au moment de la visite ?**

Oui ----------- 1 Non ----------- 2

**16. Y a-t-il des toilettes / latrines fonctionnelles dans cette école ?**

Oui ----------- 1 Non ----------- 2 Si non, passez à Qu21 |____|

**17. Les latrines / toilettes sont-elles séparées pour les garçons, les filles et les enseignants ?**

Oui ----------- 1 Non ------------ 2 Si non, passez à Qu17 |____|

**18. Si oui, combien y a-t-il de pièces / trous de descente séparés ?**

a. Nombre de pièces séparées / trous de chute pour garçons seulement ------ |____|____|

b. Nombre de chambres séparées / trous de chute pour filles seulement ------ |____|____|

c. Nombre de chambres // trous pour les enseignants masculins uniquement ---- | ____ | ____ |

d. Nombre de chambres // trous pour enseignantes uniquement - | ____ | ____ |

**19. Si les pièces / trous de descente ne sont pas séparés (c'est-à-dire partagés), combien y en a-t-il ?**

e. Nombre de chambres partagées // trous de chute

(Garçons et filles) ------------------- | ____ | ____ |

F. Nombre de chambres partagées // trous de chute (enseignants et enseignantes) - | ____ | ____ |

**20. Les toilettes / latrines sont-elles nettoyées ?**

Oui, toutes les chambres sont nettoyées ------------ 1

Oui, certaines chambres sont nettoyées -------- 2

Non, aucun n'est nettoyé du tout ------------- 3 | ____ |

**21. Y a-t-il un endroit pour se laver les mains (comme un lavabo, une cuvette, un robinet Tippy, etc.) autour des toilettes / latrines ?**

Oui ----------- 1 Non ------------ 2 Si non, passez au Qu.21 | ____ |

**22. Y a-t-il de l'eau et du savon / détergent disponibles dans l'installation de lavage des mains au moment de la visite / de l'enquête ?**

Eau et savon disponibles ------------- 1

Eau disponible uniquement ------------------- 2

Savon disponible uniquement --------------------- 3 | ____ |

Pas d'eau et de savon disponibles ---------- 4

**23. Temps de fin de l'Observation (GMT) (hh: mm)**

| ___ | ___ |: | ___ | ___ |

# TABLE DES MATIÈRES

## Structures éditoriales du groupe L'Harmattan


**L'Harmattan Italie**
Via degli Artisti, 15
10124 Torino
harmattan.italia@gmail.com

**L'Harmattan Hongrie**
Kossuth l. u. 14-16.
1053 Budapest
harmattan@harmattan.hu

---

**L'Harmattan Sénégal**
10 VDN SICAP AMITIE 3
BP 45034 Dakar-Fann
direction@senharmattan.com

**L'Harmattan Cameroun**
Tsinga/Derrière polyclinique FECAFOOT
BP 11486 Yaoundé
Jacques.koukam@harmattan.fr

**L'Harmattan Burkina Faso**
Villa 281, secteur 23 623, rue 14.32
Ouagadougou
zagbie@outlook.fr

**L'Harmattan Guinée**
Almamya, rue KA 028 OKB Agency
BP 3470 Conakry
harmattanguinee@yahoo.fr

**L'Harmattan RDC**
185, avenue Nyangwe
Commune de Lingwala - Kinshasa
matangilamusadila@yahoo.fr

**L'Harmattan Congo**
219, avenue Nelson Mandela
BP 2874 Brazzaville
deunovmikhael@gmail.com

**L'Harmattan Mali**
Immeuble Mgr Jean Marie Cissé
Aci Hamadallaye
BP 145 Bamako
syllaka@yahoo.fr

**L'Harmattan Togo**
Djidjole - Maison Amela
face EPP BATOME
02 BP 20680 Lomé
didieramela11@gmail.com

**L'Harmattan Côte d'Ivoire**
Résidence Karl - Cité des Arts
Abidjan-Cocody
03 BP 1588 Abidjan
harmattan.ivoire@gmail.com

**L'Harmattan Bénin**
Rue 604, (Immeuble à l'entrée
de la rue UCAO- Cite de Saint-Jean)
Cotonou
stepcorpus@gmail.com


---

## Nos librairies en France


**Librairie internationale**
16, rue des Écoles
75005 Paris
librairie.internationale@harmattan.fr
01 40 46 79 11
www.librairieharmattan.com

**Librairie des savoirs**
21, rue des Écoles
75005 Paris
librairie.sh@harmattan.fr
01 46 34 13 71
www.librairieharmattansh.com

www.ingramcontent.com/pod-product-compliance
Lightning Source LLC
LaVergne TN
LVHW011501061026
849535LV00004BA/1166
* 9 7 8 2 3 3 6 5 0 9 5 9 4 *